U0618116

企业电子文件
单套归档
管理实战

王洋 著

中国水利水电出版社
www.waterpub.com.cn
·北京·

内 容 提 要

本书在档案工作数字化转型的背景下，以一个试点项目为主线，介绍了企业为实现电子单轨制而进行的实践与探索过程。全书共 18 章，重点介绍电子单轨制的背景，试点项目的需求分析、规划、设计与实施，电子文件"四性"检测、区块链技术应用、智能鉴定、电子档案长期保存、电子档案销毁、元数据、电子全宗卷、安全与保密体系建设等重点、难点问题和解决思路、做法，以及整个项目的总结、启示和项目成果推广应用。

本书主要供广大企业档案工作者和企业 IT 人员参考，也可作为大专院校教师、学者、研究人员等教学和研究的参考用书，还可作为电子档案管理信息系统、档案场景应用区块链系统开发人员进行系统分析的参考用书。

图书在版编目（CIP）数据

企业电子文件单套归档管理实战 / 王洋著. -- 北京：
中国水利水电出版社，2022.8
ISBN 978-7-5226-0979-9

Ⅰ. ①企… Ⅱ. ①王… Ⅲ. ①企业档案－电子档案－
档案管理 Ⅳ. ①G275.7

中国版本图书馆CIP数据核字(2022)第164234号

书　　名	**企业电子文件单套归档管理实战** QIYE DIANZI WENJIAN DANTAO GUIDANG GUANLI SHIZHAN	
作　　者	王洋　著	
出版发行	中国水利水电出版社 （北京市海淀区玉渊潭南路 1 号 D 座　100038） 网址：www. waterpub. com. cn E - mail：sales@mwr. gov. cn 电话：(010) 68545888（营销中心）	
经　　售	北京科水图书销售有限公司 电话：(010) 68545874、63202643 全国各地新华书店和相关出版物销售网点	
排　　版	中国水利水电出版社微机排版中心	
印　　刷	天津嘉恒印务有限公司	
规　　格	184mm×260mm　16 开本　13.5 印张　304 千字	
版　　次	2022 年 8 月第 1 版　2022 年 8 月第 1 次印刷	
印　　数	0001—3000 册	
定　　价	**89.00 元**	

凡购买我社图书，如有缺页、倒页、脱页的，本社营销中心负责调换

版权所有·侵权必究

当历史的车轮转入 21 世纪，计算机技术得以迅猛发展，带动了我国各行各业、国民经济及整个社会信息化的发展。电子文件随之产生，并在文件和档案增量中的比例不断加大。习惯于担当与奉献的档案工作者们，一边本着对历史负责的态度，即使再多一倍的工作量也要安全地保留好这些记忆；一边努力探寻着新的管理技术手段，试图在留好记忆的前提下尽可能地提高工作效率。随着对电子文件认识的不断深入，应用于电子文件归档的技术不断发展，电子文件的各个管理环节不断规范，电子单轨制渐行渐近，势如破竹地要引领档案工作数字化转型发展。全国上下对单轨制的呼声随之高涨，以至成为广大档案工作者的心声，希望能够尽早实现。

2020 年，新《中华人民共和国档案法》的正式颁布，确立了电子档案的法律地位，广大档案工作者无不为之欢呼雀跃。档案法规定，电子档案应当"来源可靠、程序规范、要素合规"。电子档案与传统载体档案具有同等效力，可以以电子形式作为凭证使用。接着，《"十四五"全国档案事业发展规划》提出，强化各领域电子文件归档工作，着力推进在业务流程中嵌入电子文件归档要求，在业务系统中同步规划、同步实施电子文件归档功能，保障电子文件归档工作广泛开展，切实推动"来源可靠、程序规范、要素合规"的电子文件以电子形式单套制归档。《科学技术研究档案管理规定》第十八条规定，符合下列条件的单位，科研电子文件可仅以电子形式归档保存。从外部接收的电子文件"来源可靠、程序规范、要素合规"。……自新《中华人民共和国档案法》颁布起，"可仅以电子形式归档保存"频繁出现于各类档案的规划、制度和规范性文件中，同时"来源可靠、程序规范、要素合规"这 12 个字也一并呈现。档案管理工作者们希望实现单轨制，特别寄希望于它的应用与落地，希望通过"单轨"能够让档案工作对历史记忆和当前效率达到双赢，可却被这 12 个字困扰着。这一点，也正是本书出现在读者面前的意义所在。

本书从实践应用的角度出发，对从业者做到电子档案的"来源可靠、程序规范、要素合规"提供一定的参考和帮助。本书围绕一个国家级单套制试点项目，将项目从启动、规划与实施，到总结、启示与推广的整个过程进行展现，点滴记录了电子文件单套归档管理的实施过程和技术细节，对当前备受关注且较少落地的区块链技术应用、电子档案销毁等内容进行了深入细致的阐述，并辅以相关概念澄清、相似场景比拟、作者本人的理解和感受等内容，旨在希望本书能够突出实用性的同时，也可以兼顾可读性。通过阅读本书，读者不仅可以了解到一个企业的单套制试点项目是怎么做的，也可以理解这个企业为什么这样做。

本书共 18 章，章节之间相互支撑，前后关联。第 1～2 章为基础理论，对本书涉及的相关理论进行介绍；第 3 章介绍单轨制的实施背景，对国家和社会层面推行单轨制从萌芽到合法化的进程进行梳理；第 4～8 章按照档案信息化项目管理的思路，介绍试点项目的需求分析、规划、设计和实施；第 9～16 章对试点项目的"四性"检测、区块链技术应用、智能鉴定、电子档案长期保存、电子档案销毁、元数据、电子全宗卷、安全与保密体系建设等重点、难点问题做进一步阐述，更加深入地介绍解决思路和做法；第 17 章对整个试点项目进行总结，提炼试点工作经验和启示；第 18 章对项目成果推广和应用方式进行阐述；最后是附录。

由于作者水平有限，加之时间仓促，书中错漏之处在所难免，非常需要同行专家学者和广大读者为本书提出宝贵意见，以便今后进一步修订和完善，对此，作者将不尽感激。

作者

2022 年 6 月

目录

第1章 电子文件单套归档管理概述

1.1 说说电子档案

所谓"电子档案"，顾名思义，就是电子形式的档案。那什么是档案？这是个老问题了。也是个根本性问题。那么，以下这些都是工作中常见的，可以试着选一选，哪些是档案？

思考1：以下哪些是档案？

A. 印发的一份公文

B. 收到的一份公文

C. 制作的一份标书

D. 签订的一份合同

E. 收到的一张名片

F. 一封信

G. 发出的一份邀请函

H. 出版的一刊杂志

I. 获赠的一面锦旗

J. 拍摄的一组照片

K. 开回来一张发票

L. 作废的一枚印章

……

还有这样几个问题：

有一份原生纸质档案，把它进行数字化扫描后，形成了一个 PDF 文档，那么这个 PDF 文档要不要归档？

办公自动化系统❶里形成一份电子公文，经过起草、审核、签发、排版、盖章、网络分发等流程后，打印出来一份纸质文件要不要归档？

收到一份纸质公文，收文人员扫描为 PDF 文档后挂接办公自动化系统流转，经拟办、批示、承办完毕后，形成的有电子收文处理笺、纸质来文、纸质来文的 PDF 文档，

---

❶ 办公自动化系统作为前端业务系统较为普及，此处为说明问题，以普遍熟悉的办公自动化系统为例，本章后续章节也称作 OA。

该如何归档？

如果办公自动化系统只满足公文起草、审核、签发、排版等环节处理，未配备电子公章，工作人员将办公自动化系统中流转至排版环节后的文件打印出来，手工盖章后分发，那么一半线上处理、一半线下处理的文件又该如何归档？

……

诸如此类问题，怎么样？有答案吗？

实际上，这些问题的产生都可以归结到一个概念不清上，它就是"档案"。如果把"档案"的概念弄清楚了，上述问题及类似问题就都迎刃而解了。

"档案"一词自诞生以来，定义多达几十种，档案学界对它的定义也是有争论的。尽管争论不断，但人们对档案这一事物的本质特性的认识却是基本一致的，即档案本质上是社会生活的原始记录。也就是说，原始记录性是档案的本质特性。

中华人民共和国档案行业标准《档案工作基本术语》（DA/T 1）明确给出了档案的定义，即"档案是国家机构、社会组织或个人在社会活动中直接形成的有价值的各种形式的历史记录。"

分析一下这个概念："国家机构、社会组织或个人"作为主语，可以说包括的范围很广。"在社会活动中"是状语。"各种形式"作为"历史记录"的定语，但并未作出限制。而具有限制性的词语有："直接形成"是谓语，其中"直接"是对"形成"的限制，也就是它的前置条件，这是关键点之一。"有价值的各种形式的历史记录"是宾语，其中"有价值"是对"历史记录"的限制，"历史"又是对"记录"的限制，这是关键点之二、之三。

梳理上述分析，可以总结出"档案"的定义中，对"档案"这一事物有三个限制性条件：

一是"直接形成"，这也是档案本质特性的体现，原始记录一定要是直接形成的，不是复制的、再造的。

二是"有价值"，作为档案一定是对国家、社会组织或个人有用的，才把它保存下来，不是"有文必档"、什么都存的。

三是"历史记录"，档案所承载的信息一定是固化了的，即常言"办理完毕"，不可再增加、减少或修改信息的。

由此，我们可以回答思考1了，答案应该是"条件不足，无法判断"，因为我们不知道那些选项是否同时满足"直接形成""有价值""历史记录"三个条件。那么，来看一下思考2。

思考2：假设在满足"有价值""历史记录"两个条件下，以下哪些是"档案"？

A. 办公自动化系统中打印出来的红头红章的纸质文件（发文）

B. 办公自动化系统中打印出来的黑头黑章的纸质文件（发文）

C. 办公自动化系统中打印出来的红头但手工盖章的纸质文件（发文）

D. 办公自动化系统中红头无章的电子文件（发文）

E. 办公自动化系统中红头红章的电子文件（发文）

F. 纸质文件归档后经数字化形成的 PDF 文件（收文）

G. 纸质来文经数字化后上传办公自动化系统的 PDF 文件及收文处理笺（收文）

分析一下思考 2：A 和 B 都是由办公自动化系统形成电子文件后，用打印机打印输出的纸质文件，只是一个彩色打印，一个黑白打印。C 和 D 是办公自动化系统中流转的电子文件，但不具备系统盖章功能，如发文流程经过拟稿、审核、签发、排版等线上流转，无法加盖电子印章，而打印出来手工盖章。如果就纸质文件和电子文件"单双轨"的概念❶来讲，这是由电子单轨变为了纸质单轨，实际就是"变轨"。E 是办公自动化系统具备了盖章功能，如发文流程全部在系统中完成的情况。F 是纸质档案数字化形成数字化成果的情况。G 是纸质收文并在办公自动化系统中进行收文流转的情况。

对于这 7 个选项，前提已说明满足"有价值"和"历史记录"两个条件，那么就应该用第 3 个条件"直接形成"来判断了。也就是说，只要再满足"直接形成"的前提条件，就可以判断该选项是档案了。判断结果如下：

A 和 B，直接形成的是办公自动化系统中的电子件，打印出来的纸质件不管是红头红章还是黑头黑章都是复制件。它与纸质原件通过复印设备复印形成的复制件是一样的，只是载体类型发生了变化，由电子件复制成为了纸质件而已，但这并不能改变它是复制件的属性。因此，A 和 B 不满足"直接形成"的条件，它们不是档案。

C 和 D 在盖章前直接形成的是电子件，盖章后直接形成的是纸质件。既然文件形成时就发生了"变轨"，那么归档也应该"各管一段"，二者拼在一起共同保证"直接形成"，因此 C 和 D 都是档案。

E 是办公自动化系统中直接形成的电子文件，毫无疑问是档案。

F 中"纸质文件归档"说明直接形成的是纸质件，已经归档成为纸质档案，再经数字化后形成数字化成果，显然是复制件。只是和 A、B 相反，它是将纸质档案通过扫描设备进行数字化，使载体类型由纸质变为了电子而已，这也同样不能改变它是复制件的属性。因此，F 不满足"直接形成"的条件，它不是档案。

G 是比较复杂的一种情形，也是目前绝大多数单位收到纸质来文后，通过办公自动化系统进行收文流转的一种普遍情况。纸质来文直接形成于发文单位，严格来说，它即使成为档案，也是发文单位的档案，特别是有时发文单位为了方便，通过线上方式直接向受文单位发扫描件，这一扫描件对于收文单位将其作为档案管理的意义值得商榷。对于收文单位来说，直接形成的是收文处理笺，按照档案管理"以我为主"的原则，更重要的也是收文处理笺。为了方便文件流转，收文单位的文书部门往往将收到的纸质文件进行数字化扫描，或直接将收到的扫描件上传办公自动化系统，进行收文流转。按照《归档文件整理规则》（DA/T 22—2015）对于件的构成规定"有文件处理单或发文稿纸

---

❶ 具体见本章 1.4 内容。

的，文件处理单或发文稿纸与相关文件为一件"的要求，则因收文处理笺是收文单位直接形成，与收文扫描件合为一件后，成为档案。

因此，思考 2 的 C、D、E、G 四种情形的文件同时满足了"直接形成"、"有价值"和"历史记录"三个前提条件，都应当作为档案进行管理。A、B、F 则因不是"直接形成"，不具备档案的属性，而应当按照复制件进行管理。

除了《档案工作基本术语》（DA/T 1）对"档案"一词进行定义外，新修订的《中华人民共和国档案法》（以下简称新《档案法》）❶ 也对"档案"一词进行了定义。其中第二条规定"本法所称档案，是指过去和现在的机关、团体、企业事业单位和其他组织以及个人从事经济、政治、文化、社会、生态文明、军事、外事、科技等方面活动直接形成的对国家和社会具有保存价值的各种文字、图表、声像等不同形式的历史记录。"从这个定义可以看出，新《档案法》是站在了国家和社会的层面上对"档案"一词进行定义，但无论如何描述，都离不开"直接形成""有保存价值""历史记录"三个约束条件。

1.2 电子文件形成与归档

"电子文件"与"电子档案"的关系，如同"文件"与"档案"的关系。由于人们长期与纸质文件、纸质档案共处，头脑中总是将"文件""档案"自然想象为"纸质文件""纸质档案"。当"文件"和"档案"的载体类型由纸质变为了电子后，似乎还不太习惯。因此，经常会有这样的问题：

电子文件怎么加盖归档章？

电子文件怎么编页号？

电子照片分类属于电子档案还是照片档案？

电子文件归档怎么编制互见号？

……

实际上，这些问题的产生，都是因为人们对于传统的纸质文件形成与归档模式的认识根深蒂固，而对于电子文件形成与归档模式尚未接受，思想还未转变过来造成的。

1.2.1 电子文件形成

所谓"形成"，可以理解为一个从无到有的过程。电子文件的形成过程同纸质文件一样，二者都是业务工作过程，只是一个形成为电子形式，一个形成为纸质形式。根据业务工作处理文件的目的，可以归纳出一些具有普遍意义的文件形成活动，包括创建、接收、流转、更改、分发、传输等。其中创建或接收是每一份电子文件必经的形成活动，其他活动则不一定。

电子文件创建根据其途径的不同，可以分为原生性创建和再生性创建。其中，原生

---

❶ 新修订的《中华人民共和国档案法》于 2020 年 6 月 20 日审议通过，于 2021 年 1 月 1 日起施行。

性创建是指直接在各种数字技术环境中以数字形态产生电子文件，包括通过图像、音视频设备直接对多媒体信息进行接收、采集而生成电子文件。例如，利用计算机及软件直接生成的一份 Word 文件，利用数码相机拍摄一张数码照片等。通过这种方式产生的电子文件为原生性电子文件。❶ 再生性创建是指经过扫描、拍摄、模数转换等数字化加工过程，对纸张、照片、缩微影像、模拟录音录像等传统文件进行转换，生成新的电子文件。通过这种方式产生的电子文件为转换型电子文件。❷

电子文件接收是指电子文件形成机构从其他机构接收电子文件的活动，比如电子公文的接收、电子邮件的接收等。接收电子文件的途径包括介质传递和网络传递两种。有时候，形成机构也会将接收的纸质文件经过数字化加工转换为电子文件，开展后续的处理工作。

电子文件的创建和接收都需要依附于一定的数字环境。因为电子文件的基本技术特征是数字信息，它是在电子计算机等数字环境中生成和存在的，必须应用计算机设备和各种操作系统来生成和运行，应用各种专用软件来阅读、识别和处理，应用特定载体和网络设备来存储，应用网络环境来传输和进行网络管理。

1.2.2 电子文件归档

由于电子文件形成与纸质文件有本质区别，决定了它们的归档也不相同。

一是电子文件归档范围。确定电子文件的归档范围需要综合考虑电子文件在业务活动中所起的作用及其所具备的法律效力、是否双套、电子文件真实性及长期可用性要求等，同时还需遵循价值决定原则、一致性原则、适度放宽原则等。

二是电子文件归档方式。与传统载体文件相比，电子文件归档方式因其独特的技术特征而更加多样化。从电子文件存储位置的角度看，电子文件的归档方式可以分为逻辑归档和物理归档。从电子文件的传递方式看，电子文件的归档方式可以分为在线归档和离线归档。

三是电子文件归档时间。电子文件可以在办理完毕后实时归档，也可以定期归档。一般单位由于业务活动信息化程度较高，电子文件的收文、发文、办理等一系列活动都在信息系统中完成，较多采用电子文件办理完毕后实时归档。

四是电子文件归档要求。电子文件归档工作应当贯彻"前端控制"和"全程管理"的思想，将电子文件归档中的质量检查与技术检测工作同步。电子文件归档的质量应该满足真实、完整、可用和安全的要求。电子文件归档程序也应当按照归档方式、归档要求等不同，确定与纸质文件不同的归档程序，例如给业务系统中已归档的电子文件加上归档标识，对归档至电子档案管理信息系统的电子文件进行真实性、完整性、可用性和安全性检测等。

那么，关于电子文件怎么加盖归档章？电子文件怎么编页号？电子照片分类属于电

---

❶ 本书所称"电子文件"均指原生性电子文件，只有 1.2.1"电子文件"含再生性电子文件。
❷ 转换型电子文件在档案工作中多形成于纸质档案数字化扫描，常称作纸质档案"数字化成果"或"数字化副本"。

子档案还是照片档案？电子文件归档怎么编互见号？……诸如此类的问题油然而生。

想一想，为什么纸质文件整理时要加盖归档章、要编页号呢？为什么要对纸质档案（包括照片）进行分类呢？又为什么要对两份有关联的纸质档案编制互见号呢？一般认为，归档章可以帮助纸质档案定位，页号可以防止纸质档案散失，分类可以帮助纸质档案查找，互见号可以使两份实实在在存在于不同物理空间的纸质档案相关联。但在电子环境下，对于电子档案的整理归档不能用纸质档案的思路来解决。如电子档案的定位，由于信息存储技术的应用致使电子档案存储位置变得不确定，无需通过归档章对其进行定位。再如电子档案的分类，只要著录正确，应用计算机系统强大的检索功能可使需要的电子档案分秒内呈现。至于互见号，如果两份电子档案有关联，可通过系统功能直接链接，不需要编互见号。

1.3　电子文件归档"套制"

1.3.1　"套制"的由来

"套制"有单套制、双套制。何谓"双套制"？其由来是早期电子文件归档和电子档案保管技术尚不成熟时，对电子文件归档的一个权宜方法。最早提出电子文件归档"套制"的出处目前已无法考证，相对较早是由国家档案局与国家经贸委、国家计委于2002年10月联合印发的《企业档案管理规定》（档发〔2002〕5号）的"第八条……归档的电子文件，应有相应的纸质文件材料一并归档保存"的规定，由此体现出"双套制"。后来，各单位在电子文件归档工作中，归档电子文件的同时，再打印一套纸质的归档，或者是只打印纸质的文件归档，而电子的文件没有归档。

但涉及电子文件打印纸质的单套归档，最早是《会计档案管理办法》（1998版）的"第十二条　采用电子计算机进行会计核算的单位，应当保存打印出的纸质会计档案"。在传统手工办公环境下，即使使用了电子计算机进行会计核算，也仅是形成纸质档案的方式发生了改变，并未对核算过程中产生的电子文件作出归档规定。

1.3.2　国家制度标准对"套制"的要求

除《企业档案管理规定》（档发〔2002〕5号）外，国家相关部门自2002年起还陆续出台了有关电子文件归档"套制"方面的规定，具体规定及简要分析如下：

国家档案局2002年年底发布《电子文件归档与管理规范》（GB/T 18894—2002），第4.5条规定："具有永久保存价值的文本和图形形式的电子文件，如没有纸质等拷贝件，必须制成纸质文件或缩微品等。归档时，应同时保存文件的电子版本、纸质版本或缩微品。"关于"套制"，该规范意为"具有永久保存价值的电子文件"必须进行"双套制"归档。

国家档案局2003年发布《电子公文归档管理暂行办法》（国家档案局令第6号），第七条规定："电子公文形成单位必须将具有永久和长期保存价值的电子公文，制成纸质公文与原电子公文的存储载体一同归档，并使两者建立互联。"2004年，国家档案局与国务院国资委联合印发《国有企业文件材料归档办法》(档发〔2004〕4 号),第二十一条规定:"具有永久、长期保存价值的电子文件,必须形成一份纸质文件归档。"关于"套制",上述两个办法均意为"具有永久或长期保存价值的电子公文"必须进行"双套制"归档。

中共中央办公厅、国务院办公厅 2009 年印发《电子文件管理暂行办法》(中办国办厅字〔2009〕39 号),第十六条规定:"具有永久保存价值或者其他重要价值的电子文件,应当转换为纸质文件或者缩微胶卷同时归档。"关于"套制",该办法意为"具有永久保存价值或者其他重要价值的电子文件"应当进行"双套制"归档。

财政部、国家档案局 2015 年公布《会计档案管理办法》(财政部 国家档案局令第 79 号),第八条规定"同时满足下列条件的,单位内部形成的属于归档范围的电子会计资料可仅以电子形式保存,形成电子会计档案:……",第九条规定"满足本办法第八条规定条件,单位从外部接收的电子会计资料附有符合《中华人民共和国电子签名法》规定的电子签名的,可仅以电子形式归档保存,形成电子会计档案。"关于"套制",该办法意为"单位内部形成的属于归档范围的电子会计资料"或"单位从外部接收的电子会计资料"在满足一定条件下,可进行"单套制"归档。

国家档案局 2016 年发布新版《电子文件归档与电子档案管理规范》(GB/T 18894—2016),相比 2002 年版,新版删除了同时保存文件电子版本、纸质版本或缩微品的规定,并用 5 个章节对电子文件、电子档案主要业务环节的管理要求作了较为详尽地描述。关于"套制",新版未提及有关内容。

1.3.3 电子文件归档"套制"应用实践

基于上述国家制度标准对电子文件归档"套制"的要求,梳理实施单位对"套制"的应用实践,主要有以下几种做法。

(1) 完全双套制。即所有电子文件归档的同时归档一套纸质档案,这也是目前国内大多数文书类电子文件归档的做法。尽管很多单位部署实施了办公自动化系统,但在办公自动化系统电子文件归档工作中,不仅将办公自动化系统中的电子文件转入电子档案管理信息系统归档保存,同时打印一份纸质文件进行归档,使同一份文件的电子版本和纸质版本共同处于存储和可利用状态。这种做法最大限度地保证了电子文件长期保存的安全性,但在增加了库存保管压力的同时,也为档案人员带来了双倍的工作量。

(2) 部分双套制。即部分重要电子文件实行电子和纸质双套归档,而非重要电子文件实行电子单套归档。由于大多数单位重要电子文件范围不够明确,档案人员在实际工作中对何为"重要"、何为"不重要"不好界定,只好最大范围地实行电子文件"双套"归档,导致这种做法与完全双套制较为接近。

(3) 永久双套制。即永久保管的电子文件实行电子和纸质双套归档,而非永久保管的电子文件实行电子单套归档。有些单位将电子文件转入电子档案管理信息系统后,先依据文件材料归档范围和档案保管期限的有关规定,对电子文件的价值进行鉴定,对于永久保管的电子文件,打印一份纸质的归档,而对于定期保管的电子文件,仅在电子档案管理信息系统中保存电子的。这种做法是在电子文件长期保存条件不够成熟的前提下，通过"永久"保管界定了重要电子文件的范围，仅对这部分电子文件实行双套归档，既保证了电子文件长期保存的安全性，又未增加太多库存和工作量，是一段时期内电子文件归档的一种较好的方式。

（4）单双混合套制。即电子文件归档是根据单位内部某些工作环节所需要的文件形式或电子文件自身的特殊性，而采用的"单套"或"双套"的不同归档方式。单位在发文时，电子文件通过办公自动化系统拟稿、审核、会签等环节修改，形成过程稿，却在领导签发时打印纸质文件签发，形成定稿，文件归档时，定稿归档了电子的和纸质的双套，而过程稿仅归档了电子的单套。有些发文也因附件内容较多、非 A4 规格、格式特殊等原因使电子文件在归档时，正文归档了电子和纸质双套，而附件仅归档了电子单套。这种做法使电子文件在归档过程中对"套制"要求的随意性较强，容易造成重要文件的长期保存不完整。

（5）纸质单套制。即电子文件形成、流转时均应用电子载体，而归档时，将电子文件打印出纸质的进行归档，未考虑电子的归档问题，如《会计档案管理办法》（财政部国家档案局令第 79 号）出台前的会计档案即是此种做法。而在现代办公环境下，电子文件大量产生于各类应用系统，如依然采用纸质归档的模式，不仅使大量电子档案丢失，还使低价值的电子文件也打印出纸质，造成不必要的浪费。

（6）电子单套制。即电子文件实行电子单套归档，而不输出纸质。这种做法较多出现在一些大型电子商务企业内，这些企业因特定的交易方式，每天产生大量电子订单，并附带大量客户信息、物流信息等内容的电子文件，因数量巨大而根本无法打印纸质。此外，《会计档案管理办法》实施后，有条件的单位将内部产生的记账凭证、会计账簿、会计报表以及内部信息系统产生的出、入库单等原始凭证也都实行电子归档，不再输出纸质。这种做法，在现代信息技术飞速发展的现实情况下，是必然选择，也是大势所趋。

（7）零套制。即对电子文件不进行归档。此类电子文件多不能打印成纸质，必须依赖计算机系统读取和利用。例如 CAD 软件设计的三维立体图形即是如此，许多单位采用三维设计后，由于三维电子文件不能打印，便不实行归档。此类电子文件可能还有数据库文件、音视频文件、多媒体文件、超文本文件等。也有些单位由于不具备电子文件的归档条件，从而不对它进行归档。这种做法是未对电子文件进行管理的表现，不可采用。

"套制"是我国在一定历史条件下，由于信息化发展水平不能满足电子档案长期保存的要求所带来的产物。当我国信息化发展水平不高、信息技术支撑力不够，可能导致电子档案长期保存存在一定风险时，国家在制定的政策中提出了对电子档案进行"双套制"管理的解决思路，这是符合历史阶段性要求的，"双套制"的做法立足电子档案的安全保管也是科学的。但随着时间的推移，信息技术迅猛发展，信息备份、迁移、载体安全检测等技术的日臻完善，业已为电子档案的长期保存提供了解决方案。

1.4 "套 制"与"轨 制"

除了"单套制""双套制"以外，平时工作中也经常听到"单轨制""双轨制"，本章1.5节的"两个凡是"问题也和"双套制"有关。那么，什么是"单轨双轨"，什么是"单套双套"呢？它们之间又有着怎样的联系和差别呢？

以目前学界普遍认同的说法，可以认为：单轨双轨是指文件完全在电子环境中运行或是在电子、纸质两种环境中基本并行；单套双套是指只保存电子文件还是纸质电子，或同时保存。因此，关于"轨"和"套"的含义，"轨"强调的是文件的运行状态，即针对文件运行流程的管理，在管理流程上实现数字连续性，涵盖文件生命周期全过程。电子文件"单轨制"主要是指文件管理流程上的全数字化运行状态。而"套"则特指文件保存状态，即归档文件的载体类型。

从"轨"与"套"的属性方面来理解，如果仅以纸质和电子两种形式来表述文件类型是不全面的。首先，"轨"可以分为模拟轨和数字轨，模拟轨指在纸张或者缩微胶片上进行记录，数字轨却是以数字形式记录在光盘、磁盘、U 盘上的。既然"套"是归档文件的载体类型，那么根据轨的类型，"套"相应地也分为模拟和数字两类。因此，"轨"形成的文件与"套"保存的文件有多种类型，而不仅仅局限于纸质与电子。其次，记录技术发展至今，经历了甲骨、金石、纸张等机械记录，缩微胶片、磁带等模拟记录和光盘、磁盘、U 盘等数字记录三种模式。如果将数字记录作为双套中的一套的话，那么非数字记录就应该成为另外一套，包括机械记录和模拟记录两类。

既然"轨"对应于文件运行状态，那么，文件运行阶段中包含的所有业务活动都应该属于"轨"的范围。由此我们可以理解，"单轨"就是文件从始至终以数字或非数字的某一种形态运行，如思考 2 中的 E 选项，文件拟稿、审核、签发、排版、盖章、印发等均在 OA 上以数字形式运行，就属于这里的"单轨"；如果既在 OA 上运行，同时也在线下以纸质形式运行，则为"双轨"。如果中间某个环节突然出现另一个形式的运行状态，思考 2 中的 C 和 D 选项，以数字形式运行至排版环节，再以非数字的纸质形式加盖公章继续运行，这样的情况应该属于"混轨"或者"并轨"。

而"套"是文件归档后的状态，以"归档"为临界点。文件归档后移交档案部门，以"归档"作为判定"套"的临界点是毋庸置疑的。对于电子文件而言，仅以电子（数字）形式归档为"单套"，同时以电子（数字）形式和非电子（数字）形式归档为"双套"。

综上可以认为，"轨"针对文件生命周期的整个运行流程，而"套"则是专指文件在归档后的状态和类型。由此，总结"轨"与"套"的几组概念界定如下：

"单轨制"是指在文件的整个运动生命周期过程中仅以一种文件形式运行。

"双轨制"是指在文件的整个运动生命周期过程中以数字（电子）和非数字（电子）两种文件形式同步运行。

　　"单套制"是指只以一种文件形式进行归档、移交、处理、利用，一般与"单轨制"结合使用。

　　"双套制"是指以数字（电子）和非数字（电子）两种文件形式❶进行归档、移交、处理、利用，一般与"单轨制"或"双轨制"结合使用。

1.5　"两个凡是"问题

　　按照前面章节，可能有人会有这样的疑问：既然由电子件打印出来的纸质件不是档案，可为什么还要求打印呢？既然由纸质件扫描的电子件也不是档案，为什么还要求数字化扫描呢？

　　这就是档案工作中经常遇到的"两个凡是"问题，即"凡是电子的一律要打印成纸的""凡是纸的一律要扫描成电子的"。那么，为什么要这样做呢？

　　"凡是电子的一律要打印成纸的"，主要是为了安全。自 20 世纪 90 年代以来，随着政府信息化、办公自动化及各类电子业务系统的应用，电子文件开始在办公业务及其他业务系统中大量出现，但是电子文件的可靠性和证据力方面难以保障。从传统档案管理的视角来看，电子文件不可信任，不能作为长期保存的对象，因此，出于对文件证据要求及长久可读的考虑，将电子文件转换成纸质文件实行"双套归档"，即以某种形式（主要是打印）将电子文件固化到传统存储介质（主要是纸张）上，这是电子文件环境下赋予"双套制"的含义。这一阶段关于文件管理的规定是出于对技术的不信任和传统管理模式的路径依赖，实行"双套制"来弥补电子文件的缺陷，将具有保存价值的电子文件转化为纸质文件并且同时保存文件的两种版本，实行"双套归档"。

　　"凡是纸的一律要扫描成电子的"，主要是为了利用方便，同时保护纸质原件。对于档案管理工作来说，不同类型档案数据库的建设，是数字档案资源的核心所在。对传统载体档案进行数字化后，与电子档案进行统一储存和管理，通过电子档案管理信息系统，科学合理地应用信息技术实现档案检索自动化，可以突破时间与空间对档案管理工作的限制，为档案信息查询提供很大便利，有效促进档案管理工作水平的提升。同时为档案资料原件提供保护，通过数字化扫描技术，把纸质档案变为电子信息保存到网络中，档案使用者可以通过网络查阅想要的档案信息，减少纸质档案原件的使用，达到保护档案原件的目的。另外，还可以制作多份数字化成果进行异地存储，即使档案原件遭到破坏或损毁，数字化成果也不会受到影响。

　　关于"两个凡是"的问题，普遍还存在着这样一种现象：有的单位通过数字轨流转电子文件，直至电子文件办理完毕，接着将电子文件进行打印，输出纸质文件向档案部门进行移交归档。档案部门接收到纸质文件后，组织人力及各方资源进行数字化扫描，

---

　　❶　有学者认为，"套制"在一种形式下也应该存在，如数字形式下也可以复制多套。也有学者认为，一种形式下复制的情况不是多"套"，而是多"份"。本书对这种情况不予讨论，仅将"套制"一词限制于不同形式下使用。

将扫描后的数字化成果上传挂接至电子档案管理信息系统……同时做到了"凡是电子的就打成纸的，凡是纸的就扫成电子的"。乍一看，这种做法浪费资源，降低效率。有电子的不直接用，非得打印成纸的，纸的再扫描回电子的，来回折腾。实际上，这一现象并不奇怪，且较为普遍。出现这种情形的原因就在于上述"两个凡是"的作用。单位要将电子文件进行打印，或是因为系统没有接口，无法在线归档；或是因为对电子归档的不信任，打印出来更稳妥；……而打印出来又不好利用，还得再进行扫描。为了"两个凡是"的好处能够兼得，才如此做法。

而实际上，通过本章 1.1 节电子档案定义的梳理可以得知，原生电子件才是电子档案，很多单位对不是档案的当作档案进行管理，对是档案的原生电子件却放任自流。这种做法不可取。

第2章 项目管理概述

说起"项目",大家都不陌生,各种项目存在于日常的工作和生活中,如修建一座水电站、引进一种新产品、开展一项科学研究、购置一辆汽车、开发一个软件,等等,就连生活中的一次旅行、一场婚礼、一次生日宴会,都可以说是项目。

"建设项目"一般指基本建设项目,大多认为是以工程建设为载体的项目。在档案信息化❶工作中,很多人将以电子档案管理信息系统建设或其相关系统建设为核心的档案信息化项目认定在建设项目之外,在一些研究成果或制度规范中,常出现信息化项目与建设项目并列。实际上,以电子档案管理信息系统建设或其相关系统建设为核心的档案信息化项目也是建设项目,它也具备建设项目的全部特征,如临时性、独特的产品服务或成果、逐步完善、资源约束、目的性等。档案信息化建设按照建设项目的规律和阶段进行,其管理也应当按照建设项目管理来进行。

与一般建设项目相比,档案信息化项目有其自身的特点,例如,目标不明确、需求变化频繁、智力密集型、使用与维护要求非常复杂等。这些特点是由档案信息化的特殊性决定的。档案信息化项目属于典型的多学科合作项目,需要多种学科的配合,项目人员除了要有IT方面的技术经验外,还必须有较丰富的档案行业经验,在业务环节中还会涉及其他不同的专业。同时,由于档案业务的特点和需求,每一个档案信息化项目也不完全一样,普遍带有一些非标准的问题,需要进行定制开发。

2.1 项目管理过程组

按照项目管理过程的职能可以将组成项目的各个过程分为5组:启动过程组、计划过程组、执行过程组、监督与控制过程组、收尾过程组。这些过程组,也可以视为一个项目的不同阶段,即启动、计划、执行、收尾4个阶段,监督与控制应贯穿项目全过程。

2.1.1 启动过程组

启动过程组定义并批准项目或项目阶段,包括制定项目章程和识别项目干系人。

---

❶ "信息化"一词在不同语境有不同的含义。在档案管理领域,档案信息化建设基本等同于数字档案馆(室)建设,包括系统软硬件、数字档案资源、制度标准、安全保密、人员机制等建设内容。而这一范围与IT中"信息系统"一词的外延基本一致,即信息系统是由计算机硬件、网络和通信设备、计算机软件、信息资源、信息用户和规章制度组成的以处理信息流为目的的人机一体化系统。因此,为顺应档案管理领域对"档案信息化"提法的习惯,本书不作严格区分,也就是本书中"档案信息化"建设即IT中的"信息系统"建设。

2.1.2　计划过程组

计划过程组定义和细化目标，并为实现项目而要达到的目标和完成项目要解决的问题范围而规划必要的行动路线。主要包括项目整体管理中的制订项目管理计划，项目范围管理中的收集需求、定义范围、创建工作分解结构，项目进度管理中的定义活动、活动排序、活动历时估算等，项目成本管理中的估算成本、制订预算，项目质量管理中的规划质量，项目人力资源管理中的制订人力资源计划，项目沟通管理中的规划沟通，项目风险管理中的识别风险、风险定性分析、风险定量分析、规划风险应对，项目采购管理中的规划采购等。

2.1.3　执行过程组

执行过程组整合人员和其他资源，在项目的生命期或某个阶段执行项目管理计划。主要包括项目整体管理中的指导和管理项目执行，项目质量管理中的执行质量保证，项目人力资源管理中的组建项目团队、建设项目团队、管理项目团队，项目沟通管理中的管理沟通，项目采购管理中的实施采购等。

2.1.4　监督与控制过程组

监督与控制过程组要求定期测量和监控项目绩效情况，识别与项目管理计划的偏差，以便在必要时采取纠正措施，确保项目或阶段目标达成。主要包括项目整体管理中的监督和控制项目工作、实施整体变更控制，项目范围管理中的核实范围和控制范围，项目进度管理中的控制进度，项目成本管理中的控制成本，项目质量管理中的执行质量控制，项目沟通管理中的控制沟通，项目风险管理中的监督与控制风险，项目采购管理中的控制采购等。

2.1.5　收尾过程组

收尾过程组正式验收产品、服务或工作成果，有序地结束项目或项目阶段。主要包括项目整体管理中的结束项目或阶段，项目采购管理中的结束采购。

信息系统项目所必需的这 5 个项目管理过程组之间相互依赖，并按照先后顺序依次进行，与应用领域或行业关心的重点无关。但各个过程组在项目完成之前经常被多次反复，并相互作用和影响。在这 5 个管理过程组中，管理的内容有 10 大方面，包括项目整体管理、项目范围管理、项目进度管理、项目成本管理、项目质量管理、项目人力资源管理、项目沟通管理、项目风险管理、项目采购管理和项目干系人管理。

2.2　档案信息化项目应重点关注的项目管理内容

2.2.1　范围管理

项目范围是为了达到项目目标所要做的工作。项目范围管理就是要确定哪些工作是项目应该做的，哪些不应该做。项目范围管理的好坏，对一个项目至关重要，甚至影响着项目的成败。

项目范围管理主要是通过收集需求定义一个范围,将范围细化创建工作分解结构(WBS)❶,并对这个范围进行确认和控制。收集需求时,可通过访谈、会议、调查问卷、标杆对照、文件分析等方式,对业务需求、干系人需求、解决方案需求、项目需求等进行收集,形成需求文件。

根据需求文件对项目范围进行定义,明确所收集的需求哪些要包含在项目范围内,哪些要排除在外,从而明确项目边界。也就是说,并非所收集到的需求都必须包含在项目中,所以定义项目范围就要从需求文件中选取最终的项目需要,制定出符合项目实际的项目范围说明书,以供项目执行。信息系统项目还应重点关注软件需求规格说明书(SRS),一般由系统分析师或软件工程师编写。它详细定义了信息流和界面、功能需求、设计要求和限制、测试准则和质量保证要求,作用是用户和软件开发人员达成的技术协议书,是着手进行系统设计工作的基础和依据,也是系统开发完成后,为项目成果验收的依据。

根据项目范围说明书创建工作分解结构,即将项目的最终成果与项目工作分解成较小的、更易管理的组件的过程。它将以项目成果为导向的工作层级进行分解,其主要作用是对项目成果和工作提供一个结构化的视图。工作分解结构每下降一层就意味着对项目工作更详尽的定义,它组织并定义项目的总范围,代表着现行项目范围说明书所规定的全部工作。

2.2.2　进度管理

项目进度管理是在项目实施过程中,对各阶段的进展程度和项目最终完成的期限所进行的管理,需要在规定的时间内,拟定出合理且经济的进度计划,包括多级管理的子计划。在执行计划的过程,要经常检查实际进度是否按计划要求进行,若出现偏差,便要及时找出原因,采取必要的补救措施或调整、修改原计划,直到项目完成。其目的是保证项目能够在其时间约束条件的前提下实现总体目标。

只有制订比较详尽的可操作的项目进度管理计划才可以统筹安排整个项目的管理工作,使项目各方面工作得以有条不紊地开展。但在项目的执行过程中难免会发生更改进度计划的情况,这会给项目带来很多工作计划的调整,后续的采购、成本、人力资源配置等都可能受到影响。因此,在进度管理计划的编制上,要特别注意弹性的问题,预留一些时间作为项目缓冲或接驳缓冲,同时对可能改变进度计划的因素早发现、早更改和做好后续工作安排,以保证项目的各项资源能够协调进行。

制订进度计划是进度管理的一个关键过程,包括分析活动顺序、持续时间、资源需求和进度制约因素、创建项目进度模型等。这一过程可使用资源优化、关键路径法、关键链法等工具与技术,代入活动、持续时间、资源、逻辑关系等要素,形成包含各个项目活动计划日期的进度模型。这一过程通常是一个反复进行的过程。基于准确的

---

❶　本书在专业术语后给出的括号中的字母一般为 IT 人员对前面术语的常用称谓。

信息输入，使用进度模型来确定各项目活动和里程碑的计划开始时间和完成时间。一旦活动的开始和结束时间确定，就需要由分配至各个活动的项目人员审查其被分配的活动，确认开始和结束日期与其他项目或工作任务没有冲突，从而确认计划日期的有效性。

随着项目工作的开展，项目进度模型需要及时修订和维护，确保进度计划在整个项目期间一直切实可行。项目进度计划的确立、修订和调整都需经项目相关管理人员批准，经批准的进度计划才能作为基准，用于控制进度过程。随着项目活动的开展，项目时间管理的大部分工作都将发生在控制进度过程中，以确保项目工作按时完成。

2.2.3 成本管理

项目成本一般指项目活动或其组成部分的货币价值或价格，包括为实施、完成或创造该活动或其组成部分所需资源的货币价值，主要有直接工时、其他直接费用、间接工时、其他间接费用以及采购价格。项目成本管理就是要确保在批准的预算内完成项目，即在项目实施过程中，尽量使项目实际发生的成本控制在预算范围内，不能让项目建设的实际成本远远超出批准的预算，造成成本失控。

成本管理的一个关键活动是制订预算。制订预算是汇总所有单个活动的估算成本，建立一个经批准的成本基准的过程，据此可监督和控制项目绩效。制订预算的过程中，需要关注的是，制订成本预算也同制订进度管理计划一样，要特别注意弹性的问题，预留一些成本作为项目缓冲或接驳缓冲，以防不时之需。在此，特别提醒由档案部门牵头负责的采用外包方式的档案信息化项目，在成本管理方面要本着与供方互利的质量管理原则，在总资金需求允许的条件下，适当考虑外包方利益，适度提高项目预算，以增强双方共同创造价值的能力，使项目顺利完成。

除去一定储备（预留费用）的项目预算按时间段分配后，经过批准成为成本基准，只有通过正式的变更控制程序才能变更，用作与实际结果进行比较的依据。

2.2.4 质量管理

质量通常指产品的质量，也包括工作质量。产品质量是产品的使用价值及其属性，而工作质量则是产品质量的保证。从项目作为一次性活动来说，项目质量体现在由 WBS 反映出的项目范围内所有的阶段、子项目、项目工作单元的质量所构成，即项目的工作质量。信息系统项目管理在质量方针与目标的指导下，实施全员、全过程、全面方法和全面结果的全面质量管理。

在信息系统项目中，全面质量管理包括规划质量管理、实施质量保证和质量控制三个过程。其中，规划质量管理要明确项目成果的质量要求和标准，一般要形成质量测量指标、过程改进计划等，它为整个项目中如何管理和确认质量提供指南和依据。实施质量保证是按照质量测量指标审计质量要求和质量控制测量结果，确保采用合理的质量标准和操作性定义的过程，以便促进质量过程的改进，进而确保各过程在高效率和高效果的水平上运行。质量控制是监督和记录质量活动执行的结果，用于识别过程低效或产品质量低劣的原因并采取相应措施，以及确认项目成果或工作是否满足既定需求，确保最终验收的过程。在信息系统项目中，主要表现在系统测试、文档审查等工作方面。

质量管理的关键并非只体现在质量控制上，在项目实施过程中，项目质量保证反而更为重要。因为当项目或产品质量在质量控制阶段发现了问题，往往会带来一定的整改成本，进而导致项目成本的增加，如废品、返工等。

2.2.5　采购管理

采购是较为熟悉的一个管理过程，采购涉及的招投标、签订合同等环节经常用于一个单位的各个业务方面。但需注意，现代采购与传统观念不同的是，采购方必须摒弃"以自我为主心"的管理模式，代之以现代战略合作的管理模式，借助供应链的力量，整合各成员单位的优势资源，形成整体竞争力。即供应链中相互独立的上下游各方基于信任和共同目标，建立共享资源、共担风险、共同获利的非正式长期协作关系。

采购管理主要包括规划采购、实施采购、控制采购、结束采购 4 个过程。其中，规划采购除建立和维护需采购的产品目录外，还涉及供应商调查、供应商选择指标、评估方法、合格评价等，进而确定采购计划和采购预算。实施采购主要通过招投标进行供应商选择。此过程需注意的是，《评标委员会和评标方法暂行规定》（国家发展计划委员会 国家经济贸易委员会 建设部 铁道部 交通部 信息产业部 水利部令 第 12 号）对评标委员会的组成和评标活动进行了规范，其中第八条规定：评标委员会成员名单一般应于开标前确定。评标委员会成员名单在中标结果确定前应当保密。第十二条规定：项目主管部门或者行政监督部门的人员，不得担任评标委员会成员。

控制采购过程是买卖双方都需要的，这一过程需要确保卖方的执行符合合同需求，并确保买方可以按照合同条款去执行。如合同执行出现偏差，则需及时制定纠正措施。采购结束后注意对合同和相关文档进行归档。

2.2.6　变更管理

变更管理本不属于项目管理的十大管理内容，但由于变更在信息系统项目实施过程中经常发生，许多项目的失败也是由于变更的处理不当造成的，由此导致变更管理在项目管理中的重要性不断增加，在实际应用中的影响也越来越大，特此专门提出，以引起关注。

项目变更管理是指在信息系统项目实施过程中，由于项目环境或者其他的原因而对项目的功能、性能、架构、技术指标、集成方法、项目进度等方面做出的改变。其实质是根据项目推进过程中越来越丰富的项目认知，不断调整项目努力方向和资源配置，最大限度地满足项目需求，提升项目价值。变更的发生可能由项目或成果定义过失、增值变更、应对风险、执行与基准要求不一致、外部事件等情况导致，但变更并不可怕。俗话说，没有不变更的项目。遇到变更，只要按照一定的变更程序进行并管理到位，同样可以获得甚至更好的项目成果。

变更工作程序一般包括：提出与接受变更申请、变更初审、变更方案认证、变更审查、发出变更通知并组织实施、监控变更、变更效果评估和判断变更后的项目是否进入正常轨道等。变更提出应当以正式方式进行，并留下书面记录。变更初审应当确认变更的必要性，并在项目干系人之间达成共识。做出变更方案后，要对变更是否可行进行认证，如可行，则将变更请求由技术要求转化为资源需求，供项目相关管理人员决策。

由于变更的实际情况千差万别，在项目整体压力较大的情况下，更需要强调变更的提出、处理规范化，也可以使用分批处理、分优先级等方式提高效率。对于规模小、与其他工作关联度小的项目，在变更的提出和处理上要力求简便、高效，防止不必要的变更，减少无谓的评估，提高必要变更的通过和执行效率。

第3章　企业电子文件单套归档管理的需求与发展

单从电子文件单套还是双套的归档方式来说，电子文件"单套制"显然具有优势。它有利于优化业务信息化，有利于提高档案工作效率，有利于降低管理成本等。企业从优化流程、降低成本出发，从信息化实施起就尝试单轨制电子文件运转、传递和归档。尤其是在业务领域，国家863/CIMS计划，从甩图板开始，基本实现了电子文件运转、传递的电子单轨制。在办公自动化系统产生的电子文件管理方面，实施电子、纸质双套归档，为电子单套归档积累了经验。在工程或产品设计领域，由于大量产生的三维电子文件无法输出纸质文件，归档时只能采用电子单套归档，也是对实现电子文件单套归档进行的有益尝试。

3.1　单套制初始合规

随着电子商务的发展，会计电子文件全流程电子单套管理呼声日益高涨。为此，2013年12月6日，财政部印发了《企业会计信息化工作规范》（财会〔2013〕20号）。其中第四十条规定，企业内部生成的会计凭证、账簿和辅助性会计资料，同时满足一定条件的，可以不输出纸面资料。第四十一条规定，企业获得的需要外部单位或者个人证明的原始凭证和其他会计资料，满足一定条件的，可以不输出纸面资料。这个规范的印发，使会计业务领域实施单轨制电子文件运转、传递扫清了政策障碍。会计业务领域单轨制电子文件运转对单轨制归档提出了迫切的需求。同年，国家发展和改革委员会、财政部、国家税务总局、国家档案局组织开展了电子发票及电子会计档案综合试点工作，引导企业实现会计类电子文件的电子单套归档。经过一年的试点，打通了会计类电子文件电子单套归档的技术障碍，有三家中央企业实现了会计类电子文件电子单套归档的目标，为电子文件单套归档的进一步推进与实施提供了有益经验，促进电子文件单套归档的社会观念的转变。

3.2　单套制扩围

电子发票及电子会计档案综合试点工作和电子文件电子单套归档在企业优化业务流程、降低成本等方面取得了显著效果，这为进一步扩大单套归档范围提供了动力。为适应电子商务发展的需要，2012年国家档案局会同财政部开始修订《会计档案管理办法》，

2015 年修订完成，于 2015 年 12 月 11 日正式发布。修订后的《会计档案管理办法》第八条规定，满足一定条件的，单位内部形成的属于归档范围的电子会计资料可仅以电子形式保存，形成电子会计档案。第九条规定，满足《会计档案管理办法》第八条规定条件，从外部接收的电子会计资料附有符合《中华人民共和国电子签名法》规定的电子签名的，可仅以电子形式归档保存，形成电子会计档案。新修订的《会计档案管理办法》为会计类电子文件的电子单套归档提供了政策依据，受到了广泛欢迎。为了进一步推进电子文件电子单套归档的实施，2016 年起，国家档案局组织开展了企业电子文件归档和电子档案管理试点工作，遴选了 33 家企业开展电子文件电子单套归档试点，其中 16 家企业确定开展会计类或 ERP 系统电子文件电子单套归档试点，试点解决电子文件电子单套归档的信息系统类别达 30 多种。电子文件电子单套归档的实施范围进一步扩大。

3.3　单套制再发展

3.3.1　单套制面临的形势、挑战和机遇

随着信息技术的发展，电子文件电子单套归档管理既面临着需求更加迫切的机遇，也面临着诸多挑战。尽管《会计档案管理办法》已经允许会计类电子文件实施电子单套归档，但大量外部接收的电子发票仍然采用纸质归档；尽管《电子文件归档与电子档案管理规范》（GB/T 18894）已经在 2016 年版本中删除了要求输出纸质的归档要求，但电子文件电子单套归档的实施和推进并未有太大进展，这在一定程度上降低了电子文件电子单套归档的效果。

2017 年 12 月，中共中央政治局第二次集体学习指出，要加快发展数字经济，推动实体经济和数字经济融合发展。2017 年 3 月，政府工作报告指出："推动'互联网＋'深入发展、促进数字经济加快成长，让企业广泛受益、群众普遍受惠。"2017 年 11 月 19 日，国务院发布《关于深化"互联网＋先进制造业"发展工业互联网的指导意见》，提出要"以供给侧结构性改革为主线，以全面支撑制造强国和网络强国建设为目标，围绕推动互联网和实体经济深度融合，聚焦发展智能、绿色的先进制造业""形成实体经济与网络相互促进、同步提升的良好格局，有力推动现代化经济体系建设"。

数字经济加快发展和"互联网＋先进制造业"战略的实施给电子文件电子单套归档带来了前所未有的挑战。电子文件产生的环境由局域网变成了互联网，电子文件的来源由内部转向内外兼有，电子文件格式更加多样，形成电子文件的系统也更加多样，电子文件和电子档案管理作用更加突出。与此同时，电子文件电子单套归档也遇上了难得的机遇，如电子文件电子单套归档的法律环境更加健全、社会意识更加强烈，电子档案管理的软硬件环境更加完善，电子档案管理技术更加可行等。

3.3.2　单套制加快推进

面对数字经济、"互联网＋先进制造业"发展为电子文件电子单套归档带来的挑战和机遇，有关部门实施电子文件电子单套归档的力度持续加大，并在总结前期经验的基础

19

上，各项政策更加科学，推进的步伐明显加快。

2018 年年初，国家档案局组织召开了电子发票应用推广专题座谈会。财政部、国家税务总局有关人员出席会议。中国石油天然气集团公司、中国人民财产保险股份有限公司、中国电信集团有限公司、中国南方航空集团有限公司、北京京东世纪贸易有限公司、苏宁易购集团股份有限公司等电子发票应用企业，航天信息股份有限公司、北京东港瑞宏科技有限公司等电子发票开具平台企业，用友网络科技股份有限公司、金蝶国际软件集团有限公司等会计软件服务企业，阿里巴巴集团控股有限公司、蚂蚁科技集团股份有限公司、深圳腾讯计算机系统有限公司等电子发票服务企业，东软集团股份有限公司等档案软件服务企业，等等，共计 16 家企业近 50 位代表参加会议。参会企业对电子发票的应用推广提出了建议，认为应加大电子发票应用的推广力度，探索数据互通、管控有序的长效机制，加快电子发票相关管理政策的出台，建立电子发票使用安全规范，完善电子发票应用配套环境等。

2018 年 7 月 24 日，国家档案局联合海关总署、财政部、国家税务总局发布 2018 年第 100 号公告，提出"企业、单位满足《会计档案管理办法》（财政部 国家档案局令第 79 号）第八条、第九条所列条件的，可以电子《海关专用缴款书》为依据进行会计处理并归档保管；不满足第八条、第九条所列条件的，应以电子《海关专用缴款书》数据流文件为依据进行会计处理，并对电子《海关专用缴款书》进行归档，同时自行打印版式文件进行归档。归档时，应建立纸质文档与对应的电子文件的关联关系"。

2018 年 12 月 12—13 日，国家档案局在北京召开企业电子文件归档和电子档案管理第一批试点单位的试点工作中期检查会暨第二批试点单位的试点方案评审会。国家档案局计划遴选若干企业作为第二批试点单位，开展电子文件归档和电子档案管理试点工作，试点的重点是会计电子文件的电子单套归档和电子发票（包括其他票据）的电子单套归档。

截至 2018 年年底，由国家档案局、国家发展和改革委员会组织开展的电子文件归档和电子档案管理试点，已有 13 家试点单位通过了验收，解决了 PDM、ERP、CAPP、会计核算等 16 种业务系统的电子文件归档难题，实现了电子文件电子单套归档，并形成了一批内部标准规范。这些成果为引导更大范围和更多系统形成电子文件的电子单套归档管理发挥了典型示范作用。

2019 年年初，国家档案局、财政部、国家税务总局联合开展电子发票电子化报销、入账、归档管理试点工作，遴选了中国南方航空集团有限公司、中国电信集团有限公司、中国能源建设集团广东火电工程有限公司、中铁联合国际集装箱有限公司、中车互联运力科技有限公司、深圳萨摩耶互联网金融服务有限公司 6 家企业开展电子发票电子化报销、入账、归档管理试点。试点工作主要包括以下两个方面：一是开展电子发票电子化报销入账试点，过程符合《企业会计信息化工作规范》有关要求；二是开展电子发票电子化归档试点，即在没有电子档案管理信息系统的情况下，档案部门或档案人员直接从会计核算部门或会计核算系统接收电子发票，并仅以电子形式归档，归档存储格式符合要求，归档过程中电子发票真实性、完整性、可用性、安全性有保障。试点的主要目的是使中小企业电子发票不再打印出纸质发票，电子发票归档便利化，降低中小企业接受、使用、归档电子发票的成本，促进电子发票的推广应用。

2020 年 3 月，财政部、国家档案局联合印发《关于规范电子会计凭证报销入账归档的通知》（财会〔2020〕6 号），明确提出"除法律、行政法规另有规定外，电子会计档案可不再另以纸质形式保存""单位以电子会计凭证的纸质打印件作为报销入账归档依据的，必须同时保存打印该纸质件的电子会计凭证"的规定。就是说，除法律、行政法规另有规定的以外，已经以合法合规方式进行电子单套归档的电子会计凭证，无须再归档其纸质打印件。对于取得电子会计凭证的单位，即使不具备电子化报销入账归档的条件，也不得仅使用电子会计凭证的纸质打印件报销入账归档，而必须妥善保存电子会计凭证，并与相关联会计档案建立关联关系。

与此同时，国家档案局、国务院办公厅电子政务办公室、国家电子文件管理部际联席会议办公室联合组织开展电子文件单套归档和电子档案单套管理试点工作，遴选了上海市大数据中心、辽宁省档案馆、中国电力建设集团有限公司、北京市互联网法院等 30 家单位开展电子文件单套归档和电子档案单套管理试点工作，其中，机关 14 家，档案馆 8 家，企业 5 家，法院 3 家。试点内容为电子文件单套归档和电子档案单套管理两个方面。电子文件单套归档包括电子文件形成、处理和归档，电子档案单套管理包括电子档案的移交接收、管理利用和长期保存。试点的主要目的是贯彻落实党中央、国务院关于加快推进"互联网＋政务服务"工作的决策部署，进一步推进国家治理体系和治理能力现代化。

3.4 单套制合法化

3.4.1 法律

2020 年 6 月 20 日，《中华人民共和国档案法》经第 13 届全国人大常委会第 19 次会议修订公布，自 2021 年 1 月 1 日起施行。其中，第三十七条规定"电子档案与传统载体档案具有同等效力，可以以电子形式作为凭证使用。"这是从国家法律层面对电子档案的法律效力予以明确。据此，任何组织或个人都不得因为电子档案采用电子形式而否认其法律效力。本法案的颁布，意味着电子文件电子化归档不再是一个倡议，而是真正的"有法可依"。

3.4.2 行政法规

2015 年 12 月 11 日，《会计档案管理办法》（财政部 国家档案局令第 79 号）发布，自 2016 年 1 月 1 日起施行。其中：

第八条规定"同时满足下列条件的，单位内部形成的属于归档范围的电子会计资料可仅以电子形式保存，形成电子会计档案：（一）形成的电子会计资料来源真实有效，由计算机等电子设备形成和传输；（二）使用的会计核算系统能够准确、完整、有效接收和读取电子会计资料，能够输出符合国家标准归档格式的会计凭证、会计账簿、财务会计报表等会计资料，设定了经办、审核、审批等必要的审签程序；（三）使用的电子档案管理信息系统能够有效接收、管理、利用电子会计档案，符合电子档案的长期保管要求，并建立了电子会计档案与相关联的其他纸质会计档案的检索关系；（四）采取有效措施，防止电子会计档案被篡改；（五）建立电子会计档案备份制度，能够有效防范自然灾害、意外事故和人为破坏的影响；（六）形成的电子会计资料不属于具有永久保存价值或者其他重要保存价值的会计档案。"

第九条规定"满足本办法第八条规定条件，单位从外部接收的电子会计资料附有符合《中华人民共和国电子签名法》规定的电子签名的，可仅以电子形式归档保存，形成电子会计档案。"

修订后的《会计档案管理办法》是为了加强会计档案管理，有效保护和利用会计档案而制定的法规，它允许符合条件的会计凭证、账簿等会计资料不再打印纸质归档保存，肯定了电子会计档案的法律效力，电子原始凭证的获取、报销、入账、归档、保管等均可电子化管理。

3.4.3　规范性文件

2020 年 3 月 3 日，财政部、国家档案局联合印发《关于规范电子会计凭证报销入账归档的通知》（财会〔2020〕6 号），其中：

第二条规定"来源合法、真实的电子会计凭证与纸质会计凭证具有同等法律效力。"

第三条规定"除法律和行政法规另有规定外，同时满足下列条件的，单位可以仅使用电子会计凭证进行报销入账归档：（一）接收的电子会计凭证经查验合法、真实；（二）电子会计凭证的传输、存储安全、可靠，对电子会计凭证的任何篡改能够及时被发现；（三）使用的会计核算系统能够准确、完整、有效接收和读取电子会计凭证及其元数据，能够按照国家统一的会计制度完成会计核算业务，能够按照国家档案行政管理部门规定格式输出电子会计凭证及其元数据，设定了经办、审核、审批等必要的审签程序，且能有效防止电子会计凭证重复入账；（四）电子会计凭证的归档及管理符合《会计档案管理办法》（财政部 国家档案局令第 79 号）等要求。"

第五条规定"符合档案管理要求的电子会计档案与纸质档案具有同等法律效力。除法律、行政法规另有规定外，电子会计档案可不再另以纸质形式保存。"

《关于规范电子会计凭证报销入账归档的通知》承认了电子会计凭证的法律效力，提出电子会计凭证电子化单轨制报销、入账、归档全流程电子化的要求，通过政策引导，助力国家经济发展。

3.4.4　标准规范

2022 年 4 月 7 日，国家档案局发布《电子档案单套管理一般要求》《电子会计档案管理规范》等系列标准。

《电子档案单套管理一般要求》确立了电子档案单套管理的基本原则，规定了实现单套管理需要在制度建设、系统建设、资源建设与管理、安全管理等方面达到的要求，给出一套实际操作者可以学习的方法论、一套可以实际落地的可行性评估标准。

《电子会计档案管理规范》规定了电子会计资料形成、收集、整理、归档和电子会计档案保管、统计、利用、鉴定、处置等工作要求,提出了"符合国家有关规定形成(或接收)并按照本文件管理的电子会计资料,可仅以电子形式归档保存。"

3.5 小　　结

通过本章内容可以看出,国家档案局、财政部先以占据企事业单位比重最大的会计档案入手,逐步通过法规支持、规范电子会计档案的单套制推广落地,再扩大范围全面推动电子档案单套管理进程。

第4章 企业电子文件单套归档管理试点项目规划

对一个项目进行规划，实际也属于内部立项的过程，需要综合考虑项目的必要性、工作要求、项目环境和必要条件等实际情况，对项目涉及的投资、经济、组织、技术、风险等进行可行性研究，并按照"先论证，后决策"的基本原则，对拟实施项目在技术上的先进性、适用性，经济上的合理性、盈利性，实施上的可行性、风险性等进行全面科学的综合分析，根据国家颁布的政策、法规、方法、参数、条例等，从项目、国民经济、社会角度出发，对拟建项目建设的必要性、建设条件、市场需求、工程技术、经济和社会效益等方面进行评价、分析和认证，最终决定项目是否上马。对于上级管理部门或单位指派项目，则需结合实际创造一切条件，制定合理的工作方案，确保完成任务。

4.1 项目来源与要求

2020年3月，为贯彻落实党中央、国务院关于加快推进"互联网＋政务服务"工作的决策部署，进一步推进国家治理体系和治理能力现代化，按照《国务院关于在线政务服务的若干规定》《党政机关电子公文处理工作办法》和《全国档案事业"十三五"规划纲要》有关要求，探索电子文件和电子档案以电子形式归档和管理的办法，国家档案局、国务院办公厅电子政务办公室、国家电子文件管理部际联席会议办公室联合印发《关于开展电子文件单套归档和电子档案单套管理试点工作的通知》（档发〔2020〕2号），在全国范围内组织开展电子文件单套归档和电子档案单套管理试点，以试点示范推进相关工作。

试点要求在电子文件归档方面，电子文件的形成应符合国家党政机关电子公文系列标准等文件要求；电子文件处理应符合《党政机关电子公文处理工作办法》等文件要求；电子文件归档流程、数据组织、归档格式、元数据、归档范围等环节，应符合国家电子文件管理有关规定。在电子档案管理方面，电子档案移交接收应符合《电子档案移交与接收办法》；电子档案数据的组织、管理、利用应科学规范，确保电子档案长期安全。电子文件归档、电子档案移交接收、电子档案长期保存等环节的检测工作，应依据《文书类电子档案检测一般要求》开展。

试点范围以党政机关为主，同时纳入部分中央企业。某企业集团作为中央企业代表，以办公自动化系统和外事管理系统电子文件单套归档为试点任务，纳入试点范围。

4.2　情况调研与需求

　　某企业集团（以下也称"试点企业"）接到试点任务后，为制定出科学合理的试点方案，需要对自身情况进行摸底调研。除摸清本企业基本情况外，还要了解本企业信息化建设情况、档案工作基础情况、本企业试点工作需求（即通过试点要解决什么问题），以及试点的条件、优势等。梳理的试点工作情况调研与需求如下。

4.2.1　基本情况

　　某企业集团成立于 2011 年 9 月，是在某设计企业集团、某施工企业集团、某能源企业集团的基础上组建而成的国有大型中央企业。注册资本金 300 亿元，主营业务为建筑工程（含勘测、规划、设计和工程承包），电力、水利（水务）及其他资源开发与经营，房地产开发与经营，相关装备制造与租赁。此外，受国家有关部委委托，承担国家水电、风电、太阳能等清洁能源和新能源的规划、审查等职能。

4.2.2　信息化建设情况

　　该企业集团自成立以来，信息化建设在国家网络强国战略思想的引领下，积极落实央企网信工作的各项要求，信息技术应用发展较快，在多年国务院国资委组织的央企网络安全和信息化对标工作中，均以高分在央企中名列前茅。集团总部通过建设 8 个平台级业务系统、34 个业务应用系统，实现了 216 个业务流程、487 项工作标准在线管控。统一构建的集中采购平台、工程招标平台及具有自主知识产权的项目管理信息系统已投入使用，办公自动化系统、党务管理系统、投资管理系统等业务系统也在多级成员企业推广应用。

4.2.3　档案工作情况

　　该企业集团档案工作在国家档案局的领导和指导下，紧紧围绕改革发展中心任务，不断完善档案工作管理体制建设，建立健全规章制度，强化档案基础业务和队伍建设，推动档案工作有效服务于集团生产经营和改革发展。在档案信息化方面，集团总部于 2014 年启动了档案信息化建设，2015 年上线运行电子档案管理信息系统，开发了与办公自动化系统的接口，初步实现了电子文件的在线收集、整理、存储、检索、利用、统计等。截至 2019 年 12 月，通过接口归档办公自动化系统电子文件 4 万余件。但受办公自动化系统归档功能不健全、电子档案管理信息系统对电子文件的接收和电子档案管理不规范、元数据不完整、保存格式不符合有关要求等因素影响，目前仍需将办公自动化系统电子文件打印输出纸质件，实行双套归档，其他业务系统电子文件只能归档纸质件。

4.2.4　试点工作需求

　　在当今电子信息高度发达的时代，该企业集团信息化建设大步前行，而在档案工作中采取的电子文件双套归档或不归档的方式却与信息化要求相去甚远。电子文件在业务系统办理完毕后，不能作为电子档案归档或归档不规范，必须打印输出纸质件归档，实为巨大浪费。这种做法，不仅使企业管理成本增加，宝贵的电子档案资源流失，档案利用极为不便，还与社会发展趋势相背离，不利于国家节能环保，不利于档案事业的发展和数字经济的转型。为了优化业务流程，降低企业管理成本，顺应社会发展趋势，该企业集团作为中央企业，亟须实现电子文件单套归档和电子档案单套管理，不再打印归档纸质件。

4.2.5　试点工作优势

2017 年后，国家档案局应企业对电子文件归档和电子档案管理的更高要求，先后开展了企业电子文件归档和电子档案管理试点、企业数字档案馆（室）试点、电子发票报销入账归档试点等工作，在电子文件归档方面进行了有益尝试，获得了经验，基本具备了电子文件单套归档的条件。2018 年 4 月和 12 月，该企业集团有两家所属企业先后被国家档案局确定为全国企业数字档案馆（室）建设试点单位、企业电子文件归档和电子档案管理试点单位。在集团总部的指导和直接参与下，两家企业分别于 2019 年 10 月和 12 月完成了试点任务并顺利通过国家档案局验收。通过试点，两家企业均在电子文件"四性"（指真实性、完整性、可用性、安全性，下同）检测、长期保存格式转化、元数据规划等方面获得了技术创新，规范了电子文件从收集、整理到归档、保存、利用的全程电子化管理，为该企业集团实现电子文件单套归档和电子档案单套管理积累了经验并奠定基础。

4.3　制定试点工作方案

经情况调研后，试点企业组织开展了试点方案编制工作，并以红头文件形式印发。结合试点任务与企业实际业务需求，试点方案在满足以电子文件单套归档和电子档案单套管理要求的前提下，适当拓展了工作范围，除试点任务要求的电子文件单套归档外，还将电子档案单套管理也纳入其中。即工作范围为除传统载体档案数字化外的企业数字档案馆（室）的建设范围，但工作要求仍为"单套制"的要求。

由于信息系统建设涉及计算机软硬件建设、信息资源建设、规章制度建设等。而企业电子文件单套归档和电子档案单套管理试点工作也是由计算机软硬件、电子档案资源、制度标准等部分组成，基本与信息系统建设范围相吻合。因此，试点工作应当同信息系统建设项目一样，应用 PMBOK❶ 项目管理理论制定工作方案，要求试点工作严格按照信息系统项目管理要求开展。特别是，方案中要明确试点工作以项目形式进行运作，要有针对性地提出项目目标、任务、工作依据，明确工作范围和内容，提出实施步骤和进度计划，还需明确项目实施的组织保障、资金保障、管理机制保障等，以确保试点项目的顺利开展。

---

❶ PMBOK（Project Management Body of Knowledge）项目管理知识体系是美国项目管理学会 PMI（Project Management Institute）提出的，被国际标准化组织引为框架制定项目管理标准，现广泛应用于我国信息系统建设项目领域。

4.3.1 工作目标、任务与依据

4.3.1.1 工作目标

试点工作要立足当前企业数字档案馆（室）建设、电子文件归档和电子档案管理工作已取得的成绩，进一步探索和应用先进信息技术，规范办公自动化系统和外事管理系统电子文件自形成至电子档案永久保存或销毁全生命周期的单套归档管理，节约企业管理成本，提升信息服务能力，为企业提高管理水平、增强核心竞争力提供有力支撑。自2020年1月起，上述两系统形成的电子文件不再打印输出纸质件，实行电子文件单套归档和电子档案单套管理，并对国家有关法规制度和标准规范进行验证，推广试点经验，助力国家治理体系和治理能力的现代化发展。

4.3.1.2 工作任务

按照国家档案局《企业电子文件归档与电子档案管理指南》及相关制度标准要求，研究电子文件单套归档和电子档案单套管理路径，完善办公自动化系统、外事管理系统电子文件归档功能，升级电子档案管理信息系统，开发电子文件"四性"检测功能，优化档案信息化基础设施，建立电子文件归档和电子档案管理制度标准等。

4.3.1.3 工作依据

1. 通知文件

《关于开展电子文件单套归档和电子档案单套管理试点工作的通知》（档发〔2020〕2号）。

2. 制度标准

《企业文件材料归档范围和档案保管期限规定》（国家档案局令第10号）。

《电子档案移交与接收办法》（档发〔2012〕7号）。

《企业电子文件归档和电子档案管理指南》（档办发〔2015〕4号）。

《企业数字档案馆（室）建设指南》（档办发〔2017〕2号）。

《计算机软件测试文档编制规范》（GB/T 9386—2008）。

《计算机软件测试规范》（GB/T 15532—2008）。

《电子文件归档与电子档案管理规范》（GB/T 18894—2016）。

《信息系统安全等级保护基本要求》（GB/T 22239—2008）。

《电子文件管理系统通用功能要求》（GB/T 29194—2012）。

《电子文件管理装备规范》（GB/T 33189—2016）。

《电子文件存储与交换格式 版式文档》（GB/T 33190—2016）。

《党政机关电子公文交换接口规范》（GB/T 33479—2016）。

《党政机关电子公文元数据规范》（GB/T 33480—2016）。

《信息安全技术 公钥基础设施 基于数字证书的可靠电子签名生成及验证技术要求》（GB/T 35285—2017）。

《归档文件整理规则》（DA/T 22—2015）。

《电子文件归档光盘技术要求和应用规范》（DA/T 38—2008）。

《文书类电子文件元数据方案》（DA/T 46—2009）。

《版式电子文件长期保存格式需求》（DA/T 47—2009）。

《基于 XML 的电子文件封装规范》（DA/T 48—2009）。

《档案信息系统运行维护规范》（DA/T 56—2014）。

《电子档案管理基本术语》（DA/T 58—2014）。

《文书类电子档案检测一般要求》（DA/T 70—2018）。

3. 试点经验

《某公司数字档案馆（室）建设试点工作报告》。

《某公司数字档案馆（室）建设试点技术报告》。

《某公司电子文件归档和电子档案管理试点工作报告》。

《某公司电子文件归档和电子档案管理试点技术报告》。

4.3.2 工作范围与内容

工作范围分为两条线，一为管理线，二为技术线。管理线主要包括准备工作、收尾工作等，其他管理工作以推进项目实施为主，关注实施后取得的工作成果再转为技术线。技术线以工作成果来划分，主要包括信息系统建设、信息技术支撑、数据资源整合、制度标准建设等。制定工作分解结构，并将技术部分工作包内容说明如下。

4.3.2.1 工作分解结构（图 4.1）

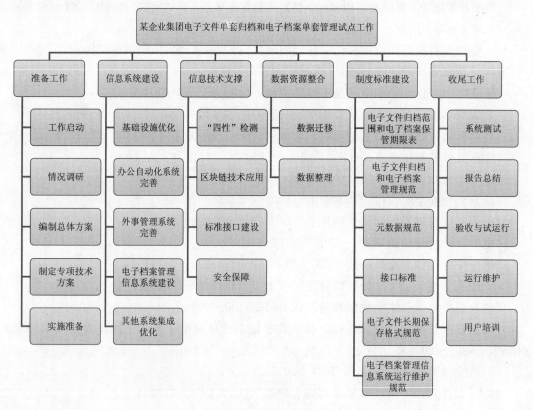

图 4.1 工作分解结构图

4.3.2.2 信息系统建设

(1) 基础设施优化。主要包括：依托现有的 IT 基础设施，结合试点工作要求，对电子档案管理信息系统所需服务器、操作系统、数据库、网络环境等进行优化；建设电子档案专用私有云平台，独立集中存储设备，通过高性能服务器建立电子档案专用资源池；部署备份服务器、中心交换机、备份存储设备、备份软件等软硬件设施，对档案数据进行同城异地在线备份；购置蓝光光盘库，对档案数据进行离线备份等。

(2) 办公自动化系统完善。主要包括：完善办公自动化系统电子公文归档功能，提供导出电子公文接口；将办公自动化系统与电子档案管理信息系统集成对接；提供电子公文元数据采集功能；提供电子文件存储格式转换功能；提供生成电子文件归档信息包功能；实现电子文件归档环节的"四性"检测。

(3) 外事管理系统完善。主要包括：完善外事管理系统电子文件归档功能，提供导出电子文件接口；将外事管理系统与电子档案管理信息系统集成对接；提供电子文件元数据采集功能；提供电子文件存储格式转换；提供生成电子文件归档信息包功能；实现电子文件归档环节的"四性"检测。

(4) 电子档案管理信息系统建设。电子档案管理信息系统功能需求详见附录 A。

4.3.2.3 信息技术支撑

(1) "四性"检测。开发电子文件"四性"检测工具，实现归档环节、长期保存环节的"四性"检测。

(2) 区块链技术应用。主要包括：研究当前国内区块链技术的应用和发展现状，调查分析区块链在金融、供应链、政务服务、能源等行业中应用的业务场景、行业现状和业务痛点；研究区块链在档案管理领域应用的可行性，探索基于区块链保障电子文件真实性的解决方案；基于方案开发区块链管理系统或功能模块，创新电子文件真实性检测方式。

(3) 标准接口建设。需求开发办公自动化系统、外事管理系统与电子档案管理信息系统接口，接口功能需求见附录 B。

(4) 安全保障。主要包括：建立设备安全、数据安全、内容安全、行为安全的工作体制，确保信息安全；建立完备的数据备份和恢复机制，优化备份策略，加强在线备份管理和同步异地备份；定期验证备份数据，确保备份资源安全可靠。

4.3.2.4 数据资源整合

(1) 数据迁移。将原电子档案管理信息系统中电子档案迁移至新系统。主要包括：对迁移前进行数据备份；制定迁移方案，确定步骤、计划起止时间、参与人员等；评估迁移方案，确保迁移过程风险降至最小；合理分配人员，实施迁移方案。

(2) 数据整理。对办公自动化系统和外事管理系统归档电子文件按照《归档文件整理规则》（DA/T 22—2015）要求进行整理归档。

4.3.2.5 制度标准建设

制度标准建设主要包括：《电子文件归档和电子档案管理办法》《电子文件长期保存

格式规范》《办公自动化系统电子文件归档和电子档案保管期限表》《办公自动化系统与电子档案管理信息系统接口标准》《办公自动化系统电子文件元数据方案》《外事管理系统电子文件归档和电子档案保管期限表》《外事管理系统与电子档案管理信息系统接口标准》《外事管理系统电子文件元数据方案》《电子档案管理信息系统运行维护规范》等。

4.3.3　实施步骤

试点工作按照工作性质划分为启动、计划、实施与监督、收尾和推广五个阶段。除收尾阶段的试运行、系统运行维护、用户培训三项工作和推广阶段外，其他阶段工作全部于 2020 年年内完成。

4.3.3.1　启动阶段

（1）成立试点工作领导小组和工作组，明确职责分工。

（2）分析试点相关利益方和关系人，收集工作需求。

（3）开展情况调研，收集有关资料，制定整体工作方案。

（4）工作方案论证和评估。

（5）召开试点工作启动会，使试点工作相关方和人员明确工作目标、范围、需求、背景及各自的职责和权限。

4.3.3.2　计划阶段

（1）借鉴先进案例，深入学习研究，制订工作管理计划。

（2）研究制定元数据、系统接口、"四性"检测等专项技术方案。

（3）分析工作需求，定义工作范围，建立范围基准。

（4）工作分解并排序，估算资源和历时，制订进度计划。

（5）估算成本。

（6）制定质量测量指标和内部验收标准。

4.3.3.3　实施与监督阶段

（1）实施基础设施优化升级和办公自动化系统、外事管理系统的功能完善。

（2）公开招标电子档案管理信息系统，采用原型法快速开发系统，通过反复修改实现最终的系统需求。

（3）开展标准化的系统集成方案研究与实施。

（4）开展区块链技术在档案管理领域的研究与应用。

（5）数据迁移和数据整理工作。

（6）制度标准和安全保密体系建设。

（7）试点工作文档的形成和管理工作，注重信息系统文档的收集。

（8）定期开展试点工作监督检查，发现问题及时整改。

（9）定期召开试点工作周例会、月度例会等工作组会议，及时解决试点工作实施过程中的问题，重大问题及时向试点工作领导小组汇报。

（10）加强与试点工作主管机关、公司有关部门、第三方参建单位等相关方的沟通。

（11）监督试点工作各方按工作计划开展情况，严格控制试点工作进度和质量。

4.3.3.4 收尾阶段

（1）将系统升级优化成果投入试运行，确保成果的技术质量符合试点工作要求。

（2）第三方承建单位交付系统和文档的测试验收工作，内部成果的审核预确认工作。

（3）对试点工作过程经验进行总结，编写试点工作报告、技术报告、系统测试报告等。

（4）按照《关于开展电子文件单套归档和电子档案单套管理试点工作的通知》（档发〔2020〕2号）要求，申报试点成果终验。

（5）组织并开展系统用户培训。

（6）系统运行维护及后评价。

（7）电子档案管理信息系统安全等级保护工作。

4.3.3.5 推广阶段

（1）丰富和深化归档电子文件在实际业务中的利用，如在企业内审中推广归档电子文件的直接使用。

（2）扩大电子文件归档范围，按试点工作的经验和标准，逐步推广将财务资金管理系统、人力资源管理系统、招标采购系统平台、物资管理系统、企业门户系统等纳入电子文件单套归档和电子档案单套管理范围。

（3）总结经验，分享交流试点工作经验。

4.3.4 进度计划

4.3.4.1 月度计划

（1）2020年4月，试点工作启动与总体规划。主要任务有：成立试点工作领导小组和工作组，明确职责分工；分析试点相关利益方和关系人，收集工作需求；开展情况调研、收集有关资料，制定整体工作方案，制定电子档案管理信息系统功能需求、"四性"检测、办公自动化系统电子文件元数据、接口功能等专项技术方案；估算成本；工作方案论证和评估；召开试点工作启动会，使试点工作相关方和人员明确工作目标、范围、需求、背景及各自的职责和权限。

（2）2020年5月，制订详细计划和专项技术方案。主要任务有：借鉴先进案例，深入学习研究，制订工作管理计划；研究制订接口数据方案；分析工作需求，定义工作范围，建立范围基准；工作分解并排序，估算资源和历时，制定进度计划；成本预算；人员引进和培训；制定质量测量指标和验收标准；电子档案管理信息系统招投标；区块链技术研究。

（3）2020年6月，系统设计开发。主要任务有：优化档案信息化基础设施，完善安全保密体系；制定办公自动化系统、外事管理系统电子文件归档功能及元数据捕获方案；电子档案管理信息系统合同签订、原型部署、二次开发需求分析；"四性"检测系统、区块链系统的需求分析、设计与审查、编码；研究制定接口数据方案、接口功能开发。

（4）2020 年 7 月，系统开发测试和制度标准编制。主要任务有：优化档案信息化基础设施，完善安全保密体系；办公自动化系统、外事管理系统电子文件归档功能模块开发；电子档案管理信息系统设计与审查、编码；"四性"检测系统、区块链系统编码、测试；接口功能开发；编制《办公自动化系统电子文件归档范围和电子档案保管期限表》《外事管理系统电子文件归档范围和电子档案保管期限表》。

（5）2020 年 8 月，系统开发测试和制度标准编制。主要任务有：办公自动化系统、外事管理系统电子文件归档功能模块集成测试；电子档案管理信息系统编码与测试；接口功能测试；编制《办公自动化系统与电子档案管理管理系统接口标准》《外事管理系统与电子档案管理管理系统接口标准》；编制《办公自动化系统电子文件元数据标准》《外事管理系统电子文件元数据标准》；其他系统集成优化，持续完善安全保密体系。

（6）2020 年 9 月，系统功能测试完善、数据整合和制度标准编制审批。主要任务有：电子档案管理信息系统集成测试、系统测试与功能完善；数据迁移和数据整理；编制《电子文件归档和电子档案管理办法》《电子文件长期保存格式规范》；审批《办公自动化系统电子文件归档范围和电子档案保管期限表》《外事管理系统电子文件归档范围和电子档案保管期限表》《办公自动化系统与电子档案管理管理系统接口标准》《外事管理系统与电子档案管理管理系统接口标准》《办公自动化系统电子文件元数据标准》《外事管理系统电子文件元数据标准》；其他系统集成优化，持续完善安全保密体系。

（7）2020 年 10 月，系统测试、数据整合和制度标准编制审批。主要任务有：数据整理；制定《电子档案管理信息系统运行维护规范》；审批《电子文件归档和电子档案管理办法》《电子文件长期保存格式规范》《电子档案管理信息系统运行维护规范》；组织系统整体验收测试，编制系统测试报告；持续完善安全保密体系。

（8）2020 年 11 月，总结报告撰写，准备申报验收。主要任务有：数据整理；编制试点工作报告、技术报告；审批试点工作报告、技术报告和系统测试报告；完成安全保密体系建设，持续提供安全保障。

（9）2020 年 12 月，试点工作验收。主要任务有：邀请行业专家检查指导；组织试点工作验收；完成试点工作总结和汇报工作。

（10）2021 年以后，系统运维和推广应用试点成果。主要任务有：新上线系统及功能模块试运行，系统运行维护，用户培训，电子档案管理信息系统安全等级保护工作。

4.3.4.2 里程碑节点（表 4.1）

表 4.1 里程碑节点

工作阶段	主要节点	计划完成时间
启动	试点工作启动	2020 年 4 月 20 日
计划	制定工作方案	2020 年 4 月 30 日
	制定详细计划和专项技术方案	2020 年 5 月 31 日

续表

工作阶段	主 要 节 点	计划完成时间
实施与监督	基础设施优化	2020 年 6 月 30 日
	信息技术支撑	2020 年 7 月 15 日
	办公自动化系统优化	2020 年 8 月 15 日
	外事管理系统优化	2020 年 8 月 15 日
	电子档案管理信息系统建设	2020 年 9 月 30 日
	数字资源整合	2020 年 10 月 31 日
	制度标准制定	2020 年 11 月 15 日
收尾	系统测试	2020 年 10 月 31 日
	编制总结报告	2020 年 11 月 15 日
	申报验收	2020 年 12 月 1 日

4.3.4.3 甘特图

试点工作进度甘特图见附录 C。

4.3.5 实施保障

4.3.5.1 组织保障

建立分层分级、人员结构合理的试点工作领导小组和工作组，明确责任划分和人员构成。

1. 组织与职责

成立试点工作领导小组和工作组，负责组织开展和实施试点工作。

领导小组组长由试点企业分管档案工作的邻导担任，相关部门负责人任成员。主要职责：负责重大事项决策、资源保障、方案报告审核、制度标准审批。

工作组组长一般由档案部门负责人担任，档案部门及相关业务部门人员任成员。主要职责：具体负责试点工作组织实施，组织落实或协调相关方开展各项试点工作，确保工作达到预定目标。

工作组下设管理组和实施组，主要任务见责任分配矩阵（RACI）。

（1）管理组责任分配矩阵（表 4.2）。

表 4.2　　　　　　　　　　管理组责任分配矩阵

主要任务	人员 1	人员 2	人员 3	人员 4	人员 5	人员 6	人员 7	人员 8
整体管理	●	＊	＊					
监督实施	＊	●	＊			＊	＊	
资金计划	＊	＊				●		
业务支持	＊	＊	●	●	＊			＊
会议培训等其他管理	＊	＊	＊	＊	＊	●	＊	＊

注　"●"表示负责，"＊"表示参与，空白表示不参与。

（2）实施组责任分配矩阵（表 4.3）。

表 4.3　　　　　　　　　　　　　实施组责任分配矩阵

工作任务	人员1	人员2	人员3	人员4	人员5	人员6	人员7	人员8
整体推进实施	●	●	*	*	*	*	*	*
制订完善工作方案	*	●		*	*			
基础设施优化	*		●		●			
档案管理系统建设	*	●		●	*		*	*
办公自动化系统建设	*	*		●	*			
外事管理系统建设	*			●	*			
"四性"检测功能开发	●			*	*			
区块链技术研究与应用	●	*		*	*			
接口服务开发与集成	*			●	*			
系统测试	●	*		*	*			
数据资源整合		*		*	*	●	*	*
制度规范撰写	*	●		*	*	*	*	*
总结报告撰写		●	*	*	*	*		*

注　"●"表示负责，"*"表示参与，空白表示不参与。

4.3.5.2　资金保障

为做好本次试点工作，在前期档案信息化建设投入经费的基础上，预计产生的成本包括增配基础设施成本、电子档案管理信息系统建设成本、系统接口和"四性"检测系统开发成本、数据迁移成本、专家咨询成本等。经过公司领导审批，拨款数万元作为本次试点工作专项费用。试点工作费用预算表具体见表 4.4。

表 4.4　　　　　　　　　　　　试点工作费用预算表

费　用　项	用　　途	费用/万元
信息系统建设	增配基础设施	
	电子档案管理信息系统建设	
	办公自动化系统优化	
	外事管理系统优化	
	OFD 软件采购	
信息技术支撑	"四性"检测功能开发	
	区块链技术在数字档案馆中的研究与应用	
	办公自动化系统与电子档案管理信息系统接口开发	
	外事管理系统与电子档案管理信息系统接口开发	
数据资源整合	数据迁移	
管理成本	专家咨询	
	会议、培训、差旅等其他管理费用	
合　计		

4.3.5.3　管理机制保障

（1）试点工作以项目形式运作，实行项目经理（即工作整体推进实施负责人）负责制，各分项任务负责人对分管任务实行承包责任制，重点管控工作方案审核、系统验证测试、数据质量检查、制度标准制定等关键环节，保证方案优化可行、成果交付准确无误、制度标准适用可行。

（2）具体工作实施前要根据总体工作方案进一步规划和细化方案，重点细化人力资源计划、质量计划、检查计划等，确保能够责任到人、质量合格并定期检查。对试点工作成果有影响重大的工作方案，须邀请相关专家进行评审，保障成果质量。

（3）项目经理作为试点工作沟通协调总负责人，保持工作组与领导小组、配合部门、第三方承建方、用户等各相关方的沟通交流，保障试点工作按计划执行。

（4）试点工作会议制度化，定期组织周例会、月例会、专题会等会议。工作会议对进度计划、技术质量、沟通协作、工作风险等进行沟通确认，及时制定风险控制措施。

（5）试点工作月度工作计划调整须及时和项目经理沟通，里程碑节点的调整须提交领导小组审批。

（6）做好工作咨询和交流，密切与上级档案主管部门的联系和汇报，定期汇报试点工作进展情况，获得工作指导，确保试点工作目标和方向正确。

（7）加强学习培训，组织开展集体学习活动，对试点工作参与人员进行技术和业务培训，使试点工作参与人员充分了解试点工作任务、技术、质量、管理相关要求，确保各项工作任务按要求完成。

（8）积极探索和应用"新技术、新方法、新经验"，在保证质量的前提下尽量提高工作效率。

第 5 章　基础设施优化与业务流程重构

5.1　基 础 设 施 优 化

试点工作充分利用已有信息化基础设施，以安全可控为前提对试点所需服务器、操作系统、数据库、网络环境等进行优化配置，使之满足未来一定时期数字档案资源管理的需要。

一是配置服务器，主要有电子档案管理信息系统服务器、区块链系统服务器。电子档案管理信息系统服务器包括应用服务器、数据库服务器、文件服务器、接口服务器等，区块链系统服务器包括应用服务器、数据库服务器、前端服务器等。

二是配置数字档案资源存储设备。配置用于存储数字档案资源的独立 SAN 存储设备、离线数据备份蓝光光盘库，满足数字档案资源大容量存储和异质备份的安全要求。

三是对操作系统、数据库管理系统等基础系统软件进行优化。充分考虑电子档案管理信息系统多并发等特点，设计专项专用、可扩展的服务器应用架构。服务器操作系统全部采用开源稳定版本系统；数据库管理系统采用支持动态扩展、高性能的系统，在安全、可控的前提下确保高效运行。

5.2　业 务 流 程 重 构

试点工作按照电子文件单套归档和电子档案单套管理要求，系统梳理了电子文件自业务系统形成、归档，到电子档案管理信息系统接收、长期保存的业务流程，涉及业务系统、电子档案管理信息系统（含统一接口平台）、长期保存系统、离线刻录系统等多个信息系统。在归档环节将多项业务处理前置，完成业务流程重构设计，以减少或消除文件、档案管理全程中各个管理环节的重复、疏漏和抵触，使各个系统功能合理、高效运行。

5.2.1　电子文件归档流程

电子文件归档流程见图 5.1。图 5.1 在试点工作中常被称为"20 步图"，主要是因为重构后的归档业务流程设计操作步骤共计 20 步，其中捕获、封装、固化信息等计算机自动执行 18 步，人工抽查、交接确认等人工执行 2 步。

第 1 步，业务系统对电子文件进行捕获。

第 2 步，业务系统对捕获到的电子文件及其元数据进行 XML 封装，形成归档信息

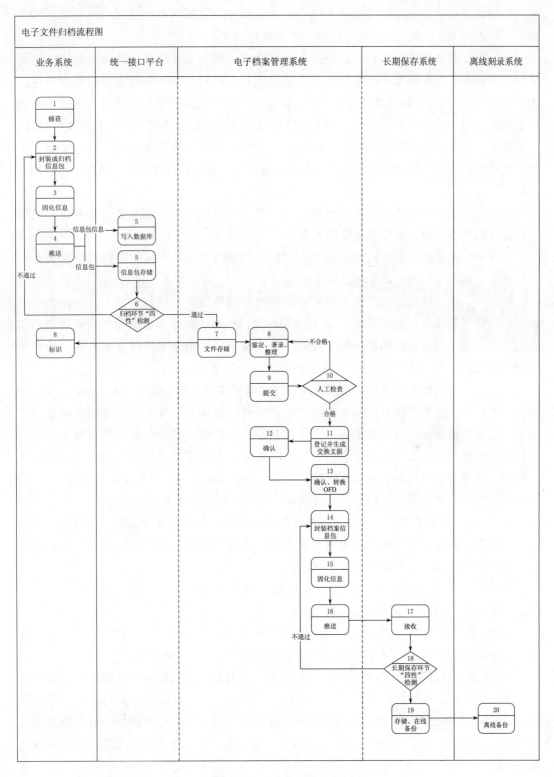

图 5.1　电子文件归档流程图

包。归档信息包实际是个包含有多个电子文档（即一件电子文件中的子件，下同）的压缩包，可以是 RAR 格式包，也可以是 ZIP 格式包等。

第 3 步，业务系统对归档信息包进行信息固化，固化方式可采用区块链技术，也可采用电子签名、数字摘要等技术，然后将信息固化后得到的结果回写入归档信息包中的 XML 文档。采用区块链技术固化信息的，除考虑将归档信息包整体固化外，还需将归档信息包内的单个电子文档进行信息固化，以作日后真实性验证使用，具体参见第 10 章。

第 4 步，业务系统将归档信息包推送至电子档案管理信息系统的统一接口平台，其中，归档信息包信息通过 Web Service 接口推送，通过 SFTP 协议传输。接口平台功能参见第 8 章。

第 5 步，电子档案管理信息系统通过统一接口平台接收归档信息包信息并写入数据库，接收归档信息包并存储于文件服务器。

第 6 步，电子档案管理信息系统调用"四性"检测工具，对接收的归档信息包进行归档环节"四性"检测，具体参见第 9 章。

第 7 步，电子档案管理信息系统对检测通过的归档信息包进行解析，对包内电子文档进行存储（即接收归档电子文件），将 XML 文档中的数据写入数据库后，删除归档信息包。对检测未通过的归档信息包直接删除，并将未通过的结果反馈业务系统，由业务系统重新封装打包，重复上述第 2~6 步操作，或人工干预处理。

第 8 步，电子档案管理信息系统对成功接收电子文件的结果通过 Web Service 接口反馈给业务系统。业务系统对已成功推送的电子文件作出标识。业务部门兼职档案员登录电子档案管理信息系统对接收的电子文件进行鉴定、整理。其中，鉴定可由电子档案管理信息系统通过调用智能鉴定工具进行，人工鉴定可在智能鉴定结果中抽查一定比例进行核对，核对正确率达标后可不再核对。有关智能鉴定的实现，可参见第 11 章。

第 9 步，业务部门兼职档案员对已鉴定、整理的电子档案进行提交归档。

第 10 步，档案部门人员对提交归档的电子档案进行人工检查或抽检，对检查不合格的电子档案，如鉴定不准确的、整理不规范的，或进行调整，或返回第 8 步，由业务部门兼职档案员重新进行鉴定、整理和提交。

第 11 步，档案部门人员对检查合格的电子档案通过电子档案管理信息系统进行登记，并生成电子档案交接文据及交接清单。

第 12 步，档案部门人员将电子档案交接文据及交接清单通过电子档案管理信息系统发送业务部门兼职档案员进行确认，并签署确认部门、人员、时间等。

第 13 步，档案部门人员对经业务部门兼职档案员进行确认的电子档案交接文据及交接清单再次确认，签署档案部门、确认人员、时间等。同时将电子档案包含的各个电子文档进行 OFD 格式转换，新生成 OFD 格式电子档案，并将网页表单版的电子档案交接文据及交接清单生成 OFD 格式文件，进入电子全宗卷。有关电子全宗卷的实现，可参见第 15 章。

第 14 步，电子档案管理信息系统对完成交接的电子档案及其元数据再次进行 XML

封装，形成档案信息包。

第15步，电子档案管理信息系统对档案信息包进行信息固化，同样可采用区块链技术，也可采用电子签名、数字摘要等方式，然后将固化信息后得到的结果回写入档案信息包中的 XML 文档。采用区块链技术固化信息的，除考虑将归档信息包整体固化外，还需将档案信息包内经格式转换而新生成的电子文档进行信息固化，也作日后真实性验证使用。

第16步，电子档案管理信息系统将档案信息包通过接口推送至长期保存系统。

第17步，长期保存系统接收档案信息包，并将档案信息包信息写入数据库（与电子档案管理信息系统共用一个数据库，写入不同数据表），将档案信息包存储于文件服务器（与电子档案管理信息系统共用一个服务器，不同存储路径）。

第18步，长期保存系统调用"四性"检测工具，对接收的档案信息包进行长期保存环节"四性"检测，具体参见第9章。

第19步，长期保存系统对检测通过的档案信息包进行解析，对包内电子文档进行存储（即接收长期保存的电子档案）和在线备份，将 XML 文档中的数据写入数据库后，删除档案信息包。对检测未通过的档案信息包直接删除，并将未通过的结果反馈电子档案管理信息系统，由电子档案管理信息系统重新封装打包，重复上述第14～18步，或人工干预处理。

第20步，离线刻录系统通过接口访问长期保存系统，对长期保存系统中的电子档案及其元数据按照《电子档案移交与接收办法》中的信息组织形式进行蓝光光盘刻录。

5.2.2　流程特点与说明

（1）此电子文件归档流程是结合了试点企业实际进行设计的，例如，将格式转换置于电子档案管理信息系统完成，是因为该试点企业办公自动化系统上线时间久、用户及并发量大，功能模块多，涉及公文流转、印章管理、车辆预订、会议预订等多项功能，改造此系统较为困难，同时该企业日常工作对办公自动化系统依赖性较强，改造此系统影响也较大。因此，试点工作为尽量减少对办公自动化系统的改造和影响，保持其基本功能稳定，而将格式转换功能置于新建的电子档案管理信息系统中。如果有企业前端业务系统是新建或升级改造的，则完全可以将格式转换置于前端业务系统，在电子文件归档流程第2步封装归档信息包前完成，并将格式转换后的电子文档封装于归档信息包内一并传输。

（2）此电子文件归档流程设计信息包只用于传输，传输后即删除，信息包解析后保存包内信息到数据库或文件服务器，信息包本身并不保存。这种做法就好比生活中寄快递，当一方需要邮寄物品给另一方时，需要找来箱子把所有需邮寄的物品装起来，封好口，然后贴上收（寄）件地址、收（寄）件人、联系电话等邮寄信息寄出去。当另一方收到后，核对双方信息，拆开箱子核对物品，取出物品使用，箱子即丢弃。如果需要再邮寄，则再次把需邮寄的物品找箱子装起来、封口、贴上邮寄信息寄出去。由此，对比电子文件归档流程设计，可将业务系统封装的归档信息包视为快递"箱子"，将归档电子文件视为需邮寄的"物品",将归档信息包信息视为"邮寄信息"。当电子档案管理信息系统接收后,可将"四性"检测视为"核对物品",将文件存储和后续鉴定、整理等处理视为"物品使用",而视为"箱子"的归档信息包也可以"丢弃"。做此比喻可能不甚恰当,但便于理解。

(3)按照传统的文件归档流程,从文件收集、鉴定、整理,到业务部门与档案部门交接即完成了文件归档。此电子文件归档流程中,在第 13 步完成双方交接确认后,继续进行格式转换以及第 14~20 步操作,实际上这是为了满足电子档案长期保存要求,将电子档案长期保存处理环节前置于归档环节来处理。这种做法,在实施电子文件长期可读有效策略的过程中,体现了电子文件"前端控制"的原则,也体现了电子文件归档流程与传统文件归档流程的不同之处。

(4)统一接口平台和长期保存系统是电子档案管理信息系统的两个组成部分,在电子文件归档流程图中用虚线分隔表示,是因为在档案管理领域,根据文件生命周期理论,将文件从形成到永久保存或销毁的不同阶段看作一个完整的运动过程。在这个过程中,文件的形成是前端,收集、鉴定、整理等具体管理活动是中端,永久保存或销毁是末端。它们与业务系统、电子档案管理信息系统和长期保存系统一一对应。但在 IT 领域,软件开发遵循"高内聚、低耦合"的开发原则,软件系统内部的功能模块从本质上也是通过接口连接和交互,与系统之间的连接有共同之处。系统边界的划定有一定的灵活性,系统功能模块像拼积木一样可随时搭建或组装,也可随时拆分。因此,图 5.1 中的统一接口平台、长期保存系统可以分别看作是一个系统,也可以看作是电子档案管理信息系统的一部分。

第6章 电子文件输出与封装

要想将业务系统中的归档电子文件进行输出、封装，对于一个已上线运行多年、不具备电子文件归档功能的业务系统来说，需要进行一定的改造，使之具备电子文件归档功能。由于电子文件归档要求是近年提出的，一些业务信息化工作开展较早，以致不具备归档功能的业务系统在当前机关、企事业单位中占大多数，试点企业的两个业务系统也一样。如果有单位计划建设或正在建设业务系统，则可将业务系统电子文件归档的有关功能直接设计并实现于系统中，以避免系统运行使用后因不符合电子文件归档要求而带来系统改造的问题。

6.1 电子文件识别

试点单位的两个业务系统，一是办公自动化系统，二是外事管理系统，二者均为数据库型应用系统。从数据库系统资源构成的角度来说，除硬件外，它们都是由应用程序、数据库管理系统和数据库组成的。在应用程序和数据库之间由数据库管理系统负责数据的存取，通过数据库管理系统把应用程序需要使用的数据以及数据间的联系汇集在一起，供应用程序查询和使用。本章以大多数人更为熟悉的办公自动化系统为例说明。

对于办公自动化系统来说，应用程序、数据库管理系统和数据库是一个整体，三者密不可分。办公自动化系统构成，即应用程序、数据库管理系统和数据库之间的关系可简单示意如图 6.1 所示。

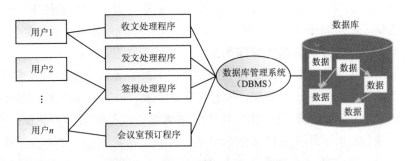

图 6.1 办公自动化系统构成示意图

鉴于上述系统构成原理，要对办公自动化系统中的电子文件进行梳理。首先对办公自动化系统中的工作流程进行分析，识别系统中开展公文处理业务所需的凭证和构成凭

41

证的信息；再识别凭证信息之间的关联和依从关系，最后确定应输出归档的电子文件。

6.1.1 分析工作流程

办公自动化系统储存了大量频繁更新的数据，由此，需要判断系统中究竟哪些信息需要作为文件予以管理，以期为业务流程提供数据。办公自动化系统中包括结构化数据，如数据库条目；也包括非结构化数据，如电子文档。办公自动化系统将结构化与非结构化数据相结合，进行电子公文流转❶业务处理。分析工作流程，先跳出系统本身，通过相关的规章制度和业务需求来确定需要保存哪些凭证，然后再识别形成这些凭证的信息。

由于试点工作前，某企业集团已按照《企业文件材料归档范围和档案保管期限规定》（国家档案局令第 10 号）要求，编制了《某企业集团总部管理类文件材料归档范围和档案保管期限表》并报请国家档案局审查同意后执行。试点工作中，分析办公自动化系统哪些凭证信息需要保存即按照此表的归档范围进行。

6.1.2 分析归档电子文件应满足的条件

分析归档电子文件应满足的条件，首先，参考公文流转业务流程的文档说明、系统输入与输出、公文处理制度与业务流程等，分析在办公自动化系统中进行电子公文流转业务事项的具体处理过程，以获得对该业务流程活动的完整认识。试点企业的公文处理分为发文、收文、签报和工作联系单四类，以业务流程相对复杂的发文为例，涉及拟稿、审核、会签、签发、排版编号、盖章、印发等环节。其中，除盖章以外的其他环节均由办公自动化系统处理，盖章环节由办公自动化系统通过调用电子印章系统实现。可能有的单位办公自动化系统不具备电子盖章功能，其形成的电子文件流转至排版编号环节后，打印输出纸质文件再手工盖章，这些情况在分析发文流程活动时需要加以注意。

其次，对于由办公自动化系统实施的公文流转业务，考虑哪些凭证信息需要保存。按照国家档案行业标准《归档文件整理规则》（DA/T 22—2015）有关电子文件"件"的构成规定：正文、附件为一件；文件正本与定稿为一件；有文件处理单或发文稿纸的，文件处理单或发文稿纸与相关文件为一件。因此，识别办公自动化系统中开展公文流转业务所需的凭证，就应当包括正文、附件、定稿、文件处理单或发文稿纸等。

6.1.3 识别凭证的内容及其相关管理信息

针对办公自动化系统需要保存的每一个凭证，识别构成该凭证的内容或信息。由于办公自动化系统以数据库系统为基础，由此需要分析系统中的数据结构、数据模型、分类模型等，识别出共同构成凭证信息的具体数据元素，以提供所需的凭证。通过识别，某企业集团构成凭证的信息并不仅仅存在于办公自动化系统本身，也存在于电子印章系统中，也就是说，部分凭证信息并不是只在办公自动化系统中，而是跨了多个系统保

---

❶ 试点企业的办公自动化系统除了公文流转处理外，还有会议预订、车辆预订等功能，因其形成的电子文件不属于归档范围，故在此不作分析。

存的。

　　对于由办公自动化系统控制的数据库来说，文件由一组来自许多不同字段的相关数据元素构成。每份文件将由数据库中业经识别的数据元素以及连接这些元素并提供支撑该文件的必要结构及背景所需的相关元数据组成。示例如图6.2所示。

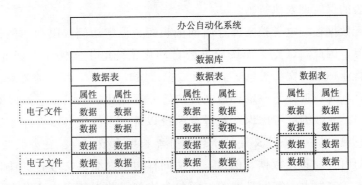

图6.2　识别构成数据库中某一电子文件的信息/数据元素

　　数据库中的每个数据表是数据库的一部分，表与表之间有密切联系。每一个数据表由行和列构成，"列"代表包含数据元素的字段，而"行"建立起不同字段中数据元素之间的联系。因此，关系表中有许多潜在的电子文件。这些文件由大量相互关联的数据元素予以表达，这些数据元素可跨越一个或多个数据库连接在一起，并由来自一个或多个字段的数据元素构成。并且，在关系型数据库中，构成一份文件的部分数据元素也可能构成由同一数据库中生成的其他文件的一部分。

　　某试点企业公文流转业务将文件题名、文件编号、主送单位、责任者等凭证信息（即档案业务中的文件实体元数据），及其处理环节、处理部门、处理人、处理时间、处理结果等凭证信息（即档案业务中的业务实体元数据和机构人员元数据），以字段及数据元素的形式存储于数据库的不同数据表中；将非结构化的被处理对象以计算机文件形式存储于文件服务器，并将被处理对象所在文件服务器上的存储路径作为数据库属性（字段）下的值，记录于数据表中。由此，被处理对象即成为档案领域中一件电子文件或电子档案概念下的"子件"或"电子文档"，也就是IT领域中数据库一条记录下的"附件"。

6.1.4　识别关联及依存关系

　　为了提供文件的背景，需要有关工作流程或业务系统的附加信息。因此，除了识别文件关键数据要素外，还需要识别文件所需附加信息等相关管理信息。

　　一是为了保证文件能够得以理解，验证其作为证据的可靠性，并将文件从办公自动化系统移至电子档案管理信息系统得以来源标识，而对系统名称、位置、文件格式等系统信息进行记录。

　　二是由于公文处理业务流程不只处于办公自动化系统中，流程中的盖章环节已延伸到电子印章系统中。因此，在制定办公自动化系统电子文件管理策略时，将办公自动化系统与印章系统之间的连接性通过数据库记录印章系统所在的服务器路径予以解决。

　　三是由于相互依存的关键在于文件需要保存多久，而有关文件必须保存多久业已在《某企业集团总部管理类文件材料归档范围和档案保管期限表》予以说明，因此，试点工作直接按照此表的保管期限执行。

　　四是通过元数据控制电子档案保存时间的长短、设定访问权限和访问控制，对电子档案进行检索等。因此，试点工作按照办公自动化系统电子文件元数据方案进行捕获，符合国家档案行业标准《文书类电子文件元数据方案》（DA/T 46）的要求。

　　需注意的是，元数据并不一定要与文件内容一起保存，只是将它们以某种形式相连接或关联也可以。元数据可考虑保存在业务系统以外的系统中，或者在文档或工具（如XML 模型及数据）之中，以使文件易于理解并能长期有效保存。在办公自动化系统中，很难区分文件的内容及其元数据。例如，正文同样包含题名、文号、责任者等，发文稿纸也包含拟稿人、签发人、签发日期等，而包含这些元数据的正文、发文稿纸等，本身就是一份文件。在办公自动化系统内的元数据是一个整体，从属于这个系统，它们驻留在系统规则或系统文档中，而非应用于单份文件。

6.2　电子文件输出

　　根据国家有关电子文件归档和电子档案管理要求，通过数据库管理系统对电子数据进行管理的业务系统，应将具有凭证作用的电子数据形成版式文件归档。通过上面的归档电子文件识别，确定了数据库中数据元素的关联及依存关系，接下来就可依此将办公自动化系统所依赖数据库中的数据输出并形成版式电子文件。

　　以收文处理笺为例。办公自动化系统通过收文处理程序提取数据库中的属性和属性值，通过模板将不同属性和属性值定位到不同坐标，以网页表单的形式呈现。接下来，为将存储于数据库中的结构化数据脱离其依赖的办公自动化系统做准备，而将结构化数据转换为独立的电子文件，并在办公自动化系统中保留数据的结构化。如果考虑结构化数据转换后的电子文件还需要具备一定程度的交互能力，如添加或修改文件中的某些数据，加盖电子印章等，则可以采取版式表单工具和报表工具两种技术来实现。对于不需要具有交互能力的电子文件转换，一般采用报表工具实现将结构化数据的报表输出，然后通过接口转换为通用的版式电子文件即可。对于需要交互的电子文件，一般是通过版式表单工具生成表单模板，然后通过表单填充接口进行表单数据填充，用表单技术来保证文件的交互能力。

　　试点工作因业务需求是为了电子文件归档，输出电子文件后通过区块链技术提供真实性保障，因此，采用报表工具将结构化数据的报表通过接口转换成为版式电子文件。报表工具实现将结构化数据的报表输出并形成版式电子文件时，应特别注意报表工具要将数据库中有关数据表的属性值读取完整，有时程序会默认读取字符遇回车、空格等即停止，由此，可能导致输出数据残缺。由于在文件流转过程中，流经的文件处理人员可能经意或不经意地输入回车、空格等，同样作为字符串的一部分被系统记录于数据库中。所以，输出版式电子文件过程中，为确保电子文件的真实、完整，这一操作值得注意。

在办公自动化系统中，以字处理文档为对象的数据已经汇集成为一个具有逻辑结构的电子文档。也就是说，识别具体的、含有可作为公文处理业务活动凭证内容的文档已随业务处理过程形成，其电子文件的输出较为容易，如 Word 文档、Ceb 文档等，在此不再赘述。

6.3　电子印章的处理

电子印章不是简单地将印章扫描成数字图像，而是电子签名的一种表现形式。它利用图像处理技术将电子签名操作转化为与纸质文件盖章操作相同的可视效果，同时利用电子签名技术保障电子信息的真实性和完整性以及签名人的不可否认性。电子签名中，公私钥起到了关键作用，用户、机构、系统等通过私钥实现签名，并可以通过公钥进行验证，以解决网络世界中"你是谁"的问题。

电子签名需要一套公钥基础设施，即 PKI（public key infrastructure），简单理解就是它必须通过一套专用于电子签名的系统平台来实现，包括硬件、软件、网络等，因其实现涉及的 IT 技术和密码学知识较多，感兴趣的读者可查阅其他书籍或文献了解，本书不多作详述（第 11 章有部分涉及）。

6.3.1　电子签名的实现

首先，使用电子签名必须实名认证，需要确保签署主体身份的真实有效。平台可由企业自建，由此实现的电子签名仅在企业内部有效。如按照《中华人民共和国电子签名法》中的规定，要获得可靠电子签名，使之具有与手写签名或盖章同等法律效力的话，则需要通过国家主导建设具有权威性的 CA 机构（certificate authority，认证中心，属第三方认证机构），比如北京 CA、上海 CA、深圳 CA、CFCA 等各地的 CA 机构。使用电子签名主体需要向 CA 机构提供企业营业执照、法人身份证明等来证实身份，CA 机构通过公安部、工商局等身份管理数据库进行比对确认，然后颁发"网络身份证书"即数字证书，以满足实名认证的需要，确保真实身份。

其次，施加电子签名需要获得电子印章类似盖章数字化或手写签名的可视效果，并通过密码技术使其能够识别签名者身份并表明对签署内容的认可。在电子签名系统中，电子签名系统会计算出待签名电子文件的哈希值，然后使用系统授权的"私钥"对此哈希值做加密，此加密数据即算作"签名"，并将此"签名"合并到原来的文件中，即完成一次电子签名操作。

第三，验证电子签名需要确认此"签名"是否合法有效。电子签名系统用签名者的"公钥"对此"签名"进行解密，若解密成功，即可确认其来源可靠。再进一步确认这份文件是否发生过改动，此时电子签名系统用同样的算法计算出这份文件的哈希值，若发现此哈希值与"签名"加密时的哈希值一样，则可断定，此电子文件"签名"后未发生任何改动。签名验证状态见图 6.3 和图 6.4。

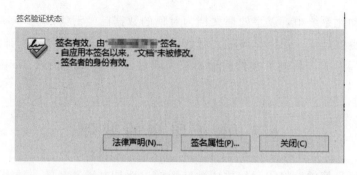

图 6.3 签名验证有效状态

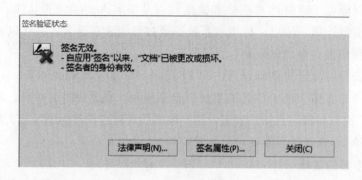

图 6.4 签名验证无效状态

6.3.2 电子印章的应用

为便于电子签名，几乎所有的版式文件都设置有签名域（块），以国产 OFD 格式的版式文件为例，其文件结构层次见图 6.5。

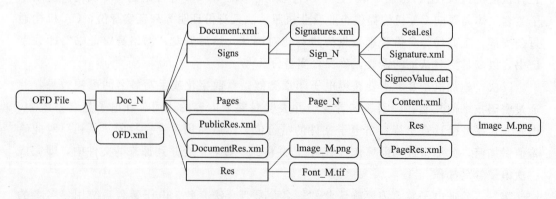

图 6.5 OFD 文件结构层次图

文件中包括一个 Signs 用来存放电子签名存储目录，Signatures.xml 存入签名列表文件，Sign_N 存放第 N 个签名，表示可同时施加多个签名，Signatures.xml 存放签名描述文件，Seal.esl 存放电子印章文件，SignedValue.dat 存放签名值文件。

　　电子公文在办公自动化系统中流转至排版编号环节后，一般通过格式转换工具将可编辑的流式文件转换为版式文件，如某企业集团将 Word 文件转换为 CEB 版式文件，通过办公自动化系统与电子签名系统接口，调用电子签名功能施加电子签名至签名域，同时将印章图片显示于电子文件相应位置，即完成加盖电子印章。通过点击印章图片，可查看数字证书及其签名信息。参见图 6.6。

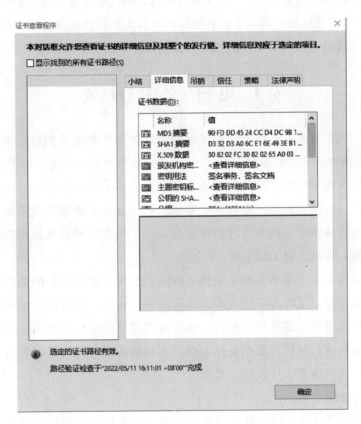

图 6.6　数字证书及其签名信息

6.3.3　签名信息的解除

　　由于电子签名所依赖数字证书存在服务期限，其依赖的算法、密钥、加密数据、加密函数等技术也会随着时间的推移而逐渐降低其安全性或被破坏，导致数字证书作废或电子签名不可用，或无法验证。由此，带来了签名电子文件的长期保存问题。

　　根据电子文件归档时，电子签名处理需确保真实和长期可用性、成本最小等原则，为降低或消除电子签名对电子文件真实、长期可用的影响，归档时应对电子文件中的签名做处理。如某企业集团将带有电子印章的 CEB 格式电子文件进行 OFD 格式转换，将

CEB 格式电子文件中的电子印章转换为图片在 OFD 格式中显示。归档时，将带有电子印章的 CEB 格式电子文件与 OFD 格式电子文件一并归档，对格式转换元数据进行记录并上链存证。

这一做法的好处是，带电子印章的 CEB 格式文件是原生电子文件，虽然其证书可能过期，但并不代表它不真实，不能被认可。这就如同一个人曾经使用一代身份证作为证明一样，虽然一代身份证早已被二代身份证所取代，但这个人当年用一代身份证办理过的所有事情都是被承认的。所以，归档 CEB 格式电子文件，一是因它原生而真实，二是因它在某企业集团内部的通用性比 OFD 格式更强，利用更方便。但为了长期保存，将转换的 OFD 格式电子文件也归档，并对转换过程的真实性通过区块链予以保证（具体可参见第 10 章），可谓是为该电子文件的真实与长期保存提供了"双保险"。

6.4 电子文件封装

电子文件归档需要业务系统识别和输出电子文件并作相应处理后，参照档案行业标准《基于 XML 的电子文件封装规范》（DA/T 48）提供的封装方案对电子文件进行封装，以满足业务系统向电子档案管理信息系统进行数据交换的前提条件。但两个系统交换数据需要使用双方认可的规范格式加以封装和解封装。业务系统按照规范格式封装电子文件及其元数据后传递给电子档案管理信息系统，电子档案管理信息系统接收后再按照此格式进行解封装，以此实现无缝交换。

按照电子文件由一个或多个电子文档（或称其子件）和元数据的关系，将封装分为内包式和外包式两种，也称为一体式和分体式。内包式或一体式是将电子文档的二进制数据流及其元数据全部封装在封装包内；而外包式或分体式则将电子文档以外部文件的形式存在，封装包内只封装元数据及指向电子文档的链接，然后将封装包和电子文档以 RAR、ZIP 等压缩包的方式打包在一起。

6.4.1 封装包结构

业务系统对电子文件进行封装，目的只是为了业务系统能将电子文件向电子档案管理信息系统归档而进行的数据传输，其封装包并非用于长期保存等其他用途，因此采用的是外包式封装。其封装包结构见图 6.7。

（1）说明文件命名为"说明文件.xml"，可存放本封装包的有关信息，也可以无此文件。

（2）目录文件命名为"文件目录.xml"，存放归档电子文件的目录信息，目录文件与每份电子文件相对应，以"件"为单位进行文件级描述，每个条目中包括电子文件顺序号、题名、文号、责任者、日期、密级、备注等内容。目录文件 XML 信息格式如下（encoding 属性值可以是"GB18030""GB2312""UTF—8"等）：

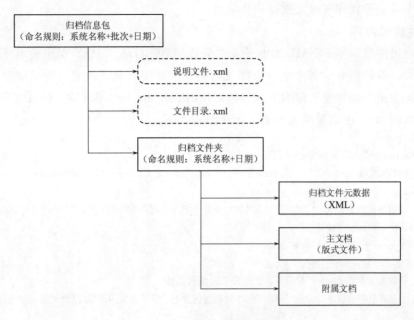

图 6.7 电子文件封装包结构

```
<? xml version="1.0" encoding="GB18030"? >
<文件目录>
    <文件>
        <顺序号>        </顺序号>
        <题名>          </题名>
        <文名>          </文名>
        <责任者>        </责任者>
        <日期>          </日期>
        <密级>          </密级>
        <备注>          </备注>
    </文件>
    ………
    <文件>
    ………
    </文件>
</文件目录>
```

（3）归档文件夹命名为"系统名称＋日期"，每一个归档文件夹存放一件归档电子文件及元数据。

（4）归档文件夹内存放归档电子文件，包括电子文档（含主文档及其附属文档）、电子文件元数据的 XML 封装包，电子文档以反映文档内容的题名命名，电子文件元数据的 XML 封装包命名为"文件元数据"和"业务过程说明"。为便于对电子文件管理过程元数据进行管理，另形成一份业务处理过程元数据的 XML 文件，用于与电子档案管理信息系统中的业务处理过程元数据一并呈现。

6.4.2　封装包内容

封装包内参照《基于 XML 的电子文件封装规范》（DA/T 48）提出的电子文件封装格式和要求，对归档电子文件进行文件级封装。因采用外包式封装，所以将除文件主体内容外的元数据全部封装于包内。封装包采用的 Schema 与《基于 XML 的电子文件封装规范》（DA/T 48）中的附录 B 一致，示例节选如下。

```
<? xml version="1.0" encoding="UTF-8"? >
-<电子文件封装包 name="M201" xmlns:xsi="http://www.w3.org/2001/XMLSchema" xmlns="http://www.saac.gov.cn/standards/ERM/encapsulation">
  <封装包格式描述 name="M202">本封装包根据中华人民共和国档案行业标准 DA/T 48-2009《基于 XML 的电子文件封装规范》生成</封装包格式描述>
  <版本 name="M203">2009</版本>
  -<被签名对象 name="M204" eep 版本="2009">
    <封装包类型 name="M205">原始型</封装包类型>
    <封装包类型描述 name="M206">本封装包包含电子文件及其元数据,原始封装,未经修改</封装包类型描述>
    <封装包创建时间 name="M207">20220401230043</封装包创建时间>
    <封装包创建单位 name="M208">演示全宗</封装包创建单位>
    -<封装内容 name="M209">
     -<文件实体块 name="M210">
      -<文件实体 name="M211">
       <聚合层次 name="M1">文件</聚合层次>
       -<来源 name="M2">
        <全宗名称 name="M5">演示全宗</全宗名称>
        <企业名称 name="MD01">演示企业</企业名称>
        <企业代码 name="MD02">YSQY</企业代码>
        </来源>
       <电子文件号 name="M7"/>
      -<档号 name="M8">
       <全宗号 name="M9">A001</全宗号>
       <分类号 name="M30">文书</分类号>
       <年度 name="M11">2022</年度>
       <保管期限 name="M12">永久</保管期限>
       <件号 name="M18"/>
       </档号>
         -<内容描述 name="M21">
         <机构或问题 name="M13">办公室</机构或问题>
         <题名 name="M22">关于档案相关规范学习的通知</题名>
         <摘要 name="M29"/>
         <人名 name="M28">某某</人名>
         <文号 name="M31">公司〔2022〕1 号</文号>
         <文种 name="M34">通知</文种>
```

<责任者 name="M32">办公室</责任者>

<文件类型 name="MD03">发文</文件类型>

<主办 name="MD04">办公室</主办>

<经办 name="MD05">某某某</经办>

<主送 name="M36">各子企业,总部各部门</主送>

<抄送 name="M37"/>

<签发人 name="MD06"/>

<附件说明 name="MD07">1. 企业电子文件归档和电子档案管理指南 . pdf;2. DA/T12 -
2012 全宗卷规范 . pdf;3. DA/T46 - 2009 文书类电子文件元数据方案 . pdf</附件说明>

<形成日期 name="M33">20220329</形成日期>

……

在电子文件封装中,即使采用外包式封装,也并不意味着封装包与电子文档就没有了关联,而是对每个电子文档采用了消息摘要的保真方法,即使用消息摘要技术对每个电子文档进行信息固化,将摘要结果作为元数据放置于封装包内,同时增加消息摘要算法、摘要责任者等元数据,以保证整件电子文件的真实性。

6.5　归档信息包推送

业务系统将归档信息包通过接口推送至电子档案管理信息系统,其中归档信息包信息通过 Web Service 接口服务推送,归档信息包通过 SFTP (secret file transfer protocol,安全文件传送协议) 协议传输。

归档接口功能以电子档案管理信息系统为中心实现,建设统一接口平台,尽量减少对已成型业务系统的改造。由电子档案管理信息系统发布 Web Service 服务,业务系统作为服务请求者,请求服务。

有关 Web Service 接口调用和接口功能见第 8 章。

第7章 电子档案管理信息系统建设

电子档案管理信息系统建设以《某企业集团电子档案管理信息系统功能需求》（见附录 A）为系统需求进行分析、设计、实施和测试。以档案业务的"收、管、存、用"为核心，全面落实该企业集团档案管理制度体系中的规章制度、流程和规范，按照国家档案局《企业数字档案馆（室）建设指南》《电子档案管理信息系统基本功能规定》《电子文件归档与电子档案管理规范》相关系统功能要求等完成系统建设。

7.1 系 统 设 计

7.1.1 设计原则

7.1.1.1 易用性原则

充分考虑人机交互的舒适性和便捷性，系统页面设计框架符合 W3C（The World Wide Web Consortium，网际网路联盟，也称 W3C 理事会）标准的 Web 页面设计，代表了高端网页构建技术。基于各种主流浏览器的系统在操作系统跨平台支持率上也有较大的提高。用户无需安装任何插件即可通过浏览器访问系统。同时，基于标准的 Web 页面设计能够规范程序代码，减少冗余，从而降低系统运行时的网络带宽占用，提高系统性能。

7.1.1.2 安全性原则

系统采用统一的安全管理设计思想，规范化设计和先进的技术架构体系，构建一个通用的、完善的、安全的、易于管理的、有良好的可移植性和扩展性的权限管理系统，使得权限管理系统真正成为权限控制中心。采用基于角色的访问控制（RBAC）模型的进行设计，实现各应用模块权限统一管理的功能。

7.1.1.3 可扩展性原则

系统具有良好的架构，能充分适应用户环境的各种变化，方便地对系统进行调整或者修改，及时满足新的需求。

7.1.1.4 互操作性原则

系统通过平台服务总线连接各个服务，保证各个服务之间的信息交互和访问。这一特点保证了系统各个服务之间的互操作性强，也保证了数据通信之间的互操作性。

7.1.1.5 开放性原则

系统采用标准的技术实现，不仅能确保本系统内部各个模块之间的互联互通，还能提供标准的信息交换接口与其他信息系统交互数据。

7.1.1.6 美观性原则

系统的前端展示框架能够改变现有系统布局与展示形式上的单调性,提供良好美观的用户界面以及丰富信息展示方式。

7.1.1.7 可靠性原则

系统采用 iBATIS❶ 作为数据持久化框架结构,具备良好的数据传输和数据存储机制,确保数据的准确性。

7.1.2 设计依据

设计电子档案管理信息系统功能主要以《企业电子文件归档和电子档案管理指南》(档办发〔2015〕4 号)、《企业数字档案馆(室)建设指南》(档办发〔2017〕2 号)、《电子文件归档与电子档案管理规范》(GB/T 18894)、《电子文件管理系统通用功能要求》(GB/T 29194)有关电子档案管理信息系统功能要求为主要依据,同时参照《数字档案馆建设指南》(档办〔2010〕116 号)、《数字档案室建设指南》(档发〔2014〕4 号)、《电子档案管理信息系统通用功能要求》(GB/T 39784)相关要求。

其中,《企业电子文件归档和电子档案管理指南》(档办发〔2015〕4 号)、《企业数字档案馆(室)建设指南》(档办发〔2017〕2 号)两个规范性文件的适用范围都是企业,企业在开展相关工作时应当遵照执行。

《电子文件归档与电子档案管理规范》(GB/T 18894)和《电子文件管理系统通用功能要求》(GB/T 29194)两个标准作为推荐性的国家标准,适用范围是机关、团体、企事业单位和其他组织。《电子档案管理信息系统通用功能要求》(GB/T 39784)也是推荐性的国家标准,适用范围是国家各级各类档案馆,国家机关、企事业单位及其他社会组织参照执行。因此,企业也可以执行这些标准。

此外,国家档案局还发布了《数字档案馆建设指南》(档办〔2010〕116 号)、《数字档案室建设指南》(档发〔2014〕4 号)等规范性文件。《数字档案馆建设指南》(档办〔2010〕116 号)中的"数字档案馆"是指各级各类档案馆为适应信息社会日益增长的对档案信息资源管理、利用需求,运用现代信息技术对数字档案信息进行采集、加工、存储、管理,并通过各种网络平台提供公共档案信息服务和共享利用的档案信息集成管理系统。《数字档案室建设指南》(档发〔2014〕4 号)中"数字档案室"指的是对机关在履行职能过程中,运用现代信息技术对数字档案信息进行采集、整理、存储、管理,并通过不同类型网络提供共享利用和有限公共档案信息服务的档案信息集成管理平台。可见,二者一个适用于档案馆,一个适用于机关,并非适用于企业。因此,企业仅可将它们作为建设电子档案管理信息系统的参考,而不用执行。

在此,特别提醒企业档案工作同仁们,在使用国家有关档案的规章制度或标准规范

---

❶ iBATIS 也称 MyBatis,是一个基于 SQL 映射支持 Java 和 .NET 的持久层框架,该框架包括 SQL Maps 和 Data Access Objects(DAO),还提供一个利用这个框架开发的 JPetStore 实例。

前，先查看其适用范围，是否适用于企业，是强制要求还是推荐使用，再决定是否贯彻执行或用于指导本企业档案工作。

7.2　系　统　实　现

电子档案管理信息系统开发可根据业务需求和行业标准从市场上挑选商业现货产品并开展必要的定制，即二次开发活动，也可自行开发软件。某企业集团在试点工作中采用前者，以某软件厂家电子档案管理信息系统功能为内核，在其基本功能的基础上进行定制开发，使之具备电子档案管理基本功能外，还具备一些拓展功能。功能架构示意图见图7.1。

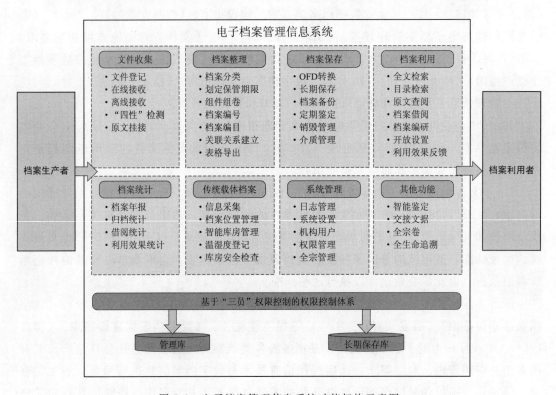

图 7.1　电子档案管理信息系统功能架构示意图

7.2.1　基本功能

电子档案管理信息系统具备电子文件收集、整理、归档和电子档案存储、介质管理、备份、检索、利用、统计、鉴定、销毁、格式转换、审计、系统管理等基本功能模块。

"收集"提供手工登记、"四性"检测、接收、离线批量导入、批量挂接等功能。系统同时支持条目录入及导入的手工归档方式。

"整理"提供分类、划定保管期限、组件、组卷、编号、编目、关联关系建立、表格导出等功能。

"归档"提供电子档案移交归档功能。支持对电子档案进行提交、检查、返回、接收、生成交接登记表、交接双方确认、生成交接单并归档保存等。

"存储"提供长期保存、数据封装、介质管理等功能。其中，"长期保存"支持采用迁移、封装等策略保障数字档案信息的长期保管；提供长期保存电子档案的"四性"检测功能，对检测通过的电子档案进行长期保存，并提供巡检功能实现长期保存电子档案定期检查；能对非通用格式电子档案阅读所需要的原始软硬件在系统中进行标识。"数据封装"支持按照封装规范对电子档案进行封装，将封装后的电子档案存储到载体上；支持按照《电子档案移交与接收办法》和离线存储载体容量进行信息组织，将组织好的电子档案存至离线存储载体上。

"介质管理"支持对长期保存存储设备进行管理，具有介质相关信息登记管理功能。

"备份"提供备份功能，支持软件系统备份、数据库备份和电子档案备份，能根据数据重要程度选择在线、离线等不同的备份方式。

"检索"提供目录检索和全文检索功能，具备精确检索、模糊检索、高级组合检索、筛选检索等多种检索方式。支持检索结果的二次检索，可自动对检索结果按照分类、年度、全宗、部门进行分类统计。提供百度式检索功能，检索结果根据用户输入、用户特征等因素来评估与用户意图的相关性，并根据相关性和重要性对结果进行评分排序后返回结果。检索结果可标识用户利用电子档案的权限，权限范围内的标识"可读"，用户可直接点击打开；超出权限范围的标识"需审批"，用户点击条目即可发起利用审批流程。

"利用"提供原文查阅、档案借阅、档案编研、开放设置、利用效果反馈等功能。支持对一件或多件档案的利用。电子档案利用支持查看、打印、下载等不同利用方式和权限控制，以及授权查看天数控制。对超出利用权限的，支持发起利用审批流程。支持在线查看，查看时支持添加规定的版权、用户姓名、查看日期的水印信息。

"统计"提供按照全宗、分类、时间、利用情况等规则进行统计功能，并显示统计结果。

"鉴定"提供档案定期鉴定功能，根据保管期限、年度、密级等属性自动列出到期档案，提醒档案管理员进行销毁前鉴定和保管期限调整、密级调整等相关操作。

"销毁"提供对需要销毁的档案进行申请、审批、建立销毁标记、删除等功能。

"格式转换"提供将存入系统的非长期保存格式的电子文档转换为长期保存格式的功能。

"审计"提供日志记录、检索、审计等功能。可通过日志记录系统启动和关闭信息、用户登录信息等，每条日志记录操作对象、用户、时间、计算机、操作类型等属性。提供针对日志的检索、审计、统计功能。支持按照一定规则自动生成日志审计报表，支持日志导出、删除、审批等操作。

"系统管理"提供系统设置、用户管理、机构管理、权限管理、全宗管理等功能。

7.2.2　拓展功能

除上述基本功能外，电子档案管理信息系统还开发了编研、智能鉴定、电子全宗卷、元数据记录、信息上链和追溯、离线存储等功能。

"编研"提供在线编研、电子相册等编研模式。参见图 7.2 和图 7.3。

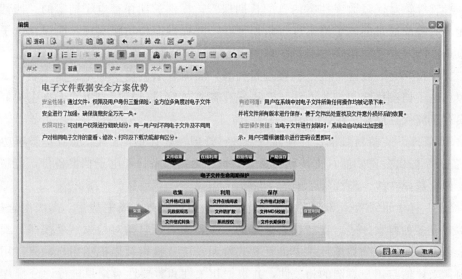

图 7.2　在线编研功能

图 7.3　电子相册功能

"智能鉴定"支持根据系统中预设的黑白名单，按照设定逻辑判断规则动态划定每份归档文件的保管期限。具体参见第 11 章。

"电子全宗卷"支持根据系统预设的模板，完成档案收集、档案利用、档案鉴定等档案管理过程中属全宗卷的电子文件的自动生成和归档。具体参见第 15 章。

"元数据记录"支持除文件实体元数据记录外，还对电子档案接收、检测、整理、格式转换、鉴定、销毁等业务处理过程元数据进行记录，主要包括业务实体元数据和机构人员元数据。具体参见第 14 章。

"信息上链和追溯"支持对电子档案的元数据、电子文件或电子档案的哈希值等信息进行区块链存证，实现电子文件全生命周期追溯。具体参见第 10 章。

"离线存储"支持按照电子文件封装规范对电子档案进行封装，把离线电子档案按照全宗号、保管期限、类别、年度、档号等设置层次文件夹并进行存放，支持使用蓝光光盘库进行离线存储。具体参见第 12 章。

7.3 系 统 测 试

本章特别提出系统测试要求，主要是针对委托外部单位进行软件开发的企业提出的。对于外购软件的企业，软件测试是一项必不可少的任务，它主要体现在验收测试上，一般应由购置软件的企业负责组织，本企业信息技术部门实施，或委托国家认可的第三方测试机构实施。在实施过程中，企业应当依据合同、系统需求说明文档等，制订详细的测试计划，选择适当的测试方法，设计好测试用例，规范测试过程管理和输出相关的测试文档。特别注意的是，验收测试要加强软件的配置管理，测试人员需要对已通过测试的验收状态和各项参数进行详细记录并归档保存。

7.3.1 测试技术要求

（1）系统测试应按照《计算机软件测试规范》（GB/T 15532）实施，形成的测试计划、测试用例、测试报告等文档应经审核、确认后归档保存。

（2）测试的依据主要是需求规格说明书（SRS）、概要设计书、详细设计说明书，其中，需求规格说明书（SRS）是验收测试的主要依据。

（3）测试计划及程序包括：测试的说明和测试的目的，各项功能测试所需输入的数据，测试结果记录的说明，观察、测试结果的设备及程序，测试进度表，使用的软件程序清单及说明。

（4）有关的测试结果应当以书面报告的形式提交，内容包括：测试的系统性能，测试的系统功能，为纠正系统缺陷需做的变动，为提高系统性能提出的建议等。

（5）验收测试前应完成的主要工作：系统已经全部安装、部署、测试完毕，软件开发与定制部分已经完成并全部解决了已知的软件缺陷，验收测试计划已经过评审并批准，并且置于文档控制之下，对概要设计、详细设计的审查已经完成，对所有关键模块的代码审查已经完成，对单元、集成、系统测试计划和报告的审查已经完成，所有的测试脚本已完成，并至少执行过一次，且通过评审，使用配置管理工具并使代码置于配置控制之下，软件问题处理流程已经就绪，已经制定、评审并批准验收测试完成标准。

7.3.2 测试内容

电子档案管理信息系统代码、功能、二次开发、接口等进行全方面测试，涵盖系统功能点的测试、系统性能的测试、系统功能的关联性测试、系统用户图形界面测试以及文档测试等内容。旨在保证电子档案管理信息系统在数字化环境下能够正确、完整、便捷地实现档案业务，满足档案业务需求和系统需求。因《计算机软件测试规范》（GB/T 15532）中对测试内容有详细介绍和要求，此处仅为阅读本书的档案工作者了解部分内容列出相关测试，对具体测试要求或其他测试内容感兴趣的读者可查阅其他书籍或《计算机软件测试规范》（GB/T 15532）。

7.3.2.1 单元测试

单元测试的对象是可独立编译或汇编的程序模块。测试目的是检查每个软件单元能否正确地实现设计说明书中的功能、性能、接口和其他设计约束等要求，发现单元内可能存在的各种差错。一般由软件的供方或开发方组织实施，也可委托第三方进行。

7.3.2.2 集成测试

集成测试的对象包括任意一个软件单元集成到计算机软件系统的组装过程和任意一个组装得到的软件系统。测试目的是检验软件单元之间、软件单元和已集成的软件系统之间的接口关系，并验证已集成软件系统是否符合设计要求。一般由软件的供方组织实施，要求测试人员与开发人员相对独立；也可委托第三方进行。

7.3.2.3 系统测试

系统测试的对象是完整的、集成的计算机系统，重点是新开发的软件配置项的集合。测试目的是在真实系统工作环境下检验完整的软件配置项能否和系统正确连接，并满足系统、子系统设计文档和软件开发合同规定的要求。系统测试按合同规定要求执行，或由软件的需方或由软件的开发方组织，由独立于软件开发的人员实施，软件开发人员配合。如果系统测试委托第三方实施，一般应委托国家认可的第三方测试机构。

7.3.2.4 验收测试

验收测试是以需方为主的测试，其对象是完整的、集成的计算机系统。测试目的是在真实的系统工作环境下检验完整的软件系统，是否满足软件开发技术合同或软件需求规格说明书规定的要求，其结论是软件的需方确定是否接收该软件的主要依据。验收测试应由软件的需方组织，由独立于软件开发的人员实施。如果验收测试委托第三方实施，一般应委托国家认可的第三方测试机构。

7.3.2.5 回归测试

回归测试的对象是在上述各测试中，对未通过测试的软件，在变更之后再次进行的测试。其目的是测试软件变更之后，变更部分的正确性和对变更需求的符合性，以及软件原有的、正确的功能、性能和其他规定的要求的不损害性。通常由原测试方组织并实施。

7.3.3 测试用例

测试用例是为某个特殊目标而编制的一组测试输入、执行条件以及预期结果，用于核实是否满足某个特定软件需求。一般由测试人员按照开发技术合同或软件需求规格说明书的要求对每一点要求进行测试，对测试过程进行记录并提交测试用例报告。以"档号管理"功能测试为例，可设计测试用例见表7.1。

表 7.1   "档号管理"测试报告

生成档号	1. 勾选一条或者多条条目，点击菜单-数据整理-档号管理下-生成档号或者直接点击工具栏上的【生成档号】按钮	（1）如果都生成成功，则提示生成档号成功，条目自动生成档号（如果对应模板中未设置档号生成规则，则会做出相应的提示） （2）如果没有都生成成功，则提示"生成档号成功X条，失败X条"
	2. 点击有失败的提示页面上的【查看详情】按钮	进入失败列表页面，可查看失败原因（如生成档号的某个著录项值为空，档号已存在等）
生成档号（高级）	1. 勾选一条条目，点击菜单-数据整理-档号管理-生成档号（高级）	弹出生成档号（高级）页面
	2. 件号初始值选择为【最新】，点击【确定】按钮	提示操作成功，根据最新录入条目的档号向后生成档号
	3. 件号初始值选择为【开始】，点击【检测】按钮	自动检索出原来系统中最大的件号，显示比最大件号大1的数值（也可手动输入或者修改数值）
	3-1. 点击【确定】按钮	提示操作成功，件号为开始于输入框内的数值
清除档号	1. 勾选一条或者多条条目，点击菜单-数据整理-档号管理-清除档号	弹出确认提示页面
	1-1. 点击【确定】按钮	所选条目成功清除档号及序号
	1-2. 点击【取消】按钮	取消清除档号操作
查看重复档号	1. 点击菜单-数据整理-档号管理-查找重复档号	弹出重复档号列表页面，显示重复档号及其重复次数
	1-1. 勾选一条重复档号，点击右下角的【查看数据】按钮	回到档案库页面，页面显示所选重复档号的条目
序号管理	1. 勾选条目，点击菜单-数据整理-档号管理-序号管理	弹出序号管理页面，按每个分组规则显示
	1-1. 点击某个分组后序号最大值文本框后的【重新扫描】按钮	文本框中显示目前该归档分组的最大流水号
	1-2. 点击【全部重新扫描】按钮	页面中各个文本框中显示当前归档分组的最大流水号
	1-3. 可手动修改文本框中的值，点击【保存】按钮	提示操作成功，关闭序号管理页面，此时各个分组生成档号的流水号按照序号管理中设置的最大序号值向后生成

续表

	1. 点击菜单-数据整理-档号管理-查找断号	弹出断号列表页面,页面列出所有的断号
	1-1. 勾选一条或者多条断号,点击【删除】按钮	弹出确认删除页面
	1-1-1. 点击【确定】按钮	提示操作成功,页面中不再显示删除了的断号
查找断号	1-1-2. 点击【取消】按钮	取消删除操作
	1-2. 点击【重新扫描】按钮	提示操作成功,页面中显示所有的断号
	1-3. 勾选一条或者多条断号,点击【利用断号】按钮	弹出添加条目页面,自动携带勾选的流水号最小的档号
	1-3-1. 输入条目内容,点击【保存】按钮	关闭添加页面,提示添加成功,条目列表中成功添加此条目
使用断号	1. 勾选一条没有档号的条目,点击菜单-数据整理-档号管理-使用断号	弹出使用断号页面,页面显示所有的断号
	1-1. 勾选要使用的断号,点击【确定】按钮	所选条目生成档号,档号为选择的断号,并且关闭使用断号页面

7.3.4 测试报告

测试报告(STR)是对计算机软件配置项(CSCI)、软件系统或子系统,或与软件相关项目执行合格性测试的记录。通过该报告,需方能够评估所执行的合格性测试及其测试结果。按照《计算机软件测试文档编制规范》(GB/T 9386)要求,软件测试报告的正文主要包括以下内容。

7.3.4.1 引言

(1)标识。包含本文档适用的系统和软件的完整标识,如标识号、标题、缩略词语、版本号、发行号等。

(2)系统概述。简述本文档适用的系统和软件的用途。它应描述系统与软件的一般性质,概述系统开发、运行和维护的历史,标识项目的投资方、需方、用户、开发方和支持机构,标识当前和计划的运行现场,并列出其他有关文档。

(3)文档概述。概括本文档的用途与内容,并描述与其使用有关的保密性与秘密性要求。

7.3.4.2 引用文件

列出本文档引用的所有文档的编号、标题、修订版本和日期,并标识不能通过正常的供货渠道获得的所有文档的来源。

7.3.4.3 测试结果概述

(1)对被测试软件的总体评估。包括:根据本报告中所展示的测试结果,提供对该软件的总体评估;标识在测试中检测到的任何遗留的缺陷、限制或约束;对每一个遗留缺陷、限制或约束描述其对软件和系统的影响,为了更正缺陷、限制或约束而将对软件和系统设计产生的影响,以及推荐的更正方案或方法。

（2）测试环境的影响。对测试环境与操作环境的差异进行评估，并分析这种差异对测试结果的影响。

（3）改进建议。对被测试软件的设计、操作或测试提供改进建议，讨论每个建议及其对软件的影响。

7.3.4.4 详细的测试结果

分条提供每个测试的详细结果，包括测试的项目唯一标识符、测试结果小结、遇到的问题、测试用例的项目唯一标识符、与测试用例或过程的偏差。

7.3.4.5 测试记录

尽量以图表或附录形式给出一个本报告所覆盖的测试事件的按年月顺序的记录，主要包括：执行测试的日期、时间和地点，用于每个测试的软硬件配置，与测试有关的每一活动的日期和时间、执行该项活动的人员和见证者身份。

7.3.4.6 评价

评价包括能力、缺陷和限制、建议、结论。

7.3.4.7 测试活动总结

总结主要的测试活动和事件，总结资源消耗，如人力消耗，物质资源消耗。

7.3.4.8 注解

注解包含有助于理解本文档的一般信息，如背景信息、词汇表、原理等。也可包括为理解本文档需要的术语和定义，所有缩略语和它们在文档中的含义的字母序列表。

第8章 接口平台建设

接口平台以电子档案管理信息系统为中心建设，可视为电子档案管理信息系统边界内一个功能模块，也可视为一个独立的软件系统，与电子档案管理信息系统共用一套服务器和数据库。设计接口平台的目的是尽量减少对已有系统的改造，包括业务系统，也包括电子档案管理信息系统。鉴于业务系统通过与电子档案管理信息系统对接，将归档信息包传输至电子档案管理信息系统后还需进行一系列事务处理操作，如写数据库、信息包存储、"四性"检测等，根据检测结果才能进行下一步处理。因此，试点工作在业务系统和电子档案管理信息系统之外单独设计了归档接口，即统一接口平台，也便于电子档案管理信息系统与任何一个前端业务系统对接时执行标准的统一。

8.1 接 口 设 计

8.1.1 设计原则

为了保证电子档案管理信息系统的统一接口平台与各前端业务系统间高效、准确地交换信息，接口设计应当符合以下原则。

一是统一接口平台应当具备完整性、规范性、开放性和灵活性的特点，便于与前端业务系统进行数据传输。

二是接口定义应当遵循易理解、易使用、易交换和易扩展的原则，尽可能适应各种架构和数据结构的前端业务系统。

三是在满足业务需求的前提下，使接口数据量最小化，最大限度地减轻前端业务系统提供数据的压力。

四是具有可靠完善的接口数据传输与错误处理机制，能够对发生错误的数据传输及时跟进处理。

8.1.2 功能设计

接口功能按照附录 B 接口功能需求进行设计。

8.1.3 传输内容

传输内容同第 6 章 6.4 节归档电子文件封装内容。

8.1.4 流程描述

8.1.4.1 接口处理归档流程描述

接口处理归档流程如图 8.1 所示。对接口处理归档流程作简要说明如下。

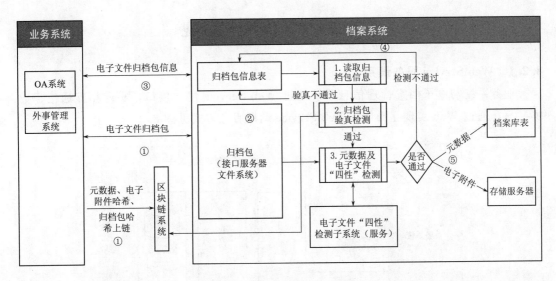

图 8.1 接口处理归档流程图

（1）业务系统根据接口规范封装好归档信息包后，调用接口平台提供的 SFTP 服务，上传归档信息包。

（2）业务系统通过调用接口平台"归档批次"Web Service 服务，写入归档数据批次信息。

（3）电子档案管理信息系统根据归档数据批次信息，对归档信息包进行"四性"检测（检测方案可依据电子文件检测工具配置检测项目，具体见第 9 章），并把检测结果写入电子档案管理信息系统"归档批次信息表"中。

（4）"四性"检测通过后，电子档案管理信息系统中根据接收规则对归档信息包中的数据进行接收。

（5）业务系统可定时调用"四性"检测结果查询的 Web Service 服务，读取归档信息包归档完成状态并呈现。

（6）用户可根据归档信息包的归档状态和处理信息进行后续处理操作。

（7）业务系统中增加"归档状态""问题说明""校验结果"等字段。其中，"归档状态"为接口处理归档流程结果，"问题说明"为操作失败的问题说明，"校验结果"为"四性"检测的结果信息。

8.1.4.2　接口处理归档流程结果

接口处理归档流程结果，也是电子档案管理信息系统向业务系统返回的处理结果，分为 5 种状态类型，分别为：数据封装成功（或数据封装失败及失败原因）、数据上传成功（或数据上传失败及失败原因）、数据推送成功（或数据推送失败及失败原因）、"四性"检测成功（或"四性"检测失败及失败原因）、归档成功（或归档失败及失败原因）。

8.2 接口功能实现

8.2.1 Web Service 服务调用

业务系统与电子档案管理信息系统通过 Web Service 建立接口，实现相互通信、数据共享，通过 Web 实现互操作。Web Service 调用服务方式见图 8.2。

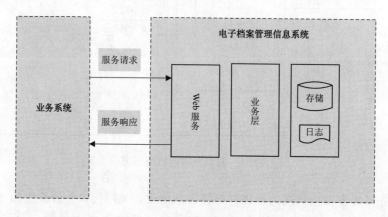

图 8.2 Web Service 服务调用方式示意图

在 Web Service 服务调用时，电子档案管理信息系统作为服务提供者，发布 Web Service 服务；业务系统作为服务请求者，请求服务。

（1）业务系统在 Web Service 服务中的主要任务包括：

1）取得电子档案管理信息系统的服务描述文件 WSDL（web services description language，Web 服务描述语言），解析该文件的内容，了解电子档案管理信息系统的服务信息及调用方式。

2）根据需要，生成恰当的 SOAP（simple object access protocol，简单对象访问协议）请求消息❶发往电子档案管理信息系统。

3）请求发送前，根据验证的 Schema 文件进行数据格式验证。

4）等待服务端返回的 SOAP 回应消息，解析得到返回值。

（2）电子档案管理信息系统在 Web Service 服务中的主要任务包括：

1）编写服务函数代码，生成服务描述文件（WSDL），以供客户端获取。

2）编写传递的 XML 基础数据集的格式规范，提供示例 XML 数据范本；编写针对该 XML 数据集进行验证的 Schema 文件，用于客户端发送前和服务器端接收后的验证格式。

3）接收客户端发来的 SOAP 请求消息，解析其中的方法调用和参数格式。

4）根据 WSDL 和 WSML（web services meta language，解释网页服务中介语言）

---

❶ 请求消息可包括指定调用的方法、已经调用的参数等。

的描述，调用相应的对象来完成数据的插入功能。

5）把返回值（成功、失败）放入 SOAP，回应消息返回给客户端。

6）将调用写入系统日志。

8.2.2 服务调用信息

8.2.2.1 信息头文件（表8.1）

表8.1 信 息 头 文 件

服务标识	loadXml
服务中文名称	归档信息包批次收集接口
服务描述	收集业务系统传输的归档信息包批次信息
服务版本号	V1.0
服务提供方	接口平台：http://localhost：8088/cbd/xfire/CheckWebService? wsdl
服务类型	⊠读取☑写入
同步/异步方式	同步
业务场景说明	OA 将符合要求的电子文件归档信息包归入接口平台、接口平台
实时/定时	☑定时⊠实时
服务安全和权限要求	无

8.2.2.2 输入信息

```
<? xml version="1.0" encoding="GBK"? >
<abc - interface - content>
    <baseInfo>
        <mappingID explain="固定值">具体以现场为准中间表 ID</mappingID>
        <communicationCode explain="固定值">BF3C1FCDFBDE4136</communicationCode>
    </baseInfo>
    <row>
        <fields><! 一属性 isKey 标识该字段是否为业务主键;属性 isNull 标识该字段是否允许为空—>
        <field id="ID" explain="ID" type="2" isNull="false" isKey="true">唯一标识，封装包 ID,例如管理
类:ZGDJOAGL201908140001;组装形式:ZGDJOAGL＋20190814＋0001(固定值＋当前日期＋批次号)
        </field>
        <field id="YWBS" explain="业务标识" type="2" isNull="false" isKey="false">归档文件在业务系统
中的唯一标识。</field>
        <field id="GDZT" explain="归档类型" type="2" isNull="false" isKey="false">标记此归档文件是新
增还是修改的,取值:新增、追增。</field>
        <field id="NRMS" explain="内容描述" type="2" isNull="false" isKey="false">简要描述该批次包的
内容,例如:该 asip 包涉及流程的名称(20190101 发文)</field>
    ......
```

8.2.2.3 输出信息

```
<? xml version="1.0" encoding="GBK"? >
```

```
<abc－interface－content>
<row>
    <state>true</state>
    <message></message>
    <result>1</result>
</row>
</abc－interface－content>
```

8.2.3 检测结果查询信息

8.2.3.1 信息头文件（表8.2）

表 8.2   信 息 头 文 件

服务标识	QueryData
服务中文名称	电子文件校验结果查询接口
服务描述	查询电子文件归档信息包的检测结果
服务版本号	V1.0
服务提供方	接口平台：http：//localhost：8088/cbd/xfire/CheckWebService？wsdl
服务类型	☑读取☒写人
同步/异步方式	同步
业务场景说明	业务系统定时查询归档信息包的检测结果、接口平台
实时/定时	☑定时☒实时
服务安全和权限要求	无

8.2.3.2 输入信息

```
<？xml version="1.0" encoding="GBK"？>
<abc－interface－content>
    <param>
        <pagesize>50</pagesize>
        <pageindex>1</pageindex>
        <id>OAGL201908140001</id>
    </param>
</abc－interface－content>
```

8.2.3.3 输出信息

```
<？xml version="1.0" encoding="GBK"？>
<abc－interface－content>
    <row>
        <fields><!--属性isKey标识该字段是否为业务主键;属性isNull标识该字段是否允许为空-->
            <field id="ID" explain="ID" type="2" isNull="false" isKey="true">OAGL201908140001</field>
            <field id="YJDW_ZQXJY" explain="准确性校验" type="2" isNull="false" isKey="false">固
定值:0,通过1、不通过2</field>
```

```
        <field id="YJDW_WZXJY" explain="完整性校验" type="2" isNull="false" isKey="false">固
定值:0,通过 1、不通过 2</field>
        <field id="YJDW_KYXJY" explain="可用性校验" type="2" isNull="false" isKey="false">固
定值:0,通过 1、不通过 2</field>
        <field id="YJDW_AQXJY" explain="安全性校验" type="2" isNull="false" isKey="false">固
定值:0,通过 1、不通过 2</field>
        <field id="JYZT" explain="电子档案管理信息系统回填" type="2" isNull="false" isKey="false">
电子档案管理信息系统回填,0 未校验 1 校验中 2 校验成功 3 校验失败  </field>
        <field id="JYXX" explain="校验信息" type="2" isNull="false" isKey="false">校验信息</field>
      </fields>
    </row>
  </abc-interface-content>
```

8.2.4　归档批次信息表结构

归档批次信息表结构说明见表 8.3。

表 8.3　　　　　　　　　　　　　归 档 批 次 信 息 表

序号	字段名	字 段 类 型	名　　称	备　　注
1	id	NVARCHAR2（50）	封装包 ID	唯一标识，封装包 ID，例如管理类：OAGL201908140001；组装形式：OAGL＋20190814＋0001（固定值＋当前日期＋批次号）
2	ywbs	NVARCHAR2（50）	业务标识	归档文件在业务系统中的唯一标识
3	gdzt	NVARCHAR2（20）	归档类型	标记此归档文件是新增还是修改的，取值：新增、追增
4	nrms	NVARCHAR2（248）	内容描述	简要描述该批次包的内容，例如：该信息包涉及流程的名称（20190101 发文）
5	qzh	NVARCHAR2（20）	全宗号	固定值
6	xxxtmc	NVARCHAR2（20）	信息系统名称	默认：办公自动化系统、外事系统
7	kbm	NVARCHAR2（20）	库编码	双方约定为：电子档案管理信息系统档案库表名，后续电子档案管理信息系统提供，T＿103 固定值
8	nd	NVARCHAR2（4）	年度	文件年度
9	yjzt	NVARCHAR2（20）	移交载体	电子、纸质等（默认电子）
10	yjdw＿dasl	NUMBER（18）	电子档案数量/数据量	归档文件封装包中电子文件数量，不含.xml 文件
11	yjdw＿zqxjy	NUMBER（18）	准确性检验	默认值：0、通过：1、不通过：2
12	yjdw＿wzxjy	NUMBER（18）	完整性检验	默认值：0、通过：1、不通过：2
13	yjdw＿kyxjy	NUMBER（18）	可用性检验	默认值：0、通过：1、不通过：2
14	yjdw＿aqxjy	NUMBER（18）	安全性检验	默认值：0、通过：1、不通过：2

续表

序号	字段名	字段类型	名称	备注
15	yjdw_tbr	NVARCHAR2 (20)	归档人	归档操作人员姓名
16	yjdw_tbsj	DATE	归档时间	归档操作日期 yyyy-MM-DD HH24：MI：SS
17	yjdw	NVARCHAR2 (50)	归档部门	归档部门名称；按实际归档部门进行填写
18	ztbh	NVARCHAR2 (50)	载体编号	同 ID
19	szzyz	NVARCHAR2 (50)	数字摘要值	归档文件封装包 SM3 值
20	jyzt	NUMBER (18)	校验状态	电子档案管理信息系统回填，0 未校验，1 校验中，2 校验失败，3 校验成功，4 电子档案管理信息系统归档失败，5 电子档案管理信息系统归档成功
21	jyxx	NVARCHAR2 (200)	校验信息	系统留空（校验错误信息）
22	filename	NVARCHAR2 (50)	文件名称	归档文件封装包文件名，OAGL201908140001.zip，OAGL201908140002.zip
23	path	NVARCHA R2 (200)	路径	存放路径：文件存放的完整路径，/HSBPM/WS/OAGL201908140001.zip/HSBPM/HT/OAGL201908140002.zip
24	createdate	NVARCHAR2 (20)	创建日期	归档文件封装包创建日期
25	wjrl	NVARCHAR2 (200)	文件大小	归档文件封装包大小，字节 B
26	times	sysdate	插入时间	yyyy-MM-YX HH24：MI：SS
27	oldid	NVARCHAR2 (50)	失败批次封装包 ID	对于失败批次数据，重新推送新批次时填写，失败批次的 ID（失败批次的封装包 ID），用以备查关联备查
28	fzbwyz	NVARCHAR2 (50)	包唯一值	归档信息包上链唯一值

8.3 接口数据约定及有关说明

8.3.1 接口数据约定

统一接口平台对业务系统与电子档案管理信息系统间传递的数据在格式、类型等方面作出约定，主要包括以下几个方面。

传递的数据格式：约定格式的 XML 数据。

编码格式：UTF-8。

数字格式：如果存在小数点，则小数点前后必须有数字；对于负数，符号位"−"必须出现在首位，整数则不加符号位。

字符格式：对数据中含有的特殊字符，需要做转义处理。

日期格式：统一采用"yyyyMMDD"格式传递。

时间类型：统一采用"HHMISS"格式。

日期时间类型：统一采用"yyyyMMDD HHMISS"格式。

8.3.2 有关说明

采用 XML 封装的元数据可能在各业务节点都会形成，按照业务系统与电子档案管理信息系统数据库字段的对应关系，对匹配对应的字段进行传值，具体传值规则与业务需求相关，其他对应不上的则留空。

业务需求的调整会使传值规则发生变化，则电子档案管理信息系统给出的 XML 模板将会随之调整。

8.4 同 步 机 制

业务系统每日定时启动电子文件归档流程，执行对电子文件进行捕获、封装、推送归档信息包到电子档案管理信息系统、调用接口平台提供的归档批次 Web Service 服务写入归档批次信息等任务操作。

电子档案管理信息系统接口平台定时对归档信息包进行"四性"检测、接收等。

业务系统定时调用接口平台提供的"四性"检测结果查询服务，根据查询结果进行标识或重新推送该批次数据。

第9章 "四 性"检 测

"四性"检测指的是电子文件或电子档案真实性[1]、完整性[2]、可用性、安全性检测，一般参照档案行业标准《文书类电子档案检测一般要求》（DA/T 70）进行。2018 年发布《文书类电子档案检测一般要求》时，很多单位尚不清楚如何实施"四性"检测。经过近几年的发展，企业基本清楚了标准中的检测要求如何落实。

检测工作在电子档案管理中主要涉及三个环节，分别为归档环节、移交与接收环节、长期保存环节。由于试点企业的电子档案暂未要求进馆移交，也没有向其他单位移交的需求，因此，本次试点工作"四性"检测功能设计的应用环节仅限于归档环节和长期保存环节。当有进馆要求或向外单位移交需要时，可随时增加移交与接收环节的"四性"检测功能。

除了离线备份所倚赖的硬件设备外，"四性"检测的环节和内容以尽量减少人工干预为主要原则进行设计。同时，鉴于信息系统安全性与系统性能往往呈负相关的关系，在有其他安全保障措施的前提下，"四性"检测功能设计可适当减少检测项，寻求一种安全与效率的平衡，以减轻系统负担，提高工作效率。

9.1 归 档 环 节

9.1.1 真实性检测

在一个单位内部网络环境中进行电子文件归档时，由处于同一局域网内的业务系统对归档电子文件进行封装、传输，往往单位的网络安全防护系统为电子文件归档在真实性方面提供了一定的保障，主要表现在电子文件来源真实性、内容真实性等方面。因此，在设计电子文件真实性检测功能时，可对此部分检测要求做些调整。调整后的检测方案如下。

9.1.1.1 电子文件元数据准确性

检测对象：归档电子文件元数据。

检测内容：检测元数据项数据长度、数据类型、格式、值域、特殊字符、重复性等，看是否符合电子文件元数据方案要求（元数据方案见第 14 章 14.4 节内容）。

---

[1] 档案领域的"真实性"与 IT 信息安全中的"完整性"在外延上有一定重合，它指的是电子档案的内容、逻辑结构和背景与形成时的原始状况相一致的性质。而信息安全中一般不使用"真实性"，它用"完整性"来指信息是正确的、真实性、未被篡改的、完整无缺的属性。

[2] 档案领域的"完整性"是指电子档案的内容、结构和背景信息齐全且没有破坏、变异或丢失的性质。它从档案的角度更强调"齐全"，更倾向于构成一件档案的各部分要素齐全完整。

检测方法：依据电子文件元数据方案，对元数据项进行数据长度、数据类型、格式、值域范围的检测和数据值是否在合理范围内的检测；依据有关双字节非汉字符号标准，对元数据项进行数据值是否包含特殊字符的检测；依据文号或其他唯一标识，对元数据项数据重复性进行检测。

9.1.1.2 电子文件内容属性真实性

检测对象：归档电子文件。

检测内容：检测电子文件内容数据中包含的电子属性信息与电子文件元数据中记录的信息是否一致。

检测方法：捕获电子文件内容数据的电子属性信息（计算机文件名、文件大小、文件格式、创建时间等），与电子属性信息中记录的数据进行比对。

9.1.1.3 电子文件元数据与内容关联性

检测对象：归档电子文件及元数据。

检测内容：检测电子文件元数据中记录的文件存储位置与电子文件内容数据的实际存储位置是否一致。

检测方法：依据元数据中记录的文件存储路径检测电子文件内容数据是否存在。

9.1.1.4 归档信息包来源及真实性

检测对象：归档信息包（含电子文件，其构成见第 6 章 6.4 节内容）。

检测内容：检测归档信息包来源、归档信息包与业务系统发送的信息包是否一致。

检测方法：获取归档信息包来源信息，对归档信息包进行哈希运算（哈希算法采用我国商密算法 SM3），将归档信息包来源信息及其哈希值与区块链存证信息进行比对。

9.1.2 完整性检测

9.1.2.1 电子文件数据总量

检测对象：归档电子文件。

检测内容：检测归档电子文件接收信息登记表中的电子文件数量和字节数，与实际归档的电子文件数量和字节数是否相符。

检测方法：统计电子文件总件数和总字节数，与电子文件接收信息登记表中的电子文件数量和总字节数进行比对。

9.1.2.2 电子文件元数据完整性

检测对象：归档电子文件元数据。

检测内容：对照电子文件元数据方案，检测电子文件元数据项是否齐全、完整，检测件内顺序号是否有漏号现象。

检测方法：依据电子文件元数据方案，判断电子文件元数据项是否缺项、元数据必填项是否为空，检查归档电子文件元数据中包含的处理过程信息是否完整。依据《归档文件整理规则》（DA/T 22），对件内顺序号和起始号进行检测，件内是否按顺序编号，是否从 01 开始编号。

9.1.2.3 电子文件内容完整性

检测对象：归档电子文件。

检测内容：检测电子文件内容的完整性。

检测方法：依据《归档文件整理规则》（DA/T 22），检查办公自动化系统归档的电子公文是否都含有正文、审批表单（发文稿纸或收文处理笺）等。

9.1.2.4 归档信息包完整性

检测对象：归档信息包。

检测内容：检测归档信息包内容数据的完整性。

检测方法：对照归档信息包元数据中记录的电子文档数量（即电子文件的子件数量），检测归档信息包中实际包含的电子文档数量，比对二者是否相符。

9.1.3 可用性检测

9.1.3.1 电子文件元数据可用性

检测对象：归档电子文件元数据。

检测内容：检测电子文件元数据是否可以被正常访问。

检测方法：检测电子文件归档信息包中存放元数据 XML 文件是否可以正常解析、读取数据。检测是否可以正常连接数据库，是否可以正常访问元数据表中的记录。

9.1.3.2 电子文件内容可用性

检测对象：归档电子文件。

检测内容：检测电子文件内容数据是否符合归档要求，是否可以被正常打开和浏览。

检测方法：依据电子文件归档要求对电子文件内容数据格式进行检测，判断其是否符合《电子文件归档与电子档案管理规范》（GB/T 18894）要求。检测电子文件是否加密。通过计算机文件头信息判断电子文件格式，而非通过文件后缀。表 9.1 列出部分文件头信息与文件格式的对应关系。

表 9.1　　　　　　　　　　　文件头信息和文件格式对应表

序号	文 件 头 信 息	文 件 格 式
1	FFD8FF	JPEG（jpg）
2	49492A00	TIFF（tif）
3	41433130	CAD（dwg）
4	3C3F786D6C	XML（xml）
5	68746D6C3E	HTML（html）
6	D0CF11E0	MS Word/Excel（xls or doc）
7	5374616E64617264204A	MS Access（mdb）
8	255044462D312E	Adobe Acrobat（pdf）
9	57415645	Wave（wav）
10	41564920	AVI（avi）
11	000001BA	MPEG（mpg）
12	494433	MP3（mp3）
13	66747970	MP4（mp4）

9.1.3.3　电子文件软硬件环境

检测对象：归档电子文件元数据。

检测内容：检测电子文件属性元数据中记录的软硬件环境信息是否符合归档要求。

检测方法：对电子属性信息中记录的软硬件环境信息进行检测，判断其是否符合归档要求。

9.1.3.4　归档信息包可用性

检测对象：归档信息包。

检测内容：检测归档信息中包含的内容数据格式的合规性。

检测方法：对归档信息包是否包含影响其可用性的因素，如使用非公开压缩算法、加密、是否包含不符合归档要求的文件格式等进行检测。

9.1.4　安全性检测

安全性检测主要对归档信息包病毒进行检测。

检测对象：归档信息包。

检测内容：检测归档信息包是否包含计算机病毒。

检测方法：将安全性检测置于其他检测前，为服务器操作系统安装国内通用的杀毒软件，并设置自动升级为最新版本病毒特征库；服务器操作系统调用杀毒软件对电子档案管理信息系统接收的归档信息包进行检测，检查是否感染木马或病毒，如果感染，则直接删除感染文件。待完整性检测时，因删除了感染文件，检测无法通过。

9.2　长期保存环节

长期保存环节"四性"检测分为两部分：一是对新进入长期保存环节的电子档案进行"四性"检测；二是对已长期保存的电子档案进行巡检。

9.2.1　真实性检测

由于长期保存系统与电子档案管理信息系统共用一个数据库和一个文件存储服务器，只是将元数据写入不同的数据表，存储文件于不同的路径（相当于本地复制），因此，也可以将长期保存系统与电子档案管理信息系统看成是一套服务器和数据库管理系统之上的两个应用程序，那么，长期保存环节可不再进行电子档案真实性检测。

9.2.2　完整性检测

完整性检测主要检测在电子档案管理信息系统中对电子文件整理归档后，电子档案相较电子文件而增加的元数据项，以及格式转换等新生成的电子档案。

9.2.2.1　电子档案元数据完整性检测

检测节点：进入长期保存。

检测对象：长期保存电子档案元数据。

检测内容：对照电子档案元数据方案，检测电子档案元数据项是否齐全、完整。

检测方法：依据电子档案元数据方案，判断电子档案元数据项是否缺项、元数据必填项是否为空，检查档号是否连续且唯一，检查电子档案元数据中包含的处理过程信息是否完整，是否包含格式转换过程信息。

9.2.2.2 电子档案信息包完整性检测

检测节点：进入长期保存。

检测对象：长期保存电子档案信息包。

检测内容：检测长期保存电子档案信息包内容数据的完整性。

检测方法：依据电子档案长期保存封装包元数据中记录的电子文档数量，检测归档信息包中实际包含的电子文档数量，比对二者是否相符。

9.2.3 可用性检测

9.2.3.1 电子档案元数据可用性检测

检测节点：进入长期保存和长期保存巡检。

检测对象：长期保存电子档案元数据。

检测内容 1：检测进入长期保存的电子档案元数据的可用性。

检测方法 1：检测电子档案长期保存封装包存放元数据的 XML 文件是否可以正常解析、读取数据；检测是否可以正常连接数据库，是否可以正常访问元数据表中的记录。

检测内容 2：对长期保存电子档案的元数据进行巡检。

检测方法 2：检测是否可以正常连接数据库，是否可以正常访问元数据表中的记录。

9.2.3.2 电子档案内容可用性检测

检测节点：进入长期保存和长期保存巡检。

检测对象：长期保存电子档案。

检测内容：检测电子档案内容数据格式长期可用。

检测方法 1：进入长期保存时，通过计算机文件头信息检查长期保存电子档案是否包含相对应的长期保存格式文档。

检测方法 2：长期保存巡检时，依据长期保存策略对电子档案内容数据格式进行检测，判断其是否符合长期保存格式要求。

9.2.3.3 电子档案软硬件环境检测

检测节点：长期保存巡检。

检测对象：长期保存电子档案元数据、长期保存电子档案软硬件环境。

检测内容：对长期保存电子档案所依赖的软硬件环境进行检测。

检测方法：依据电子档案电子属性信息中记录的软硬件环境信息进行检测，判断长期保存环境是否符合要求。

9.2.3.4 备份数据可恢复性检测

检测节点：长期保存巡检。

检测对象：长期保存电子档案备份数据。

检测内容：检测长期保存电子档案备份数据的可恢复性。

检测方法：采用专业的备份数据恢复工具检测备份数据是否完好，是否可恢复。

9.2.4　安全性检测

9.2.4.1　长期保存电子档案安全性检测

检测节点：长期保存巡检。

检测对象：长期保存电子档案。

检测内容：检测长期保存电子档案的安全性。

检测方法：依据服务器安全防护策略，操作系统定期调用杀毒软件对长期保存电子档案进行木马或病毒检测。

9.2.4.2　长期保存系统安全性检测

检测节点：长期保存巡检。

检测对象：长期保存系统、光盘刻录系统。

检测内容：检测长期保存系统安全漏洞。

检测方法：采用专业的漏洞扫描工具检测参与电子档案长期保存的计算机系统是否存在安全漏洞。

9.2.4.3　长期保存载体安全性检测

检测节点：长期保存巡检。

检测对象：长期保存载体及其保管环境。

检测内容：对在线、离线存储的载体读取速度进行检测。

在线载体检测方法：使用磁盘阵列管理软件对在线存储进行专业性测试，判断是否安全可靠。

离线载体检测方法：对光盘进行读取操作，和常规的读取速度进行比对判断载体是否安全可靠。

9.3　管理环节与检测项目对照表

管理环节与检测项目对照表见表9.2。

表9.2　　　　　　　　　管理环节与检测项目对照表

检测类别	编号	检 测 项 目	归档环节	长 期 保 存 环 节	
				进入长期保存	长期保存巡检
真实性	1-1	元数据项数据长度检测	●		
	1-2	元数据项类型、格式检测	●		
	1-3	设定值域的元数据项值域符合度检测	●		
	1-4	元数据数据值合理性检测	●		
	1-5	元数据项数据包含特殊字符检测	●		
	1-6	档号规范性检测		●	
	1-7	元数据项数据重复性检测	●		
	1-8	内容数据电子属性一致性检测	●		

75

续表

检测类别	编号	检 测 项 目	归档环节	长 期 保 存 环 节	
				进入长期保存	长期保存巡检
真实性	1-9	元数据是否关联内容数据检测	●		
	1-10	信息包来源检测	●		
	1-11	信息包固化信息有效性检测	●		
	1-12	信息包一致性检测	●		
完整性	2-1	总件数相符性检测	●		
	2-2	总字节数相符性检测	●		
	2-3	元数据项完整性检测	●	●	
	2-4	元数据必填著录项检测	●	●	
	2-5	过程信息完整性检测	●	●	
	2-6	连续性元数据项检测	●	●	
	2-7	内容数据完整性检测	●		
	2-8	附件数据完整性检测	●		
	2-9	信息包内容数据完整性检测	●	●	
可用性	3-1	信息包中元数据的可读性检测	●	●	
	3-2	目标数据库中的元数据可访问性检测	●	●	●
	3-3	内容数据格式检测	●		
	3-4	内容数据可读性检测	●		
	3-5	内容数据包含 OFD 文档		●	
	3-6	内容数据格式长期可用性检测			●
	3-7	软硬件环境合规性检测	●	●	
	3-8	保存环境变化情况检测			●
	3-9	信息包中包含的内容数据格式合规性检测	●		
	3-10	备份数据可恢复性检测			●
安全性	4-1	病毒感染检测	●		●
	4-2	载体读取速度检测			●
	4-3	软件系统安全漏洞检测			●
	4-4	载体保管环境安全性检测			●

9.4 检 测 结 果

　　电子档案管理信息系统对检测结果进行记录和保存,可按照规定格式生成检测报告,并可进行版式化,提供打印、下载等功能。对"四性"检测业务处理元数据进行记录,并上链存证。

（1）元数据项数据类型、格式检测未通过结果示例见表9.3。

表 9.3　　　　　　　　数据类型、格式检测未通过报告

检测时间	2021 年 05 月 28 日 10：00：42
检测结果	共检测 1 个包，其中通过 0 个，未通过 1 个
被检测文件包	workspace/check/checkTemp/四性检测/OAGL2021052001/TempData/OAGL202105200001
检测方案	管理类电子文件元数据方案
检测结果	未通过
检测统计	共检测 1 个电子文件，其中通过 0 个，未通过 1 个

电子文件	OA20210520		
归档方式	在线	检测结果	未通过
检测项目	检测明细	检测结果	结果明细
真实性检测	固化信息有效性检测	通过	
	元数据项数据长度检测	通过	
	元数据项数据类型、格式检测	未通过	OA20210520/文件元数据．xml 中［元数据项："形成日期"的数据类型不符合设置要求，设置为："日期型"，数据格式："yyyymmdd"，实际值为："2019－12－07"］
	设定值域的元数据项值域符合度检测	通过	
	元数据项数据合理性检测	通过	
	元数据项数据包含特殊字符检测	通过	
	档号规范性检测	默认通过	
	元数据项数据重复性检测	通过	
	电子文件内容数据的电子属性一致性检测	通过	
	元数据是否关联内容数据	通过	
	归档信息包来源检测	通过	
	归档信息包固化信息有效性检测	通过	
	归档信息包一致性检测	通过	
完整性检测	总件数相符性检测	通过	
	总字节数相符性检测	通过	
	元数据项完整性检测	通过	
	元数据必填著录项检测	未通过	"OA20210520 文件元数据．xml"中［元数据项："文件类型"为必录项，但实际值为空］
	过程信息完整性检测	通过	
	连续性元数据项检测	通过	
	内容数据完整性检测	通过	
	附件数据完整性检测	通过	
	信息包内容数据完整性检测	通过	

（2）电子文件内容数据的电子属性一致性检测未通过结果示例见表 9.4。

表 9.4 　　　　　　　　　　　　　　　　电子属性一致性检测未通过报告

检测时间	2022 年 04 月 04 日 16：10：08		
检测结果	共检测 1 个包，其中通过 0 个，未通过 1 个		
被检测文件包	/workspace/check/checkTemp/四性检测/WSGL202203290014/TempData/WSGL202203290014		
检测方案	管理类电子文件元数据方案		
检测结果	未通过		
检测统计	共检测 1 个电子文件，其中通过 0 个，未通过 1 个		
电子文件	OA20210520		
归档方式	在线	检测结果	未通过
检测项目	检测明细	检测结果	结果明细
真实性检测	固化信息有效性检测	通过	
	元数据项数据长度检测	通过	
	元数据项数据类型、格式检测	未通过	
	设定值域的元数据项值域符合度检测	通过	
	元数据项数据合理性检测	通过	
	元数据项数据包含特殊字符检测	通过	
	档号规范性检测	默认通过	
	元数据项数据重复性检测	通过	
	电子文件内容数据的电子属性一致性检测	通过	［路径：WS202200676 中"05_紧急派员图.jpg"的计算机文件格式不一致，元数据中为："jpg"，实际值为："jpg"，但文件头值为："png"］
	元数据是否关联内容数据	通过	
	归档信息包来源检测	通过	
	归档信息包固化信息有效性检测	通过	
	归档信息包一致性检测	通过	

（3）内容数据的可读性检测未通过结果示例见表 9.5。

表 9.5 　　　　　　　　　　　　　　　　可读性检测未通过报告

可用性检测	归档信息包中元数据的可读性检测	通过	
	目标数据库中的元数据可访问性检测	通过	
	内容数据格式检测	通过	
	内容数据的可读性检测	未通过	以下文件格式被加密："/usr/EE03/TempData/OAGL202203312300370/OA20220331/05_3.体系架构图.pdf"、"/usr/EE03/TempData/OAGL202203312300370/OA20220331/04_2.公司"十四五"发展规划.pdf"、"/usr/EE03/TempData/OAGL202203312300370/OA20220331/03_1.公司中长期战略规划研究报告.pdf"
	软硬件环境合规性检测	通过	
	信息包中包含的内容数据格式合规性检测	通过	

（4）内容数据格式检测未通过结果示例见表9.6。

表 9.6 　　　　　　　　　　格式检测未通过报告

可用性检测	归档信息包中元数据的可读性检测	通过	
	目标数据库中的元数据可访问性检测	通过	
	内容数据格式检测	未通过	以下文件格式不符合要求： "/usr/EE01/TempData/OAGL202108281551410/ OA20210828/02_关于公司运营管理绩效的 审计意见.rar"
	内容数据的可读性检测	通过	
	软硬件环境合规性检测	通过	
	信息包中包含的内容数据格式合规性检测	通过	

　　"四性"检测在计算机自动执行检测的基础上，还应辅以人工检测。对于已通过计算机执行"四性"检测的电子文件或电子档案，人工应当对其分批次抽查一定比例再次进行检查核对。因试点企业通过接口完成电子文件在线归档，暂未涉及线下归档相关的载体检查等检测项，如有线下归档的，还需增加相关检测项。

第 10 章　区 块 链 技 术 应 用

　　随着当前数字经济快速发展，计算机技术的广泛应用使电子文件大量产生，电子文件归档管理相较于传统档案工作凸显了重要地位。但由于电子文件所特有的非人工识读性、信息与特定载体之间的易分离性、信息的易变性和可操作性等特点，长期以来，电子文件真实性保障成为了困扰档案部门归档和管理电子文件的一大难题。2017 年至今，在国家档案局先后组织开展的企业/项目电子文件归档和电子档案管理、企业数字档案馆（室）建设等系列试点工作中，电子文件在归档和管理过程中的真实性保障成为了各试点单位必须探索和解决的业务难题，也是其他单位开展档案信息化工作不可回避的业务痛点之一。

10.1　电子文件真实性保障技术应用现状

　　根据《信息与文献—文件管理的国际标准》（ISO 15489），一份文件的关键性特征为：真实性、可靠性、完整性、可用性。电子文件真实性是电子文件价值实现的基础和前提。当前电子文件真实性保障在国内并没有统一标准与做法，除基本的管理手段外，主要还是采用数字摘要、电子签名等技术来实现。

10.1.1　数字摘要

　　数字摘要（即哈希）是一种利用哈希算法的单向性、抗碰撞性等特点，将任意大小的一个电子文件映射为较小的、固定长度的一个值（即哈希值），并进行比对的一种方法。电子文件归档，普遍做法是电子文件在业务系统办理完毕后，触发归档操作，由业务系统将电子文件及其元数据打包封装，形成归档信息包，然后调用哈希算法生成哈希值，通过 Web Service 或中间库将哈希值传输至电子档案管理信息系统，并将归档信息包通过 FTP、HTTP 等方式传输至电子档案管理信息系统。电子档案管理信息系统再次调用哈希算法对归档信息包进行计算，重新生成哈希值与业务系统传过来的哈希值进行比对，确认二者是否一致。

　　哈希算法是一种在计算机领域中用于确认消息完整性的单向散列算法，通过对比散列值（也称摘要值或哈希值）可判断两条消息是否一致，这种技术对辨别篡改非常有效。但在有些情况下，即便能够检查出消息未被篡改也是没有意义的。例如发生消息与其散列值一并被截取、篡改并重新传输，或者攻击者伪装成业务系统向电子档案管理信息系统发送消息及其散列值哈希算法是无法检查出来的。因此，这种数字摘要方法在电子文件归档中，仅可在一个单位内部结合其他安全技术手段共同保证电子文件真实性。否则，归档电子文件依然存在着被篡改的风险，特别是对于外来电子文件，因无法验证其来源真实性从而无法保证电子文件真实性。

10.1.2　哈希加盐

为了弥补单纯使用数字摘要无法验证电子文件来源真实性的弊端，有的单位对上述方法进行了改进，为了能够识别出攻击者将消息与其哈希值一并篡改的结果，在上述方式的基础上采用了加盐的方式进行校验。"盐"顾名思义，就像饭菜上撒了盐会改变饭菜的味道一样，是在对消息进行哈希前加上特殊的"盐"，使之改变消息的哈希值，再对其进行比对的一种方法。那么，"盐"的设计和使用就变得非常关键。

如果"盐"是一串固定的数值，在业务系统中转换为比特位并按照设计规则分别插入消息的相应位置进行哈希，那么在电子档案管理信息系统中也需要按照同样的规则将盐插入相同的位置进行哈希并比对。这种做法，攻击者可能会因不知规则和没有"盐"而导致篡改被识别。但"盐"又该如何让电子档案管理信息系统拥有呢？保存在磁盘上似乎很危险。人为输入又好像不现实。如果盐是一串不固定的数值（真正的盐一般是由伪随机生成器生成的随机数）在业务系统加入的话，电子档案管理信息系统是无法再次生成同样的"盐"的，那么每次校验都需要将"盐"由业务系统发送给电子档案管理信息系统。如果"盐"与归档信息包及其哈希值一并被攻击者截获，那么在规则容易被穷举的情况下，篡改同样在所难免。此外，由于有"盐"的参与，在电子文件移交与接收、长期保存等环节还会为真实性检测带来更多麻烦。

10.1.3　电子签名

在上述方法的基础上，为了进一步验证电子文件来源真实性，基于非对称密码体制的电子签名可以弥补其不足。电子签名是在以计算机文件为基础的现代事务处理中，采用电子形式的一种签名，以防止源点或终点抵赖的鉴别技术。应用于电子文件归档中，电子文件在由业务系统打包封装成归档信息包后，调用非对称加密算法，用私钥进行签名，或先调用哈希算法生成哈希值，再用私钥对哈希值进行签名，然后将签名结果回写入归档信息包，通过 FTP、HTTP 等方式传输至电子档案管理信息系统。电子档案管理信息系统同样调用非对称加密算法，用业务系统公钥进行解签名，如果顺利解开，则表示签名验证成功。如果业务系统使用了哈希算法，电子档案管理信息系统解签名后得到归档信息包的哈希值，还需再调用同样的哈希算法对原归档信息包进行哈希运算，重新生成哈希值与得到的哈希值进行比对，比对成功则表示验证通过。

由于非对称加密体制的特点，电子签名在保障电子文件真实性上比数字摘要方法具有明显优势。发送方使用私钥签名，接收方使用发送方的公钥验证，既能保证消息的完整性[1]，又能保证消息的抗否认性。电子签名是在当前电子文件归档工作中解决真实性问

---

❶　此"完整性"是指 IT 领域中信息安全方面的完整性，非档案领域"四性"检测中的完整性。

题的一种可选方法，但这种方法在满足文件信息完整性、保存格式长期性等需求时却存在着弊端。例如，在签名处理方式上，电子签名通过版式文件自带的签名域实现，容易损坏文件信息结果；在真实性验证上，电子签名使用有期限的数字证书，验证需在证书有效期内进行，一般期限较短；在长期保存格式转换时，电子签名需要对转换后的电子文件进行重签名；在全生命周期管理时，电子签名不便证明该电子文件全生命周期的管理过程等。

10.1.4 区块链

区块链是一种链式数据结构，链上的每个数据单元（即数据区块）按照时间顺序依次相连，并以密码学方式保证其不可篡改和不可伪造，区块同时存储在多个节点上，也称为分布式账本。自 2009 年比特币应用区块链技术至今，经过十多年的发展，区块链去中心化、不可篡改、可编程等特点已被人们所熟知。在档案业务场景下，区块链除了可像电子签名一样解决电子文件真实性问题外，还可在满足文件信息完整性、保存格式长期性等需求方面，帮助回避电子签名的弊端。例如，在处理方式上，区块链通过分布式账本记录"交易"来保证电子文件真实，不涉及电子文件信息结果；在验证期限上，区块链无限制；在长期保存格式转换时，区块链对转换行为做一笔"交易"即可；在全生命周期管理时，区块链将多笔"交易"串联起来，便可追溯该电子文件生命周期管理全过程。因此，区块链技术在电子文件真实性保障方面比电子签名提供了更好的解决方案，促使众多单位积极探索和实践。

10.2 应用区块链技术保障电子文件真实性方案设计

中共中央政治局就区块链技术发展现状和趋势进行集体学习，强调区块链技术的集成应用在新的技术革新和产业变革中起着重要作用。要抓住区块链技术融合、功能拓展、产业细分的契机，发挥区块链在促进数据共享、优化业务流程、降低运营成本、提升协同效率、建设可信体系等方面的作用。

基于区块链自身优势，为了响应国家号召，某企业集团选择应用区块链技术开展电子文件单套归档和电子档案单套管理试点工作。该集团按照试点工作要求，对应用区块链技术保障电子文件全生命周期真实性方案进行设计，在区块链系统与电子档案管理信息系统结合的基础上，进一步向前端业务系统延伸，从源头确保电子文件真实性，并对其全流程进行管控，形成设计方案。

10.2.1 方案设计原则

1. 系统建设原则

选用 Hyperledger Fabric❶ 系统架构，对其提供的成员管理服务、区块链服务、智能

---

❶ 有文献表明 Hyperledger Fabric 平台虽然开源，但仍受一些国家法律控制。因此，在我国自主可控的前提下，实际试点工作选用了类似 Hyperledger Fabric 的其他平台作为区块链底层进行开发，并非 Hyperledger Fabric 平台。但因国内区块链爱好者普遍对 Hyperledger Fabric 平台较为熟悉，本书仍以此平台作为区块链底层进行叙述。

合约、事件等功能进行改造。

2. 存证选择原则

业务系统、电子档案管理信息系统分别与区块链系统集成，业务系统中电子文件形成即触发区块链技术，并将后续对电子文件进行修改的一切行为作为交易数据上链存证。

3. 性能设计原则

鉴于区块链系统的"三元悖论"，当高效性、去中心化和安全性不可同时取得最佳时，确保安全性不退让，在高效性和去中心化之间寻求平衡。

10.2.2 方案设计思路

1. 搭建联盟链基础平台

以国产软硬件自主可控为前提，选取某企业集团总部及所属不少于6家子企业作为节点，搭建企业联盟链基础平台。对外提供 API 接口，许可新节点加入，并可对节点进行管理。采用类似拜占庭（BFT）共识机制，在不同节点之间保证数据可信。使用 Hyperledger Fabric 作为区块链系统底层开发平台，结合 Hyperledger Fabric 模块化设计、容器技术特点，剥离原有扩展功能，降低框架复杂度；将所需业务功能以插件方式增加，保持核心功能稳定。根据业务需求建设多个功能模块，组成模块插件仓库，多个不同模块可方便搭载区块链为不同业务提供个性化服务，支撑更多场景应用。

2. 融合档案业务场景应用

梳理电子文件自形成、收集、鉴定、整理和归档后的电子档案保管、检索、利用、处置、销毁等业务处理全过程，对其中使电子文件及其元数据状态发生变化的行为进行记录。借鉴身份证号对人的识别以及通过各种证件对人进行追溯的方式，建立以识别电子档案"身份证号"为核心，以"证件"为基础的电子档案溯源多重认证体系，打通电子文件自形成系统至长期保存系统的全部管理环节。从源头上保证电子档案与"身份证号"的唯一对应，并贯穿电子档案管理始终。

3. 开发电子文件验真平台

区块链本质上只是一种用于数据存储的底层技术，对于电子文件真实性验证还需开发一个用户接口平台来支撑。平台可支持用户通过电子文件哈希值、电子文件、批量电子文件等方式进行真实性验证。要对用户身份进行识别并对批量上传电子文件数量、大小等进行限制。平台收到上传消息或文件后，经计算比对，反馈验证结果。用户可由局域网通过企业门户登录验真平台，也可由外网通过网页客户端经注册登录验真平台。

4. 建立集成和管理规范

打破企业内部不同层级单位之间的壁垒，使总部、子企业、子企业所属各级单位，以及企业外单位均可作为节点通过标准 API（application programming interface，应用程序接口）接入区块链平台。挖掘档案业务在跨单位、跨系统应用区块链交互的场景需求，建立业务应用接入区块链平台的集成和管理规范。

10.3　应用区块链技术保障电子文件真实性方案实施

虽然 Hyperledger Fabric 平台是一个主要面向企业应用的区块链基础平台，但在目前档案业务应用场景下，需对该平台提供的部分功能进行改造或搁置，对档案管理要求的功能进行开发。以下为基于 Hyperledger Fabric 平台进行改造或开发的主要功能。

10.3.1　总体架构

Hyperledger Fabric 提供了功能强大的 SDK（software development kit，软件开发工具包）工具包供应用层系统调用，但在档案业务场景下，首先，要将存证功能伸向前端业务系统，归档电子文件形成时即进行数据上链，并将后续修改数据记录上链，实现电子文件全生命周期过程可追溯。其次，在当前的电子文件归档环节，要实现将归档电子文件通过接口传送至电子档案管理信息系统过程中未发生过改变，并为将来电子档案移交与接收、长期保存环节的真实性检测做足准备。经验证，通过 SDK 方式满足这些业务需求对业务系统和电子档案管理信息系统均改造较大。

除 SDK 方式外，可在应用层与联盟链之间搭建存证服务平台，联盟链与存证服务共同构成区块链平台。存证服务通过 JSON❶ RPC（remote procedure call，远程过程调用），接口实现应用层数据上链和数据查询服务，同时提供缓存和重传功能。应用系统只需要将数据发送给存证服务，上链成功与否由存证服务平台保证，降低应用系统运行压力。

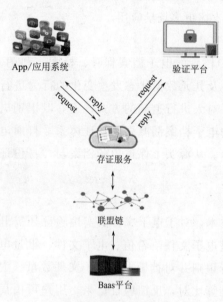

图 10.1　系统关系图

应用层将存证数据传递给存证服务，由存证服务构建符合区块链格式的交易传递给区块链。对于图片、视频、压缩包等大文件存证数据，存证服务做哈希后上链存证，并将大文件数据对接企业云进行链下存储。若链下存储数据发生篡改，其计算产生的哈希值就会发生变化，数据验证时即可被发现，由此解决链下数据的防篡改问题，也解决大数据存储成本和效率问题。同时存证服务提供电子文件真实性验证的用户接口，用户登录网页客户端上传电子文件或哈希值，便可查验电子文件真实性并查看其生命周期状态。系统关系图如图 10.1 所示。

10.3.2　优化共识机制

在 P2P（peer－to－peer，点对点）网络中，共识机制被誉为区块链的核心。鉴于档

---

❶　JSON（javascript object notation，JS 对象简谱）是一种轻量级的数据交换格式。

案部门资源有限、彼此信任程度较高，共识机制的建立需要与档案业务需求、特点相适应。相较于工作量证明（PoW）、权益证明（PoS）等共识机制，拜占庭协议（PBFT）作为一种强共识机制在安全性、可扩展性、资源消耗等方面应用于档案领域具有明显优势。但传统 PBFT 的消息复杂度较高，它经历二轮投票/三个阶段才能达成共识，每一轮都要保证它见证的 2/3 以上节点接受对区块的提议，导致消息数量过多（图 10.2）。随着共识节点数量的增长，共识消息成倍增加。假设共识节点数为 n，传统 PBFT 的消息复杂度为 0（n^2），不适合大规模的共识节点部署。

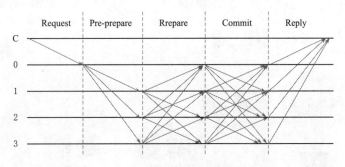

图 10.2　传统 PBFT 流程图

为了提升效率，采用聚合签名的方法对传统 PBFT 进行改进。通过轮流指定网络中的某节点作为协调者（即聚合节点）来发送/接收每个节点的投票，在二轮投票/三个阶段，共识节点将自己的投票发送给协调者，然后协调者收集这些投票进行聚合签名，并采用聚合投票数须大于最低投票数（即门限签名）来保证协调者的正当行为。协调者将签名结果广播给其他共识节点，避免了 n–n 通信，减少了消息数量（图 10.3）。假设共识节点数为 n，这样投票过程的消息复杂度为 0（n），适合大规模共识节点部署。

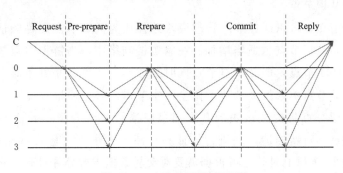

图 10.3　改进的 BFT 流程图

当 $n=10$ 时，传统 PBFT 需 180 次通信，改进的 BFT 仅需 45 次通信，提升了 4 倍的性能。

当 $n=100$ 时，传统 PBFT 需 19800 次通信，改进的 BFT 仅需 495 次通信，提升了 40 倍的性能。

当 $n=1000$ 时，传统 PBFT 需 1998000 次通信，改进的 BFT 仅需 4995 次通信，提

升了 400 倍的性能。

10.3.3 优化节点角色

除总部外，于不同业务板块选择 6 家子企业作为节点组建区块链网络，初步搭建联盟链。对含总部在内的 7 个节点赋予不同的角色，不同角色的节点提供不同的节点服务，实现整个区块链系统功能的彼此协作，联盟链节点如图 10.4 所示。

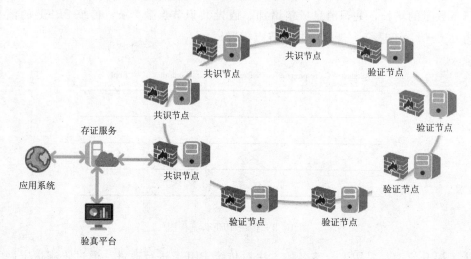

图 10.4　联盟链节点图

将 7 个节点均设置为验证存储节点，负责对交易的数据进行检查和缓存，并对共识节点发送的区块进行验证和存储。选择其中 4 个验证节点为共识节点，负责对所有发往网络中的交易进行排序，构造区块，并将该区块的共识消息广播给验证存储节点。4 个共识节点中随机选择 1 个聚合节点，负责收集共识过程中的投票消息，并经聚合签名后广播给其他 3 个共识节点。

后续加入新节点，可以通过节点管理模块选择成为共识节点还是验证存储节点。随着新节点的增加，共识节点也适当增加。在联盟链网络中，当链上节点数量较少时，如果各节点均为全账本节点，那么所有节点同时篡改同一账本似乎并不难。为增加篡改难度，在各验证存储节点中选择 2 个节点做全账本节点，其他验证存储节点采用差异化账本存储方式。共识节点将构造区块的共识消息广播给 2 个全账本验证存储节点和随机 80% 验证存储节点，对新构造区块进行验证和存储，另外 20% 验证存储节点与之关联。当链上节点达到 20 个以上时，还可根据需要对交易数据进行分片处理，将要上链存储的交易数据冗余并分片化，分布存储在链上多个节点。数据冗余程度确保即使某个节点的数据出现问题，整体数据丢失的可能性几乎为零。不论是差异化账本还是数据分片方式，均对全账本节点数据进行离线备份。

10.3.4 优化智能合约

Hyperledger Fabric 平台将智能合约称为链码，分为系统链码和用户链码两类。系统链码主要实现系统管理功能，如链码部署、配置管理、查询管理、交易验证等，在大多数应用场景下均可使用。用户链码则是用户使用 Golang、Node、Java 等语言编写的智能合约，运行在 Fabric 提供的容器中。

区块链对于解决电子文件真实性保障的档案业务场景来说，主要用于电子档案存证、验证、追溯等，暂不涉及智能合约。但区块链系统具备开发智能合约的前置条件，具有智能合约开发运行环境、存储环境等实现智能合约的功能组件，可以随时开发运行智能合约。

区块链一旦开发了智能合约，一般将其部署在联盟链节点上自动分散式地执行，也可作为分布式应用程序运行。合约源码应当公开并存于区块链系统，让查询和需要提供信用证明的用户知道区块链系统不会因智能合约而发生暗箱操作，维护区块链系统的公开、透明。

10.3.5 系统集成

将业务系统、电子档案管理信息系统（含长期保存系统）分别与区块链系统集成，并实现如下功能（图 10.5）。

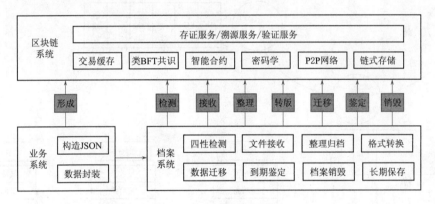

图 10.5　系统集成功能图

业务系统与区块链系统之间，由业务系统通过存证服务将本系统形成电子文件的交易数据上链，包括电子文件哈希值及部分元数据。通过接口将交易数据构造成 JSON 格式，传递给存证服务平台，存证服务平台对交易作哈希运算后，将哈希值返回给业务系统作为此笔交易的"身份证号"。

业务系统与电子档案管理信息系统之间，由业务系统将电子文件及其元数据封装成归档信息包，与存证服务平台返回的"身份证号"（ID）一并传递给电子档案管理信息系统。这个"身份证号"就是这件电子文件在其生命周期中的唯一标识。

电子档案管理信息系统与区块链系统之间，电子档案管理信息系统对获取的归档信息包及其"身份证号"与区块链存证信息进行比对，确认归档信息包在传输过程中没有被篡改，继续"四性"检测、接收、暂存等操作，并将"四性"检测、文件接收业务过程元数据作为交易数据上链。电子档案管理信息系统对接收的归档信息包进行解包、存储、整理、格式转换等操作，并把操作过程元数据、格式转换后新生成文件的哈希值作为交易数据上链。

10.3.6 区块构成

每个区块由区块头和交易列表两部分组成。区块头包括区块链系统版本号、前一区块的父哈希、本区块全部交易的默克尔根哈希、区块生成的时间戳、区块中的交易数、本区块哈希和交易列表。交易列表即为各请求交易节点上传区块链的每笔交易记录。每生成一个新区块，将前一个区块的哈希作为父哈希存入区块头，以此将区块前后串联，形成链式存储结构，见图 10.6。

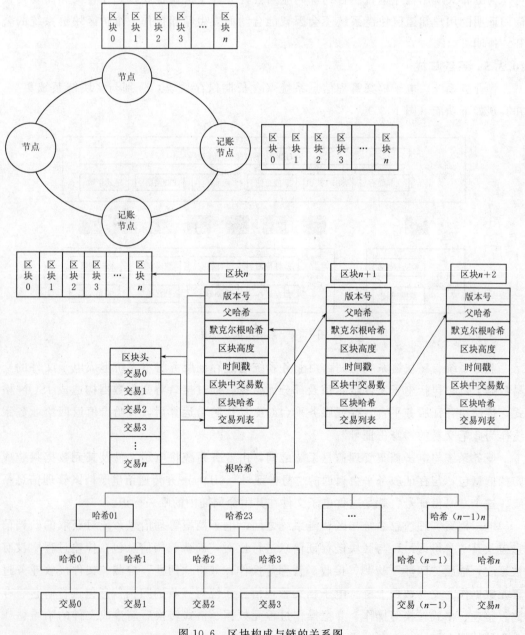

图 10.6　区块构成与链的关系图

10.3.7 上链数据

梳理电子文件全生命周期节点，分析电子文件及其元数据状态。自业务系统中电子文件办理完毕时起，即形成了电子档案的雏形，虽未经鉴定、整理等过程，还不具备档案的身份，但如同新出生的婴儿通过户口登记可获得"身份证号"一样，可将电子文件及其元数据上链登记获得区块链系统赋予的档案"身份证号"。

人的一生从新生儿到少年、青年、中年、老年，总是通过各种"证"来记录人生节点给一个人带来的变化，像毕业证、结婚证、工作证等，通过这些"证"上记录的信息以及发证机关的权威可信，可对一个人进行跟踪并追溯一生。如果一份电子文件在其生命周期中也像人的一生一样被合理地改变，其内容的哈希值以及致其变化的信息可以一起登记进入区块链，使之固化并权威可信，同样意味着当一份电子文件被修改而创建了一个跟踪，用户据此能准确地知道修改是如何发生的。这样就要求电子文件"出生"后在多个环节创建关于它的状态的永久记录，通过该记录便可回溯电子文件的"一生"。（具体可参见第14章元数据有关内容。）

"证"是元数据的集合，上传区块链使之可信便是对"证"所记载内容的确认。当电子文件通过接口由业务系统进入电子档案管理信息系统，经检测、整理、归档后可给予电子档案"身份证"；当电子档案需向外单位或综合档案馆移交时，可给予电子档案"派遣证"；当电子档案长期保存需定期巡检或到期鉴定时，可给予电子档案"工作证"或"退休证"；当电子档案经鉴定需销毁时，可给予电子档案"死亡证明"等（具体元数据的作用和理解详见第14章）。而每一个"证"又都会以"身份证号"为线索进行查找和记录。

使电子文件的"一生"通过各个关键环节的"证"（即上链的元数据记录）来确保其真实，以此为原则梳理各业务环节形成上链数据（即交易内容）、上链方式等，包括但不限于以下内容，具体见表10.1。

表 10.1　　业务系统/电子档案管理信息系统上链数据表

数据来源	业务环节	上链数据/交易内容	上链方式
业务系统	办理完毕	①文件实体元数据，如题名、文号、责任者等 ②归档信息包哈希值、包内电子文件哈希值 ③文件办理完毕元数据，如行为时间、行为部门、人员、行为描述等（下同）	新增
电子档案管理信息系统（含长期保存系统）	接收存储	①归档"四性"检测元数据 ②归档电子文件接收元数据	追加
	整理归档	①文件实体元数据，如保管期限、档号等 ②归档交接凭据、归档电子文件清单等过程信息生成电子文件哈希值 ③整理归档元数据	新增/追加
	格式转换	①转版后新生成电子档案哈希值 ②格式转换元数据	新增/追加

续表

数据来源	业务环节	上链数据/交易内容	上链方式
电子档案管理信息系统（含长期保存系统）	长期保存	长期保存环节"四性"检测元数据	追加
	数据迁移	数据迁移元数据电子档案哈希值	追加
	统计利用	统计或利用生成电子文件哈希值	新增
	到期鉴定	①到期鉴定元数据 ②鉴定审批过程信息生成电子文件哈希值 ③鉴定清单哈希值	新增/追加
	档案销毁	①档案销毁元数据 ②销毁清单哈希值	新增/追加

10.3.8　处理流程

电子文件在业务系统、电子档案管理信息系统中进行流转、处理时，可将业务系统、电子档案管理信息系统分别看作是对同一电子文件实施处理的各方，通过公私钥对两个系统实施系统级签名。当业务系统生成电子文件后，数据交易的上链处理可按如下流程操作，具体如图 10.7 所示。

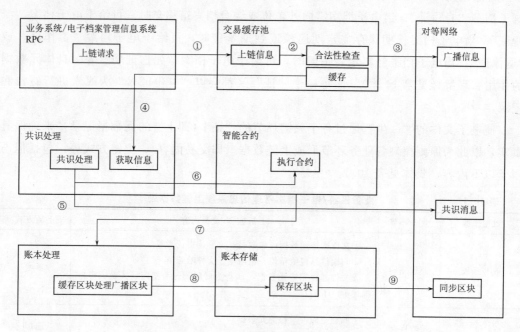

图 10.7　交易处理流程图

①：业务系统/电子档案管理信息系统将交易签名后，通过 RPC 模块送发到请求交易节点的交易缓存池模块缓存。

②：请求交易节点的缓存池检查交易的合法性，包括交易是否重复、签名是否正确、证书是否过期等。

③：请求交易节点将交易通过 P2P 网络向全部节点广播，使所有节点交易缓存池中

的交易一致。

④：共识节点从交易缓存池中拉取交易列表，构造区块。

⑤：共识节点将对该区块的共识消息广播给网络中的其他节点。

⑥：共识节点发送区块给验证和存储节点并触发智能合约执行器（存证合约）执行合约。

⑦：验证和存储节点缓存并验证区块和共识消息。

⑧：验证和存储节点调用底层存储，将账本存储在本节点数据库中。

⑨：通过 P2P 网络的病毒式传播机制，验证和存储节点将区块广播给其他验证和存储节点，接收到区块的节点再次验证区块中的交易并存储区块。

10.4　应用区块链技术保障电子文件真实性实现效果与创新

10.4.1　电子档案管理全过程展现

电子档案管理信息系统访问区块链数据库，依据"身份证号"读取电子档案的业务处理过程，存入本地数据库。通过电子档案管理信息系统或浏览器两种方式访问区块链，均可展现电子档案整个生命周期，看到每个致其改变环节的操作记录，追溯各阶段状态。由此可知，一份电子档案是由哪个业务系统形成的，经历了怎样的处理流程，发生了哪些改变，由谁改变，改变的结果如何等，具体示例如图 10.8 所示。

10.4.2　电子文件真实性验证

电子文件验真平台支持电子文件、批量电子文件以及电子文件哈希值三种验证方式，查询链上存储的数据记录。

1.电子文件验证

用户可选择本地电子文件上传给验真平台（验真平台用户接口示例如图 10.9 所示）。验真平台收到电子文件验证请求后，上链查询前会先进行哈希运算生成哈希值，再访问区块链数据库进行查询比对。若查询到与之一致的哈希值则说明验证成功，返回"该电子文件受区块链保护，内容未被修改"的结果，同时展现该电子文件经历的业务处理过程及其元数据。返回的结果与过程元数据可生成版式文件下载，也提供在线打印功能（图 10.10、图 10.11）。

2.批量电子文件验证

用户可一次选择多个本地电子文件（一般会有文件数量和文件大小的限制）上传给验真平台。验真平台一次收到多个电子文件验证请求后，批量进行哈希运算生成哈希值列表，然后批量向区块链查询比对，返回电子文件真实性结果列表及其业务处理过程元数据链接（图 10.12）。为避免拒绝服务攻击（Dos），区块链验真平台仅向授权用户开放。

3.电子文件哈希值验证

验真平台还提供电子文件哈希值验证方式。为提高验证效率，用户可输入从电子档

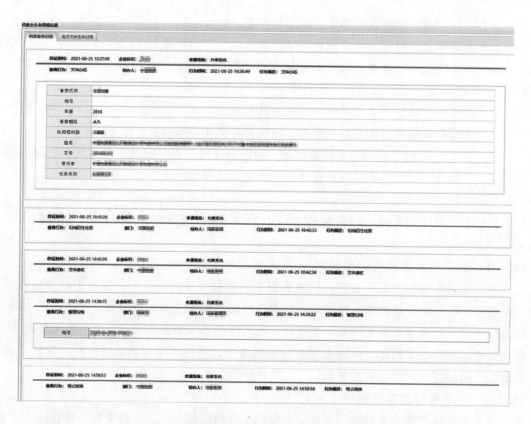

图 10.8　电子档案管理全过程示例图（节选）

图 10.9　验真平台用户接口示例图

图 10.10　返回验证结果图

图 10.11　验真凭证图

图 10.12 批量验证结果图

案管理信息系统获取或本地记录的电子文件哈希值，查询即可获得该哈希值对应电子文件的业务处理过程元数据信息。

10.4.3 应用创新

1. 改进共识机制

PBFT 是 20 年前为了解决分布式系统中的拜占庭将军问题而诞生的一个共识协议。它虽然不像工作量证明那样消耗大量计算资源，但数量庞大的通信也成为了降低系统性能和限制节点扩展的瓶颈。为了突破这一瓶颈，在联盟链的搭建中，改进的 BFT 作为 PBFT 的变种应运而生。结合前文提到的系统性能设计原则，在确保区块链安全的前提下，对传统 PBFT 共识机制进行适当改进，设计协调者（聚合节点）角色来减少 P2P 网络通信次数，以大幅提升共识效率和系统性能，是为在高效性和去中心化之间寻求平衡的一个表现。

2. 创新节点角色

区块链的 P2P 网络以节点多且平等作为一大特点，以此来保证链上数据公开透明。特别是在公有链系统中，任何人都可以作为节点参与区块链数据的维护和读取，节点之间不知彼此身份，也不受任何中心控制，仅通过共识算法、激励或惩罚机制、P2P 网络数据同步来保证一致性。而联盟链一般是在多个互相已知身份的组织之间构建，特别是在一个行业或企业内部，各节点之间因行业类型或组织结构等因素而具有一定耦合关系，由此先天具备了一个节点之间彼此熟知和比公有链节点更加信任的运行环境。在保障电子文件真实性的档案业务场景下，联盟链更是以电子文件存证和真实性验证的作用出现，节点之间完全平等似乎并没有 P2P 网络强调得那么重要。由此，创新联盟链网络节点设计，将 P2P 网络去中心化变为多中心化和随机中心化（聚合签名），对不同节点赋予不同角色并提供不同服务，是为在高效性和去中心化之间寻求平衡的另一个表现。

3. 增加上链数据

上链数据是应用区块链系统存证的核心。区块链通过数据上链存证来保证该数据来源和变动历史的可信性。因此，梳理电子文件在各系统管理阶段可能导致电子文件及其元数据发生变化的环节，以元数据记录其变化方式而形成各种"证"的过程十分关键。在系统需求分析阶段，即要对电子文件在业务系统和电子档案管理信息系统两个管理阶段经历的各个环节进行认真梳理，明确了每个系统在对电子文件进行管理的哪一个环节应当有"证"，"证"中应当记录哪些元数据，哪些应当是元数据的原始记录，哪些可以是哈希记录。同时说明这些记录的上链方式、"身份证号"在其中的关键作用等。这种做法比之前增加了多个关键环节的上链数据，可以完整地为电子文件存证全生命过程信息。

10.5 电子档案管理应用区块链技术展望

10.5.1 服务功能延展

一是提高区块链存证服务能力。建立个人账户，将个人电脑中的电子文件上传区块链。用户登录存证服务平台，录入电子文件元数据并上传电子文件。存证服务将电子文件哈希值及其元数据作为交易数据上链存证。

二是延伸区块链长度。打破企业内部金字塔型组织层级，视多级企业为平等节点接入区块链网络。鼓励外部单位接入区块链网络。

三是拓展区块链应用领域。将区块链技术推向物资采购、产品流通、资金流转、信息共享等更多应用场景，探索用区块链技术缓解多个行业或业务痛点的可行路径。

10.5.2 多方数据协同流转

应用区块链系统建立一个参与电子文件多方协作管理的可信环境，建立多方协作的可信机制，实现电子文件多方协同管理。特别是在建筑型企业主营建设项目中，实现建设单位、设计单位、施工单位、监理单位等多方节点共同应用区块链系统对同一个或同一批电子文件进行协作管理。建设项目常有这样的场景：一份验收评定意见表，经建设单位、设计单位、施工单位、监理单位等多方签署意见并加盖印章；一份图纸，由设计单位出图并经监理签发，施工单位照图施工后形成竣工图，由多方签字确认和监理审核；如遇变更，则重新出图。在这些场景下，如果能应用区块链系统，建设、设计、施工、监理等单位分别作为节点将各自的行为记录上链交易，极大地方便了单位之间协同与合作。项目运营单位也可将运营期间形成需存证的记录上链交易。如果上级监管机构、政府部门等对项目设计、施工过程记录的真实性存有疑问，还可应用区块链系统进行验证查询。

10.5.3　区块链生态共享

随着区块链技术的深入应用，未来的区块链系统必然与更多系统发生交互以及区块链之间的数据交换。跨链融合是实现区块链之间数据交换的关键，也是区块链系统向外拓展和连接的桥梁。当前，大多数企业集团建设区块链仅定位于企业级应用，在企业内部实现了信息的安全共享与流通，但缺乏对数据价值流转的支撑，难以大规模应用。下一步，区块链应用应尝试选用公证人模式的跨链技术，与其他联盟链、公有链进行跨链融合，促进链与链之间的信息交互、用户和场景的互通，释放各自价值，共享生态成果。

10.6　电子档案管理应用区块链技术问题与建议

虽然区块链在我国的应用领域不断扩大，特别是习近平总书记强调区块链技术在新的技术革新和产业变革中起到重要作用，并将其上升至国家战略层面以后，引发各行各业对区块链技术的研究、开发、投资和应用。在档案管理领域，区块链技术也越来越受到档案部门的推崇和青睐，并在一些有开发实力的企业进行了探索和实践，业已获得了可圈可点的成果和经验。但区块链技术并不是完美的，它在档案管理领域的应用因其技术特性，也会带来与电子档案管理要求的相悖之处。例如，下面这个电子档案加数字水印防扩散与区块链验证技术矛盾的问题。

10.6.1　问题描述

电子档案在计算机系统中作为一种电子数据，具有易复制、易扩散等特点，在一定程度上为数据信息的安全保密带来了不利。很多单位出于信息安全与保密考虑，在电子档案利用过程中，通过管理和技术相结合加强信息复制和散播控制。一方面制定管理制度，规定利用权限、审批流程、利用要求、奖惩措施等，确保档案信息安全；另一方面采用技术手段，如添加数字水印、开发电子档案管理信息系统"防拷屏、防打印、防下载"等功能，甚至上线专门的数据防扩散系统，限制其仅可在特定的网络环境和授权机器上运行，加强电子档案信息管控。

在技术方面，添加数字水印是电子档案防扩散的一种常见方式。为确保电子档案利用过程中的信息安全，除了按照利用制度在系统中设置利用权限并根据权限审批和利用电子档案外，对获得下载许可的，系统可在用户利用电子档案的同时触发数字水印功能，将包含该档案所有者名称、利用者姓名、利用时间等信息的图片以水印形式附加于被利用的电子档案；有的还带有验证信息，水印会因电子档案的篡改而消失。此外，为了实现电子档案真实性保障和全生命周期可追溯，区块链系统还分别与前端业务系统、电子档案管理信息系统相集成，开发应用端数据存证和验证平台，保证电子文件管理过程真实可靠，真实数据可见可得。但在系统运行后发现，区块链虽可解决电子档案的真实性问题，也可实现对电子档案全生命周期管理过程的追溯，却在保障电子档案信息安全，应用数字水印满足电子档案防扩散要求时遇到了麻烦，即加了水印的电子档案在区块链上验证时无法通过，也使得该电子档案全生命周期管理过程无法追溯。

10.6.2　原因分析

1. 数字水印技术的局限性

严格意义上的数字水印技术是通过数字信号处理的方法，在数字化的多媒体数据中嵌入隐蔽的水印标记，可验证数字产品的版权拥有者、识别销售商、购买者或提供关于数字产品内容的其他附加信息，并将这些信息以人眼不可见的形式嵌入在数字图像或视频序列中，用于确认数字产品的所有权以及跟踪侵权行为。档案管理中可应用这种技术，在提供电子档案利用过程中用密钥产生一个水印，并将其嵌入电子档案原始数据，然后提供浏览、下载等利用服务。加过水印的电子档案通过图像处理技术和标准压缩，或经印刷、打印、扫描等模数或数模转换后，使水印仍保持在电子档案之中。当该电子档案出现非法复制、散播时，其所有者即可利用数字水印方法，以从水印版电子档案中获取水印信号为依据，追溯它的来源，从而结合制度规定来保护该电子档案信息安全。

在电子档案管理中常使用数字水印的一种简单方式，就是直接将一张可见的图片置于电子档案上并设为半透明，这种方式也较多应于电子档案防扩散，严格来说，这不算是"数字水印"，更像是用 Photoshop 进行图像处理，在原始图像上增加了一个新图层。通常，一个数字水印算法由水印、编码器、解码器和比较器等部分组成，其中，编码器用于将水印嵌入到对象中，把水印和对象合二为一。除了电子档案本身的原始数据外，新增的图片数据必然对电子档案的原始数据进行了改变，在计算机存储的最底层，加长了该电子档案二进制比特位的长度。

2. 区块链验证技术的局限性

区块链技术从本质上说是一种底层的数据存储技术。存储区块一般由区块头和交易列表两部分组成。区块头主要包括区块链系统版本号、前一区块的父哈希、本区块全部交易的默克尔根哈希、区块生成的时间戳、区块中的交易数、本区块哈希和交易列表。交易列表即为各请求交易节点上传区块链的每笔交易记录。每生成一个新区块，将前一个区块的哈希作为父哈希存入区块头，以此将区块前后串联，形成链式存储结构，从而确保链上存储的每一笔交易数据难以篡改。

在电子档案管理中，业务系统、电子档案管理信息系统分别与区块链系统集成，业务系统中电子文件形成时即触发区块链技术，将其题名、文号、责任者等元数据，以及每一个电子文档或电子文档哈希值上传区块链，将此后电子档案整理、转换、检测、迁移、鉴定等元数据和新生成电子文档或电子文档哈希值上链，并将电子文件自形成后发生改变的一切行为作为交易数据上链，以此来实现对电子档案真实性保障和其全生命周期管理过程可追溯。

电子文档哈希值上链需要先对电子文档进行哈希函数运算，利用哈希函数单向性、抗碰撞性等特点，对电子文档自身的变化情况提供检测能力。众所周知，哈希函数将任意大小的消息（即任意长度的二进制比特位）映射为较小的、固定长度的一个值（即哈希值）。这个值是包含了消息所有比特的函数，即改变消息中任何一个或几个比特都会使哈希值发生改变。大多数哈希函数是一种迭代结构，它将输入的报文（即二进制比特流）

按照一定长度进行分组，最后一个组若长度不足则进行填充，然后再加上一个表示输入报文的总长度分组。由于输入中包含报文长度，所以如果想使输出的哈希值相同，则必须使输入的报文长度也相同。此外，哈希函数建立在压缩函数的基础上，一般将报文分组后，以前一组的输出作为后一组的输入，按照既定规则进行多次迭代，以致报文中任一个比特位改变时都会使其哈希值发生明显变化。因此，对于输入长度不同，或即使输入长度相同但任意一个或几个比特位不同的报文，其输出的哈希值必然不同。

基于上述技术分析，如果对电子档案进行哈希上链，利用时又对其嵌入数字水印，那么必然导致二者矛盾。水印的嵌入，加长了该电子档案二进制比特流的长度，改变了原有分组序列；而哈希函数的抗碰撞性决定了，对于给定的分组序列想找到另一组不同序列而使二者的哈希值相同，在计算上是不可行的。由此，电子档案形成时的哈希值和被利用时嵌入水印后的哈希值必然不同。区块链系统提供一系列哈希形成区块，并将区块首尾相连，在验证和追溯时，通过前后哈希值的比对，必然导致被利用的电子档案的真实性验证无法通过，进而使其全生命周期管理过程也无法追溯。

10.6.3　解决路径探索

为了解决上述问题，试点企业从多角度对解决路径进行了探索，尝试了几种解决方法，如技术上将哈希值嵌入电子文件、哈希报文排除数字水印，业务上增加利用信息上链等，但都因没能真正解决问题而放弃。

1. 将哈希值嵌入电子文件

即将电子文件形成时的哈希值作为元数据嵌入电子文件，添加数字水印后，通过提取该哈希值与链上存储的哈希值进行比对，看二者是否一致，以实现电子档案真实性验证。这种方法虽然解决了添加水印前后电子档案哈希值的一致性问题，却使区块链对电子档案真实性保障也失去了意义。添加水印只是缘于实现电子档案利用防扩散或扩散后便于追溯而对原始电子文件进行改变的一种方式，不排除还存在因其他动机而发生篡改的情况。如果仅为区块链验证而将电子文件形成时的哈希值嵌入电子文件的话，那么无论对原始电子文件改变的动机是否正当，都将顺利通过区块链的验证。也就是说，这种方式虽方便了电子档案加数字水印前后的验证，但也为非法篡改电子档案提供了可乘之机，使其也同加数字水印一样，被区块链验证为未被篡改。因此，这种方法在解决电子档案防扩散和区块链验证问题上并不可取。

2. 哈希报文排除数字水印

即将数字水印写入电子文件格式的特定区域，不作为报文进行哈希运算。以电子档案管理推荐采用的 OFD 文件格式为例。OFD 采用"容器＋文档"的方式描述和存储数据。容器是将各类数据描述文件聚合起来的一个虚拟存储系统，用以提供相应的访问接口和数据压缩方法，其功能通常由一个 ZIP 文件来实现。而文档由多层次组织结构构成，除一个主入口文件外，还包括由文档根节点、数字签名、页文件夹、文档公共或自身资源索引、资源文件夹等构成的多层级组织结构。其中，页文件夹还包含内容描述、资源文件夹（如图片）、页资源描述等内容。OFD 格式的电子档案，其文本数据在 OFD 结构中以 XML 形式存在，图片等资源存于资源文件夹中。若要在 XML 中进行数字签名，是通过间接的方式作用于任意数据对象，即先对数据对象进行哈希运算，将运算后的结果放置在签名元素中，再对得到的元素进行哈希运算并通过密码学方法进行签名。对于一个 XML 可施加多次签名并列于签名列表，一次签名后若再次添加签名，则允许再签名文件不包含在本次签名的保护文件列表，由此实现 XML 的层层签名。那么，为了解决数字水印与验证矛盾问题，若是使用密钥产生的数字水印，则可考虑将签名信息放置在 XML 的签名列表中，当上链或验证需要进行哈希运算时，都将此列表中有关数字水印的签名信息排除。实际上，应用了区块链提供电子档案真实性保障基本没有必要再使用带密钥的数字水印了，它们在真实性保障中起的作用几乎是一样的。若是数字水印的简单方式，仅将一张图片通过透明度调整后作为一个图层附加于电子档案最上层的，则考虑将该图片置于页文件夹之外的资源文件夹中，哈希运算时将该文件夹排除，以此使加水印前后的哈希结果保持一致。

这是一种试图通过纯技术方式来解决问题的方法，通过技术剖析，理论上解释得通，但在现有 OFD 程序中，即使哈希运算可将相关文件夹排除，像电子档案"最后修改时间"等数据还是作为哈希报文的一部分参与了运算，以使水印前后的哈希结果无法一致。这就需要重新开发应用程序，将签名信息或水印图片单独放置在格式文件中的某个位置，上链或验证时要对该部分数据进行哈希运算和排除该部分数据，通过程序代码实现，程序设计相对复杂。但这样的程序设计，虽可解决验证矛盾问题，同时也为篡改电子档案提供了可乘之机。因为既然通过程序可排除水印所在文件夹，如果将篡改电子档案的信息也以这种方式置于相应文件夹中，同样会被程序排除。因此，这种方法在解决电子档案防扩散和区块链验证问题上也是行不通的。

3. 增加利用信息上链

应用区块链系统进行数据存证的选择具有一定原则，一般是电子文件自业务系统形成即触发区块链技术，并后续对电子文件进行改变的一切行为作为交易数据上链存证。因此，要确定哪些数据上链，需梳理电子文件全生命周期管理环节，分析电子文件及其元数据在各环节的变更状态。初始上链的环节不应晚于电子文件办理完结环节，而最后一个环节的数据上链应为电子档案销毁。若电子档案永久保存，则不存在"最后"环节。根据这些要求，需上链的环节至少应包括：办理完毕、接收存储、整理归档、格式转换、数据封装、数据迁移、档案销毁等。档案利用的情况下，利用者只根据权限利用，超出权限的履行审批程序，并未对电子档案本身进行改变，也未影响其元数据管理，通常此环节数据一般无需上链。但为电子档案增加数字水印后却改变了这种情况，在电子档案管理信息系统中若下载了附加水印的电子档案，还要通过区块链系统验证，就需将附加水印的电子档案或其哈希值，以及利用相关元数据上链，并因每次利用时附加水印的不同而每次均需上链，以此来保证每次利用下载的电子档案可通过区块链系统验证。

这是一个从技术上无法实现而从业务方面进行变通的方法，通过增加数据上链环节以保证电子档案或其哈希值验证前后的一致性，是相对能解决问题的一种方式。只是在电子档案管理过程中，发生利用行为相对于其他管理行为来说比较频繁，可能一份电子档案被多人利用，也可能一人利用多份电子档案，还可能一个人多次利用同一份电子档案……如果每人每次利用的每份电子档案都需将相关数据进行上链的话，将会对系统性能、存储空间等产生不良影响，进而为用户利用电子档案带来不好的体验。

10.6.4 解决方法

上述几种路径对试点工作来说，不是行不通就是违背区块链应用原则。试点工作在确定应用区块链技术解决电子文件真实性业务痛点时，就明确了存证选择以"对电子文件进行修改的一切行为作为交易数据上链存证"为原则。如果试点工作为解决上述矛盾问题，也选择将增加利用信息上链的话，这从电子文件全生命周期真实性保障方面并没有对电子文件本身进行修改，作为电子档案的那份文件依然好好地存储在数据库中，利用行为没有对其进行任何改变，这正是与存证选择原则相违背的。

为解决这一矛盾问题，试点工作结合自身实际，选择了一种管理与技术相结合的方式。在管理方面，加强电子档案下载利用权限控制，系统设置利用者在利用权限范围内的电子档案时，如在线利用，可直接打开；如下载利用，则需进行审批。在技术方面，既然"鱼和熊掌不可兼得"，那么就要认清谁是"鱼"、谁是"熊掌"并作出选择。经分析比较，试点工作更倾向于通过技术提供电子档案真实性验证，而电子档案防扩散可以通过其他方式予以保障。由此，系统设置在利用者下载电子档案时不加数字水印，但要对每次下载审批及下载行为进行记录，形成电子文档，进入电子全宗卷（有关内容见第15 章）并按照全宗卷规范进行管理，同时上链存证，以达到一旦发生电子档案扩散时可进行追溯的目的。这样，既解决了区块链系统验证与数字水印之间的技术矛盾，同时也遵循了试点工作应用区块链技术保障电子文件或电子档案真实性的原则，与其他几种解决方案相比，可以说是一种适当回避的权宜之策。

基于应用区块链管理电子档案过程中遇到的电子档案加数字水印防扩散和区块链验证相矛盾的问题，作者进行了上述思考和初步探索，在此总结下来，可能并不算成功解决问题，但也作为一种经验供读者参考。上述原因分析和路径也可能存在着不全面、不准确的情况，相信不断创新发展的应用实践定会对其进行修正和完善，并探索出更加完备的解决方案。实际上，这一矛盾并不只出现在应用区块链技术验证电子文件真实性上，应用电子签名技术提供电子文件真实性验证的，这一矛盾问题同样存在。

第11章 智能鉴定

鉴定是档案管理工作的重要环节。多年来，档案鉴定工作完全依靠人工完成，工作量较大。特别是归档鉴定，在当前数字经济快速发展的形势下，电子文件大量生产，电子文件归档鉴定工作量在原有基础上明显增加。在电子档案管理信息系统中，通过一定方式实现档案鉴定智能化，对于提高工作效率，实现电子档案全流程自动化管理具有重要意义。

在分析当前档案智能鉴定普遍做法的基础上，结合计算机系统中常用的黑白名单技术原理，论文《基于黑白名单的档案智能鉴定方法研究》介绍了一种综合档案鉴定要求和大数据建设思想的"黑白名单鉴定法"❶，并辅以程序流程图、伪代码和黑白名单作进一步说明，提出此方法在电子档案管理信息系统中的实现方式和有关要求等。试点工作中，某企业集团将此方法设计付诸实践，旨在验证此方法的实用性，及时修正不科学、不适用之处，以期真正解决电子档案智能鉴定的实际问题。

11.1 方 法 设 计

基于计算机黑白名单技术，以办公自动化系统形成电子文件为例，设计"黑白名单鉴定法"用于实现电子文件归档的智能鉴定。

11.1.1 黑白名单鉴定法

11.1.1.1 总体思路

将办公自动化系统形成的电子文件按照文件类型进行划分，以"发文""收文""签报"三类为例。对每一类电子文件的元数据值设定规则并判断是否属于某名单来确定其保管期限。对于10号令规定"可"不归档的五种情形，按照归档并保管期限"10年"处理。

1. 发文鉴定方法和流程

按照10号令要求和档案管理"以我为主"的原则，本企业形成文件材料的价值应普遍高于外来文件材料的价值。因此，本企业形成文件材料的保管期限应主要集中在"永

---

❶ 此鉴定法中"黑白名单"与计算机系统中常用的黑白名单是不同的，鉴定法中的"黑白名单"主要是为了判断文件的大部分还是小部分，这与计算机系统中常用的"名单"基本是一致的，主要用于对比和判断，而不是像计算机系统中的"黑白名单"一样，主要用于判断后的通过还是不通过。

久"和"30 年"。设计鉴定方法和流程如下：

第一步，鉴定保管期限为"10 年"的电子文件。先通过分词系统提取文件题名关键词，与黑名单 1 中的词汇进行匹配，如匹配结果符合，则直接赋予该文件保管期限为"10 年"；如匹配结果不符合，继续进行第二步。

第二步，判断电子文件内容是否与人、与资本（资产）等有关。按照 10 号令要求，与人、与资本（资产）有关的文件材料应保存为"永久"。此类文件材料判断发文部门是否为"人力资源部""资金管理部""财务管理部"等部门。这些部门大部分职能形成的文件材料应为"永久"，部分非永久的文件材料通过黑名单 2 排除。

第三步，对于非与人、与资本（资产）等有关的文件材料，即由其他部门形成的文件材料，先进行文件级别判定。一般在办公自动化系统发文时，使用公司发文流程的文件内容普遍重要于部门发文流程的文件内容。因此，大部分公司级文件可鉴定为"永久"，个别应 30 年的文件材料通过黑名单 3 排除；同时大部分部门级文件可鉴定为"30 年"，个别应鉴定为"永久"的文件材料通过白名单 1 调整保管期限为"永久"。

发文鉴定流程如图 11.1 所示。

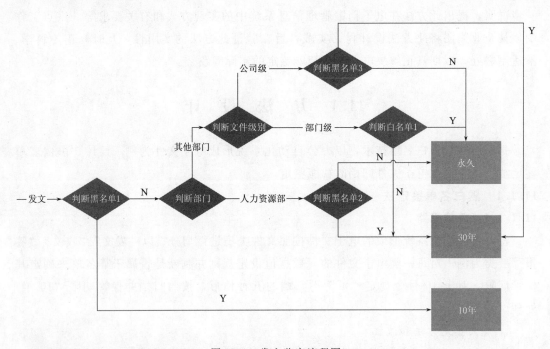

图 11.1　发文鉴定流程图

2. 收文鉴定方法和流程

与发文相反，外来文件材料的价值相比本企业形成文件材料的价值普遍偏低。因此，外来文件材料的保管期限应主要集中在"30 年"和"10 年"。设计鉴定方法和流程如下：

第一步，判断来源。先判断外来文件是本企业下属单位来文还是外单位来文。本企业下属单位来文在一定程度上可视同为本企业内部产生。按照 10 号令要求和"以我为主"的原则，下属单位来文应主要鉴定为"30 年"。

第二步，判断下属单位来文文种是否为"请示"。下属单位来文中，应将有批复的请示件的保管期限调整为"永久"。对于个别没有批复的请示文件，可能有重要批示或口头回复，按照不低于 10 号令的规定，也可鉴定保管期限为"永久"。报告、通知（抄送）等其他来文可一律鉴定为"30 年"。

第三步，对于外单位来文可通过提取领导批示"办理""阅办"等关键词来判断此文件是需办理还是传阅。一般办理的外单位来文可鉴定为"30 年"，无需办理的可鉴定为"10 年"。但其中不排除个别外单位来文是针对本企业的批复，或普发的表彰本企业及有关人员的决定、通报、通知等，此部分文件通过白名单 2 和摘要（或全文）分词匹配本企业及下属单位名称，调整保管期限为"永久"。

收文鉴定流程如图 11.2 所示。

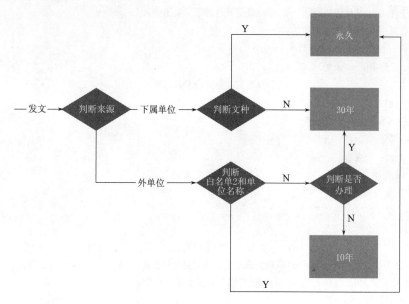

图 11.2　收文鉴定流程图

3. 签报鉴定方法和流程

签报主要用于公司内部向领导请示或报告事项，一般由部门产生，经领导批示后办理或请领导阅知。因此，签报的鉴定方法可与部门级发文的鉴定方法类似，可将绝大部分内部签报鉴定为"30 年"，个别签报可通过白名单 3 调整保管期限为"永久"。签报鉴定流程如图 11.3 所示。如果有企业认为部门签报因由企业内部产生，并经高层领导签批而具有更高保存价值的话，那么将此部

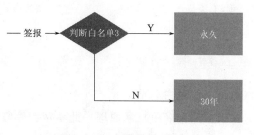

图 11.3　签报鉴定流程图

分文件全部鉴定为"永久"也未尝不可。

11.1.1.2 伪代码示意

以全宗名称为"某集团公司"总部为例，上述思路可用伪代码示意如下（非代码实现逻辑）：

```
if 文件类型＝＝"发文"
if 分词(题名)like 黑名单 1
  then 保管期限＝"10 年"
else
  if 部门名称＝＝"人力资源部"          //先鉴定人力资源部发文
    if 分词(题名)like 黑名单 2
      then 保管期限＝"30 年"
      else 保管期限＝"永久"
  else
    if 责任者＝＝"某集团公司"          //鉴定其他部门发集团公司文
      if 分词(题名)like 黑名单 3
        then 保管期限＝"30 年"
        else 保管期限＝"永久"
    else                          //鉴定其他部门发部门文
      if 分词(题名)like 白名单 1
        then 保管期限＝"永久"
        else 保管期限＝"30 年"
if 文件类型＝＝"收文"
if 责任者 like 下属单位名单          //鉴定下属单位来文
  if"请示"like 分词(题名)
      then 保管期限＝"永久"
      else 保管期限＝"30 年"
else                            //鉴定其他单位来文
  if 分词(题名)like 白名单 2 and 分词(摘要或全文)＝＝"某集团公司"
  elseif 分词(题名)like 白名单 2 and 分词(摘要或全文)like 下属单位名单
    then 保管期限＝"永久"
  else
    if"办理"like 处理意见 or"阅办"like 处理意见
      then 保管期限＝"30 年"
      else 保管期限＝"10 年"
if 文件类型＝＝"签报"              //鉴定内部签报
if 分词(题名)like 白名单 3
  then 保管期限＝"永久"
else 保管期限＝"30 年"
```

11.1.1.3 黑白名单

根据黑白名单技术原理，此鉴定程序需建立黑白名单如下：

（1）鉴定程序所需名单见表 11.1。

表 11.1   鉴定程序所需黑白名单

状态	永久	30 年	10 年
发文	白名单 1	黑名单 2、黑名单 3	黑名单 1
收文	白名单 2		
签报	白名单 3		

（2）黑白名单值域及关系见表 11.2。

表 11.2   黑白名单值域及关系（举例）

名单名称	名单值域及关系（示例）
黑名单 1	合理化建议、学术交流、安全教育、消防教育、应急演练
	{半年、季度、×年×月、生产、}×❶{计划、统计、分析、报告}
	{(产品或服务名称)(物资名称)}×{市场、技术、分配、预测}×{调查、考察、调研、报告、计划}
黑名单 2	培训、信息系统
	{财务、资本、资产}×{计划、通知、调研}
黑名单 3	(根据公司发文实际结合档案保管期限表设定)
白名单 1	(根据部门发文实际结合档案保管期限表设定)
白名单 2	批复、表彰、处分
白名单 3	调动、岗位调整、提职、分红、补助、基金、选聘、增资、股权、债权、债券
下属单位名单	(根据下属单位实际设定)

11.1.2　在系统中的实施

黑白名单鉴定法在电子档案管理信息系统中实施时，要注意设计好放置的系统模块和设定触发条件，并对该模块初次运行时使用的参数进行初始化，以及对被参数调用的黑白名单进行维护，以保证该方法在电子档案管理信息系统中被正确使用。

11.1.2.1　放置模块

黑白名单鉴定法作为一种计算机智能鉴定方法，必须通过软件模块嵌入电子档案管理信息系统才能实现。黑白名单鉴定法比较适用于归档鉴定，宜实施在电子档案管理信息系统的收集模块，具体流程应在"四性"检测通过后，置于电子文件归档整理的第一步，即分类前，具体如图 11.4 所示。

11.1.2.2　触发条件

根据电子文件归档整理工作流程，电子文件归档鉴定应在完成"四性"检测之后进行，未完成"四性"检测的电子文件元数据可能会发生改变。因此，黑白名单鉴定应以

---

❶ "×"表示两个集合的笛卡尔积。如有集合 A 和集合 B，则 $A \times B = \{(a,b) | a \in A, b \in B\}$，也就是说，这个集合是 A 中的元素和 B 中的元素两两搭配形成的有序元素对的集合。

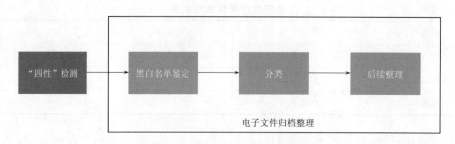

图 11.4　黑白名单鉴定程序放置模块

"四性"检测的完成作为触发条件。

11.1.2.3　名单维护要求

为保证黑白名单鉴定的正确率,当遇有名单中的信息发生变化时,应对名单予以维护。特别是发生以下情况时,要及时更新有关信息。

(1)企业组织机构调整,包括部门名称变化、职能调整等,以及上级主管部门和有关单位名称变化,均应在黑白名单中及时反映出来。

(2)国家关于档案鉴定要求发生变化,特别是国家关于档案鉴定的原则变化时,也应对名单进行维护和调整。假如国家要求将年度工作计划类文件材料一律划分为"永久",那么就需要把"年度"并"计划"这两个关系词调整至"永久"的白名单中。

(3)其他可能影响档案价值变化的情况,如行文规则的变化,也应及时对名单进行维护。

11.1.2.4　初始化要求

初始化是指软件首次运行的参数设置要求,参数越多的软件初始化越重要。黑白名单鉴定法依据黑白名单设置参数,在电子档案管理信息系统首次运行该功能时,需要进行首次鉴定前的初始化设置,设置方法具体见"11.1.1.3 黑白名单"中的有关内容。

参数初始化时还需考虑名单中使用的信息词汇需与业务系统(即来源系统)中的电子文件元数据相统一。如在管理类电子文件的归档鉴定中,黑白名单中有部门名称、文种、关键词等,而归档电子文件中的这些内容均在业务系统形成,这就要求黑白名单鉴定法所用名单中的部门名称、文种、关键词等与业务系统中的元数据一致,否则也无法保证鉴定的正确率。

11.2　方法实现与改进

11.2.1　流程改进

上述智能鉴定方法只是建立在方法论上,要想在计算机系统中实现,还需按照软件开发流程进行系统分析、设计、编码、测试等。方法实现时,由电子档案管理信息系统按照发文、收文、签报鉴定方法和流程,分别获取元数据中的"文件类型"(数据库属性:文件类型)、"题名"(数据库属性:题名)、"摘要"(数据库属性:摘要)、"责任者"

（数据库属性：责任者）、"文种"（数据库属性：文种）、"机构或问题"（数据库属性：部门）、"文号"（数据库属性：文号）、"办理方式"（数据库属性：办理方式）等字段的值，按照各个流程设计的逻辑规则为电子档案的"保管期限"赋值。

11.2.1.1　发文流程

由于上述黑白名单（表11.2）中出现"×"符号，意为迪卡尔积运算，即集合为取该符号前后两个集合中的元素两两搭配形成的有序元素对构成。而在数据库中，不论并、交、差、笛卡尔积等哪一种集合运算，都只能将一个集合作为一个元组❶与另外一个集合作为另一个元组进行运算，而不能将多个集合作为一个元组来运算。因此，需要将方法设计中的黑名单1、黑名单2进行拆分，并按原名单位置依次排入流程图。调整发文流程如图11.5所示。

此外，由于试点企业境外业务的不断拓展和档案鉴定要求的变化，境外档案重要性凸显，最新实施的档案保管期限表对与境外业务有关的档案保管期限全部调整为"永久"，那么，档案智能鉴定流程及黑白名单也应当进行维护和调整。

发文流程判断步骤说明如下：

（1）取元数据"题名""摘要"字段的值，如果包含"外国名单"中的信息，则赋予"保管期限"为"永久"，否则继续下面的判断。

（2）取元数据"题名""摘要"字段的值，如果包含"发文黑名单1"中的信息，则赋予"保管期限"为"10年"，否则继续下面的判断。

（3）取元数据"题名""摘要"字段的值，如果包含"发文黑名单3"中的信息，则赋予"保管期限"为"10年"，否则继续下面的判断。

（4）取元数据"题名""摘要"字段的值，如果包含"发文黑名单4"并且包含"发文黑名单5"并且包含"发文黑名单6"中的信息，则赋予"保管期限"为"10年"，否则继续下面的判断。

（5）取元数据"机构或问题"字段的值，如果在"重要部门名单"中，再取元数据"题名""摘要"字段的值，看是否包含"重要部门永久黑名单1"中的信息，如果是，则赋予"保管期限"为"30年"，否则继续下面的判断。

（6）取元数据"机构或问题"字段的值，如果在"重要部门名单"中，再取元数据"题名""摘要"字段的值，看是否包含"重要部门永久黑名单2"并且包含"重要部门永久黑名单3"中的信息，如果是，则赋予"保管期限"为"30年"，如果否，则赋予"保管期限"为"永久"。

（7）如果"机构或问题"字段的值不在"重要部门名单"中，则判断文件的级别，如果"文号"中包含"公司名称清单"中的信息，则为"公司级文件"，否则为"部门级文件"。

---

❶　元组是关系数据库中的基本概念，关系是一张表，表中的每行（即数据库中的每条记录）就是一个元组，每列就是一个属性。在二维表里，元组也称为行。

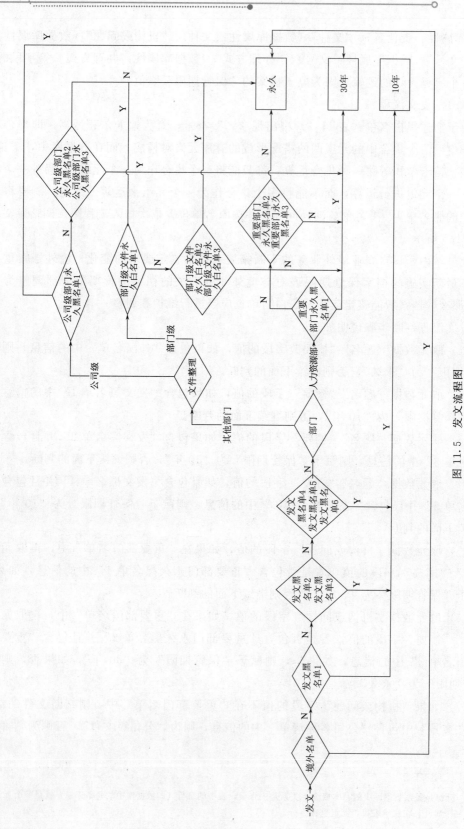

图 11.5　发文流程图

（8）"公司级文件"的档案，取元数据"题名""摘要"字段的值，如果包含"公司级文件永久黑名单1"中的信息，则赋予"保管期限"为"30年"，否则继续下面的判断。

（9）"公司级文件"的档案，取元数据"题名""摘要"字段的值，如果包含"公司级文件永久黑名单2"并且包含"公司级文件永久黑名单3"中的信息，则赋予"保管期限"为"30年"，否则赋予"保管期限"为"永久"。

（10）"部门级文件"的档案，取元数据"题名""摘要"字段的值，如果包含"部门级文件永久白名单1"中的信息，则赋予"保管期限"为"永久"，否则继续下面的判断。

（11）"部门级文件"的档案，取元数据"题名""摘要"字段的值，如果包含"部门级文件永久白名单2"并且包含"部门级文件永久白名单3"中的信息，则赋予"保管期限"为"永久"，否则赋予"保管期限"为"30年"。

11.2.1.2 收文流程

收文流程较方法设计中的流程没有太多改动，只是因境外档案保管期限调整为"永久"，将原流程进入第一步判断前，增加判断是否为境外业务档案。微调收文流程如图11.6所示。

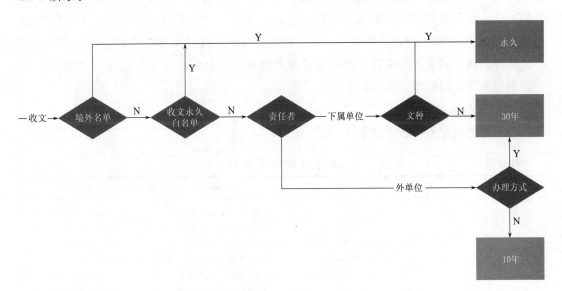

图11.6 收文流程图

收文流程判断步骤说明如下：

（1）取元数据"题名""摘要"字段的值，如果包含"境外名单"中的信息，则赋予"保管期限"为"永久"，则继续下面的判断。

（2）取元数据"题名""摘要"字段的值，如果包含"收文永久白名单"中的信息，则"保管期限"为"永久"，则继续下面的判断。

（3）取元数据"责任者"的值与"下属单位名单"的列表进行比对，如果是名单中的单位，则取元数据"文种"字段的值，如果"文种"的值为"请示"，则赋予"保管期限"为"永久"，否则赋予"保管期限"为"30年"。

（4）如果"责任者"的值不在"下属单位名单"中，那么取"办理方式"字段的值，当该值为"阅办"时，则赋予"保管期限"为"30年"；当"办理方式"字段的值不为"阅办"时，则赋予"保管期限"为"10年"。

11.2.1.3 签报流程

签报流程未有改动，与方法设计中的流程一致。签报流程如图11.7所示。

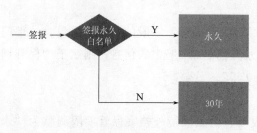

图11.7 签报流程图

签报流程判断步骤说明如下：

取元数据"题名""摘要"字段的值，看是否包含"签报永久白名单"中的信息，如果是，则赋予"保管期限"为"永久"，否则赋予"保管期限"为"30年"。

试点工作中还将办公自动化系统形成的"工作联系单"电子文件也进行了归档，因"工作联系单"仅用于企业内部各部门联系工作用，多为多部门为了协同完成某项工作任务而由牵头部门对其他部门发文，因此，将此类文件一律鉴定为"30年"。系统仅判断文件类型为"工作联系单"，即赋予"保管期限"为固定值"30年"。

此外，对于试点工作中涉及的外事管理系统电子文件归档鉴定，由于与"境外"相关，所以系统全部赋予"保管期限"为"永久"。

11.2.2 黑白名单改进

（1）智能鉴定所需名单见表11.3。

表11.3　　　　　　　　　智能鉴定所需名单

文件类型	永久	30年	10年
发文	境外名单 部门级文件永久白名单1 部门级文件永久白名单2 部门级文件永久白名单3	重要部门永久黑名单1 重要部门永久黑名单2 重要部门永久黑名单3 公司级文件永久黑名单1 公司级文件永久黑名单2 公司级文件永久黑名单3	发文黑名单1 发文黑名单2 发文黑名单3 发文黑名单4 发文黑名单5 发文黑名单6
收文	境外名单 收文永久白名单 子企业名单	子企业名单	
签报	签报永久白名单		

发文：外国名单、发文黑名单1～6、重要部门名单、重要部门永久黑名单1～3、公司级文件永久黑名单1～3、部门级文件永久白名单1～3。

收文：外国名单、子企业名单、收文永久白名单。

签报：签报永久白名单。

（2）黑白名单值域及关系见表11.4。

表 11.4　　　　　　　　黑白名单值域及关系（示例）

名单名称	名单值域及关系（示例）
境外名单	境外、国外、海外、（开展业务的国家和地区名称）
发文黑名单1	合理化建议、学术交流、安全教育、消防教育、应急演练、感谢信、感谢函、拜访函、活动、贺信、情况通报、简报
发文黑名单2	半年、季度、×年×月、生产
发文黑名单3	计划、统计、分析、报告
发文黑名单4	（产品或服务名称）（物资名称）
发文黑名单5	市场、技术、分配、预测
发文黑名单6	调查、考察、调研、报告、计划
重要部门名单	人力资源部、财务管理部、资金管理部
重要部门永久黑名单1	培训、信息系统
重要部门永久黑名单2	财务、资本、资产
重要部门永久黑名单3	（略）
公司级永久黑名单1	转发、函
公司级永久黑名单2	呈报、报送、商请支持、协助办理
公司级永久黑名单3	（略）
部门级永久白名单1	董事会、股东会、监事会、总经理办公会、党政联席会、年度工作会、专题会、（重要会议名称）
部门级永久白名单2	表彰、表扬、处分
部门级永久白名单3	（略）
收文永久白名单	批复、（本单位名称）
子企业名单	（子企业全称）（子企业简称）
签报永久白名单	董事会、监事会、股东会、调动、岗位调整、选聘、增资、融资、上市、股票、股权、债权、债券、债务、投资、资产、产权

11.2.3　增加值域配置功能

为了保证黑白名单鉴定法的正确率，当遇有名单发生变化，应立即对名单值域信息予以维护。一般情况下，名单的值域信息被置于数据库中，以数据表的形式，作为其属性值。数据表属性值往往在数据库开发时即设定好，其后的调整也需要数据库管理员登录数据库系统才能对其增加、删除或修改。而增删改值域信息在智能鉴定过程中可能是时常发生的，可能随时会被档案人员提出，如果每次都要找数据库管理员来处理，则为这项工作带来诸多不便。

试点工作中，将黑白名单的值域配置功能增加于电子档案管理信息系统，档案人员可根据档案鉴定工作需要和变化需求，于前端窗口动态配置黑白名单值域信息，随时增删改其中的关键字，使黑白名单灵活可变，为该智能鉴定方法得以更好地应用提供了便利。

11.3　鉴 定 结 果

对于智能鉴定的应用，试点企业十分注重鉴定结果的正确率。既然应用计算机实现智能鉴定，那么鉴定结果的正确率就必须达到一定指标以上。该试点企业认为，智能鉴定的正确率能否达到99％，决定着这一智能鉴定方法是否可用。如果智能鉴定的正确率达到99％及以上，这一方法可用，另不到1％的错误如果是保管期限判断低了，则可由到期鉴定来处理，如果是判断高了，对于电子形式的文件存储来说，也只是多了一点点的存储空间，可以忽略不计。如果智能鉴定的正确率达不到99％，那么这种方法就值得商榷，甚至不可用。

从智能鉴定的使用目的上来说，使用这一方法是为了代替人工鉴定，如果它的鉴定正确率太低，则必须辅以人工鉴定作为补充。比如说，一年归档的电子文件有10000件，当智能鉴定的正确率为90％时，即有9000件档案鉴定的结果是正确的，另1000件档案鉴定的结果是错误的。那么按照鉴定工作的要求，就需要人工将那1000件智能鉴定错误的档案找出来，把它们改正确。这个找的过程，必须人工将所有经过智能鉴定的那10000件档案全部再鉴定一遍，否则，根本无法知晓哪些档案鉴定错误。这种情况，智能鉴定在档案鉴定过程中根本没能起到任何作用，可能还会因"修改"部分档案保管期限而为人工增加一定的工作量。

由此，可以说，档案智能鉴定的正确率达到99％及以上，就相当于100％；如果档案智能鉴定的正确率不达99％，那就相当于0。因此，在应用本章所述的档案智能鉴定方法时，应当对鉴定结果的正确率倍加关注，以决定这一智能鉴定方法是否可用。

档案智能鉴定正确率的得出可使用样本抽样的方法进行多次测试。为保证测试样本可代表样本总量，抽样时应当分别于不同批次归档电子文件中进行抽取，同时在更高正确率的鉴定结果下，还应适当增加样本抽取数量，以确保得到的测试结果与实际结果更为接近。例如，第一次测试时，抽取鉴定过的发文、收文、签报各100件（工作联系单直接赋予一种保管期限，无需测试），再由人工检查其保管期限的正确性。智能鉴定正确率第一次测试结果见表11.5。

表 11.5　　　　　　　　智能鉴定正确率第一次测试结果

文件类型	样本/件	正确/件	错误/件	正确率/％
发文	100	68	32	68
收文	100	87	13	87
签报	100	95	5	95
合计	300	250	50	83.3

此结果表明，这一智能鉴定方法暂不可用。可能的原因有流程设计错误、代码实现错误、黑白名单使用错误、名单值域不合理等，需要对其进行分析并修正。那么，汇总正确率最低的发文鉴定结果，将鉴定错误的发文由人工按照设计流程及黑白名单进行走查，发现走查的结果与系统赋予的结果并不一致，由此基本可将发文鉴定正确率低的原因指向代码实现。同理，汇总错误收文、错误签报的鉴定结果，均发现二者鉴定正确率低的原因是黑白名单值域不合理。经对程序代码和名单值域调整后，再次抽取样本进行测试。智能鉴定正确率第二次测试结果见表 11.6。

表 11.6　　　　　　　　　智能鉴定正确率第二次测试结果

文件类型	样本/件	正确/件	错误/件	正确率/%
发文	200	188	12	94
收文	150	142	8	94.7
签报	150	148	2	98.7
合计	500	478	22	95.6

此结果表明，这一鉴定方法距离 99% 的正确率还稍有差距，还需再次分析和修正。修正的主要方向为黑白名单值域设计上。经对名单值域的多次调整，再抽取样本进行测试，得到最后一次测试结果见表 11.7。

表 11.7　　　　　　　　　智能鉴定正确率最后一次测试结果

文件类型	样本/件	正确/件	错误/件	正确率/%
发文	500	494	6	98.8
收文	300	298	2	99.3
签报	200	200	0	100
合计	1000	992	8	99.2

至此，上述智能鉴定方法经多次调整，终于实现了高于 99% 的鉴定正确率，可将其应用程序集成于电子档案管理信息系统中，应用于电子文件归档鉴定环节，通过计算机自动赋予保管期限，彻底解放了人力。

试点工作中，测试和分析办公自动系统归档电子文件中 16000 余件电子档案智能鉴定结果，经反复调整、校验流程和黑白名单数据项及关键字，实施越来越完善的黑白名单过滤策略，最终使鉴定正确率达 99% 以上，满足了该智能鉴定方法使用的前提条件。以试点工作归档电子文件 20 余万件计算，人工鉴定比例仅为 8%，大大节省了人力劳动，在后续归档工作中还将使这一比例继续降低。

当然，智能鉴定的正确率不是一成不变的，它将随着档案鉴定要求的变化而变化，特别是国家关于档案鉴定的原则变化时，不但需要对名单进行维护，可能还需要对流程进行调整，届时，还需按照上述过程测试智能鉴定的正确率，直到符合要求为止。

第 12 章 　 电 子 档 案 长 期 保 存

随着业务系统电子文件源源不断的形成，电子档案也不断向档案部门汇集，电子档案的长期保存成为了档案工作中最重要的内容之一。电子档案长期保存相对于普通的计算机数据，具有需要超长的保存周期、严格的保存要求、复杂的数据形态、超大的数据量级等特点，致使电子档案长期保存工作面临着较大的挑战。例如，电子档案可以重复"擦写"或可以被不留痕迹地修改，电子档案各组成部分的关系被破坏，计算机技术变革导致电子档案存储介质或内容信息无法读取、电子档案被技术平台"绑定"无法迁移等。此外，还包括灾害灾难威胁、人为盗取或误操作、病毒的破坏、存储设备故障、存储介质损坏导致电子档案损毁等。

试点工作中，同样遇到电子档案长期保存的挑战，试点企业基于计算机技术制订了一系列电子档案长期保存策略，包括格式转换、保存多套（份）数据、采用光、电两种介质存储、数据迁移等。

12.1 　 格 式 转 换

既然电子档案长期保存可能需要格式转换，那么在电子文件归档时，首先就要求电子文件格式可转换。能够支持本格式向电子档案长期保存格式转换，也能够支持过时的长期保存格式向新的长期保存格式转换。

12.1.1 　 长期保存格式的特征

长期保存格式应当具有格式开放、不绑定软硬件、格式自包含、格式自描述、固定显示、持续可解释、持续可用、易存储等特征。

格式开放：有公开发表的相应标准和技术规范；没有专利和许可的限制；有与产品无关的技术专家组和标准化组支持该格式。

不绑定软硬件：能被多种操作系统和应用软件支持；支持多种存储技术，或与存储技术无关；当用户不能使用指定产品软件时，可使用已有的插件读取；使用与设备无关的颜色规范实现准确打印和再现，不必考虑软硬件平台。

格式自包含：文件呈现的全部信息完全自包含，不包含指定版本的格式之外的内嵌对象；不包含外部对象的链接。

格式自描述：用标准格式（通常是 XML）设置元数据，描述对象的属性特征，满足管理、保存、描述的需求。

114

固定显示：维持固定的文件页面、章节、段落的逻辑组织结构，不因软硬件平台和阅读器变化而变化；以自然阅读顺序提供文本，以便文件能用基本文本编辑工具阅读。

持续可解释：不包含加密协议，也不包含加密选项。

持续可用：支持无损压缩；在压缩协议中不使用分辨率的缩减取样。

易存储：格式紧凑，数据结构合理，数据占用字节数少；支持在一个文件中容纳大量数据，不必把数据拆分成块；具有聚合能力，可以把几个相关的数字对象聚合到一个文件中。

12.1.2 长期保存格式选择原则

长期保存格式的选择除了格式应具备上述特征以外，还应遵循以下原则。

通用性：符合相关的国际标准、国家标准或技术规范；被广泛应用和支持，采用的技术成熟、稳定，具有较强的生命力。

信息安全：符合国家信息安全政策，规避技术壁垒，维护信息安全。

代价最小：选定的长期保存格式尽可能使电子文件的管护成本最小化，这些成本包括使用、维护该格式软件费用、相关格式转换费用及人员培训费用等。

限量：符合长期保存特性需求的电子文件格式的数量可能是无限增长的，但特定电子文件保存场所能接受的电子文件长期保存格式数量应是有限的。

可扩展：当某类电子文件没有合适的长期保存格式时，可采用工业标准格式作为长期保存格式。

一致性评估：认定电子文件长期保存格式，需要经过标准一致性评估。

12.1.3 长期保存格式转换

试点工作中，按照长期保存格式特征和选择原则，对不符合长期保存格式要求的电子档案按照以下选择的格式进行转换。

将 doc、wps、xls、ppt、jpeg、tiff 等格式的文本、静态图片类电子档案，转换为 OFD 版式文件进行长期保存。

非文本、静态图片类电子档案中，将音频档案转换为 wav、mp3 格式；视频档案转换为 mpg、mp4、flv、avi 格式；数据库转换为：et、xls、xml、dbf 格式；电子邮件转换为 eml 格式；图形类二维矢量文件转换为 svg、swf、wmf、emf、eps、dxf 格式；图形类三维矢量文件转换为：step 格式。

非通用格式电子文件，尽量在归档前转换为通用格式，如无法转换，则同时将专用软件同时归档，并注明软硬件环境和各种相关数据。

12.1.4 OFD 格式转换注意事项

OFD 拥有自主知识产权的标准，满足长期保存格式要求。从国家安全角度考虑，试点工作使用 OFD 版式文件作为电子档案长期保存格式，对办公自动化系统电子文件全部进行转换，对外事管理系统数据直接生成 OFD 版式文件进行归档，但这一做法是结合试点企业自身实际情况的，并不意味着其他单位都可以这样做。每家单位在对电子档案作 OFD 格式转换前，要根据自身实际对是否转换、哪些转换、如何转换、何时转换等方面做出决策。

（1）区分格式。进行 OFD 格式转换，并不意味着所有的电子档案都要转换，而要区分其格式。具体来说，有些电子档案源格式本身就是长期保存格式，而且包含了文件形成过程中的相关信息，统一转换为其他的长期保存格式没有必要，还可能会丢失相关信息；有些电子档案源格式本身不适合转换，如果强行转换，可能为日后的利用带来不便；有些文件格式目前还不支持转换为 OFD 格式，也无法进行有效转换。因此，在进行 OFD 转换时应当作出选择，优先转换那些不适合长期保存的流式文档，如 doc、xls、ppt 等。

（2）区分电子档案价值。如某一批 word 格式的电子档案，因为价值相对较低、保管期限较短且利用较少，若转换，需要同时保留源文件和新增的 OFD 格式文件，必将带来存储成本的增加，因此没有转换必要。

（3）选择转换时间。对于已入库的电子档案，可按批次逐步转换；对于增量电子档案，可在归档的同时进行转换。

（4）分批分类转换。当某一批次格式转换文件较多时，为保证转换质量，最好分批次进行转换。

（5）制定转换策略。进行 OFD 格式转换时需要读取文件内容，由于不同格式文件的构成各不相同，如 txt 格式以纯文本形式存在，而 ppt 格式一般包含图形图像和文本，因此转换的效果也不相同，这就需要综合考虑各类格式文件的特性，有针对性地制订转换策略。

（6）转换格式处理。OFD 格式转换后，会形成源格式和 OFD 格式两种格式文档。其中源格式最能体现电子档案的"四性"特征，一般要继续妥善保存。OFD 格式作为版式文档，主要用于利用和长期保存。如果 OFD 格式的应用条件在本单位还不成熟，那么可将源格式同时转换为 OFD 和本单位使用条件成熟的格式，将 OFD 格式作为长期保存格式、将成熟格式作为利用格式，就像试点企业将 OFD 格式作为长期保存格式，CEB 格式作为利用格式一样。

12.2 长 期 保 存 策 略

12.2.1 长期保存电子档案管理

除了对电子档案进行长期保存格式转换外，长期保存系统对保存其中的电子档案还实施以下管理策略。

（1）入库"四性"检测。电子档案在进入长期保存库时，需要对电子档案及其元数据的封装包进行"四性"检测，严防不符合长期保存要求的电子档案进入长期保存库。具体参见第 9 章。

（2）"四性"检测巡检。电子档案在长期保存过程中，对其进行定期和不定期的"四性"检测巡检，具体参见第 9 章。每年对长期保存电子档案进行一次全面检测；每季度进行一次人工抽检，抽检比例不低于 5%。

（3）数据库设置。除数据迁移等操作之外，长期保存系统数据库对其中的数据设置只读操作，不允许任何修改、删除操作。

（4）数据迁移。根据每年对电子档案的可读性检测结果，如存在因系统软件、硬件或其他技术升级、变动出现电子档案不可读取的风险，则对电子档案进行迁移。迁移前应进行迁移可行性评估，包括目标载体、系统、格式的可持续性评估、成本评估等，保证迁移过程中电子档案真实性保障，过程可控。对迁移过程元数据进行记录并上链存证。

12.2.2　长期保存环境与载体管理

根据电子档案长期保存需要，建设电子档案长期保存系统，其存储环境与载体应满足以下管理要求。

（1）存储环境。对电子档案的各类存储、备份设备进行登记；对各类存储设备存储空间进行管理；对各个存储系统的备份策略进行登记，具体操作由专业备份软件完成；对历次重要备份和恢复情况进行登记等。

（2）备份载体。电子档案在线存储载体按照备份的要求生成逻辑盘；在权限允许的前提下下载逻辑盘中的数据，并进行物理组盘操作。对离线存储载体的基本信息和存储位置进行登记；对载体检测情况进行记录，具体检测操作通过第三方专业设备在系统外进行。离线的光盘存储载体管理参照《电子文件归档光盘技术要求和应用规范》（DA/T 38）要求进行。

12.2.3　长期保存安全管理

长期保存系统作为电子档案管理信息系统的一部分，共同参与有关安全管理认证，达到信息系统安全等级保护二级标准。相关内容见第 16 章 16.1 节。

12.3　备　份

电子档案备份采用"321"组合备份策略，其中的"3"是指保存 3 套电子档案数据。由于在长期保存过程中积累的大数据量的电子档案，当其中 1 套损坏时，恢复起来往往需要较长的时间，有时可能长达几十个小时，如果数据恢复过程中只有 1 套电子档案可用，其面临的风险比较大。而保存 3 套电子档案数据，当其中 1 套损坏时，仍有 2 套是完好的，以此大大降低了数据毁损和丢失的风险。"321"中的"2"是指对各套电子档案数据采用磁和光 2 种不同的存储介质保存。相同类型的存储介质具有相似的寿命曲线，如果多套电子档案均采用相同类型的存储介质，则可能在短时间内多套存储介质集中出现问题而引发数据安全风险。同时，大量的电子档案使用同一种存储介质保存也存在一定的技术风险。"321"中的"1"是指制作 1 套电子档案离线备份。《电子文件归档与电子档案管理规范》（GB/T 18894）中要求至少应制作 1 套电子档案离线存储介质，重要的电子档案可考虑制作第 2 套离线存储介质异地保存。如果不制作电子档案的离线备份而完全采用在线存储和备份，则遭遇病毒破坏或非法侵入时，多套电子档案数据有可能同时受到破坏，增大了安全风险。

12.3.1　在线备份

长期保存电子档案的在线备份，由试点企业信息系统运维团队统一进行管理和监控，根据数据安全需要实施服务器、数据库两个层级的数据备份。

1. 服务器备份

在服务器操作系统层面对数据文件进行全量和增量备份。

全量备份：每周定时做一次系统全备份；当系统有打补丁、更换硬件等重大改变，或数据库结构发生改变之前对数据做一次全备份，改变完毕后再做一次全备份。

增量备份：每天定时对文件系统及数据做一次增量备份。

2. 数据库备份

鉴于存储电子档案的数据库容量较大，对数据库的备份采用物理备份的方式较为适宜，通过数据库自带的备份工具将数据库的相关文件，如控制文件、数据文件、日志文件等以单个数据文件进行备份。

物理备份可以以脱机备份（冷备份）或在线备份（热备份）两种方式进行。由于脱机备份是在数据库系统加载而未打开方式的情况下进行的，备份时数据库不可用，但它可以将数据库的相关文件作为文件系统的一部分进行备份，且长期保存电子档案并非需要 7×24 使用数据库，因此，在长期保存电子档案的备份场景下，优先选择使用这种最快、最安全的数据库备份方法。

12.3.2　离线备份

对电子档案进行以单份文件（含元数据）为存储单元的离线存储，以进一步降低电子档案长期保存风险。

12.3.2.1　光盘刻录

试点项目引入蓝光光盘库刻录系统，包括：光盘匣 3 个，每个光盘匣可容纳蓝光光盘 35 张；蓝光刻录机 2 个；机械手 1 个；刻录系统软件 1 套。蓝光光盘刻录系统根据设置周期，定期读取电子档案长期保存系统的增量数据，按照信息组织和命名规范要求，对蓝光光盘库进行光盘刻录，实现离线存储。

蓝光光盘库刻录系统提供服务器程序（实现光盘刻录功能，以后台服务运行，对用户不可见），并将服务器硬盘分区设置数据接收、数据缓存、系统保存 3 个区。光盘库服务程序在其中的系统保存区中，用于对数据接收区进行扫描，将扫描到的数据文件移入数据缓存区，当数据缓存区的数据达到 1 张光盘的容量时，将缓存区的数据刻录到光盘内，刻录成功后生成数据文件的数据库索引，清理数据接收区与数据缓存区的对应文件，重新执行该步骤。

刻录系统提供客户端程序，电子档案长期保存系统通过共享路径与刻录系统客户端程序进行交互。电子档案长期保存系统把需要离线备份的长期保存包路径映射到蓝光光盘库客户端主机上，以便客户端抓取数据。客户端获取到目录以后，系统根据设置好的数据抓取定时规则，自动抓取备份数据并上传数据到光盘库的数据接收区，等到数据达到指定容量,光盘库自动对数据进行刻录。上传的数据为增量备份,并在上传过程中确保目录结构不会发生改变。

刻录系统还提供管理员客户端程序,可监控光盘库服务器状态,包括查看当前刻录进度,容量区即将储存满载自动提醒管理员添加新空白光盘,当系统发生失去连接、刻录失败、移动失败等问题时,自动提示管理员检查光盘库当前状态等,具体如图 12.1 所示。

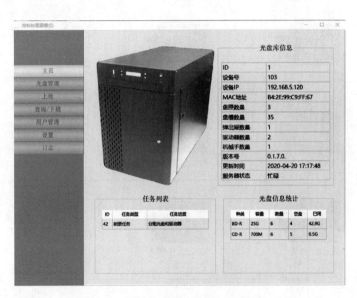

图 12.1　光盘库状态信息

12.3.2.2　存储结构

离线存储时,应当按照《电子文件移交与接收办法》要求对电子档案的存储结构进行信息组织。考虑到电子档案光盘库刻录是通过长期保存包路径映射的方式进行的,那么,要求电子档案长期保存系统对长期保存电子档案存储结构的信息组织就应当按照《电子文件移交与接收办法》要求进行,以确保光盘库刻录后的电子档案存储结构与《电子文件移交与接收办法》要求一致。

12.3.2.3　电子文档命名与存储路径

离线存储应当关注电子档案及其电子文档命名规范,以便于日后离线查找。如一件电子档案以档号命名;一个电子文档,除了对电子档案元数据进行封装的 XML 文档外,其他电子文档一律以反应文档内容的题名命名,一定要确保命名的正确性。因为在最少依赖的系统环境下,通过单机操作系统中的文件系统实现对电子档案或电子文档的检索,只能依靠题名关键字匹配,一旦题名关键字出现错误,则计算机不能检索出所需的电子档案或电子文档。

此外,离线存储还应设定好存储路径规则,例如,按照"年度-类别-档号"的路径进行存放,以便于人工检索、到期销毁等工作。

长期保存电子档案存储结构图如图 12.2 所示。

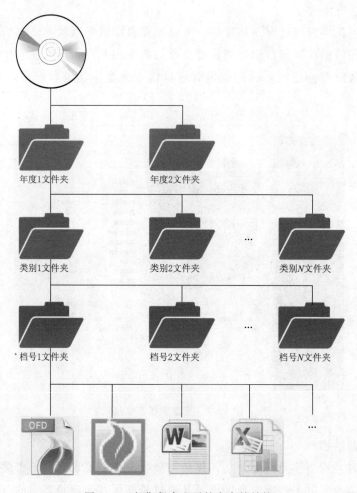

图 12.2　长期保存电子档案存储结构

第13章 电子档案销毁

档案销毁是对档案进行全生命周期管理的最后一个环节，也是不具有永久保存价值档案的最终归宿。纸质档案的销毁不仅可对纸张所承载的信息记录进行保护，还可使再无保存价值的档案腾出库房空间，降低库房管理成本，一定程度上还为纸张再生、环境保护做出了贡献。但随着信息技术的发展，大量电子文件产生于各类信息系统，企业有意识地加强了对电子文件归档和电子档案的管理，但对电子档案的销毁却较为忽视，有的企业虽提出了销毁要求，但销毁流程和方式却移植了纸质档案的销毁思路，使电子档案销毁工作走了很多弯路，甚至无法实施。

鉴于当前应用电子档案管理信息系统对电子档案进行管理的企业越来越多，且这种管理方式相较于直接应用计算机操作系统对电子档案进行管理的方式更为复杂，因此，本章特提出电子档案销毁方案，并以应用了电子档案管理信息系统对电子档案进行管理的企业为主要对象，对企业电子档案销毁工作现状进行梳理，分析导致这些现状的原因，对电子档案销毁方案进行再设计。

13.1 企业电子档案销毁现状

13.1.1 企业电子档案不销毁

档案销毁历来是企业在档案管理过程中最"怕"的一项工作，据了解，企业自设立以来从未销毁过档案的不在少数。有的企业按照档案到期鉴定和销毁程序，即使经相关鉴定小组或人员鉴定为没有继续保存价值的档案，也因没人敢在销毁意见书上签字而无法继续履行销毁程序。其原因在于人们都有一种普遍心理，就是怕档案销毁后，一旦还需要查阅却无从查起，从而被埋怨或承担责任。所以对于纸质档案，企业宁可多腾出一些库房空间，多一些管理成本，也不销毁到期档案。而对于电子档案，由于其存储的高密度性，一小块磁盘就可达到 TB 级的存储容量，容纳下数以万计的电子档案，且成本低廉，企业更无需为此找那些不必要的麻烦，干脆不销毁电子档案。

13.1.2 仅删除电子档案条目

对于应用电子档案管理信息系统进行电子档案管理的企业来说，为防止电子档案条目误删除，大多数电子档案管理信息系统具备垃圾箱或回收站功能，即将删除了的电子档案条目由档案库转移至垃圾箱或回收站。实际上，这种删除只是一种呈现方式或呈现位置的不同，表面看起来是在垃圾箱或回收站，但电子档案条目和数据都依然完好的存在，如果需要，随时可恢复为删除前的状态。有的企业为了使删除工作做得再彻底一些，进一步将垃圾箱或回收站里的条目也删除，以此作为电子档案销毁工作的完成。这样的处理方式，虽然在电子档案管理信息系统中查找不到条目数据，是因为电子档案管理信息系统通过数据库管理系统对电子档案进行管理，电子档案作为由数据库管理系统管理的附件单独存放在某个文件夹中，数据库管理系统记录了该电子档案的存储路径，当电子档案管理信息系统中删除了条目数据时，数据库管理系统也相应删除中该电子档案在相关数据表中的属性值和存储路径，而这种删除方式使电子档案本身的数据在磁盘中依然存在，如果绕过电子档案管理信息系统和数据库管理系统，可能通过服务器直接得到电子档案。

13.1.3　电子档案数据逻辑删除

为将电子档案销毁得更"彻底"些，有的企业除了将条目删除，还在电子档案管理信息系统中集成了沿数据库管理系统记录的存储路径，查找到电子档案在磁盘上的逻辑存储位置，进一步将电子档案数据也删除的功能。实际上，这种删除在计算机中也只是逻辑删除，在存储设备的选择上，大多数企业采用的是磁盘阵列，为加强数据安全管理，有的企业做了 RAID，有的企业应用了云平台，而存储载体从本质上仍然是磁介质，这就决定了只要存储设备上保存过数据，单靠计算机逻辑删除，而不采用专门的技术手段，是删不掉的。只是由计算机操作系统将该数据区域打了"删除"标记，以此告诉操作系统这块区域可写入新的数据，如果系统没有写入新的数据，那么原来的数据将一直存在。如果系统写入的新的数据只占了其中的部分区域，那么另外区域的数据也将一直存在。这样的做法，如果应用专门的数据恢复技术工具，很可能再次得到如初的电子档案。

13.2　原　因　分　析

13.2.1　国家制度规范要求不明确

《电子文件归档和电子档案管理规范》（GB/T 18894）10.3.3 规定电子档案的销毁参照国家关于档案销毁的有关规定与程序执行，这对于企业在电子档案销毁方法、技术的具体操作层面，几乎没有指导意义。10.3.4 规定应从在线存储设备、异地容灾备份系统中彻底删除应销毁电子档案。这对于像计算机这样一个虚拟性、复杂性较强的事物来说，"彻底删除"到底应该"彻底"到什么程度，没有明确。《企业电子文件归档和电子档案管理指南》7.5.2 规定"电子档案的销毁应先登记，编制清册，并按有关规定履行审批手续后，再将电子档案进行物理删除"。这对电子档案销毁工作程序提出了具体要求，而其中"物理删除"对于企业当前实际应用的在线存储设备来说，又该如何实现。有的标准还规定了电子档案的鉴定销毁参照纸质档案的规定执行，这对于两种全然不同的信息载体来说，二者在信息消除的执行方面几乎没有什么可参照性。

13.2.2　销毁方案不符合信息技术环境

要想做好电子档案销毁，除了要了解承载电子档案的载体的存储特性，还要清楚计算机操作系统对存储载体的管理方式，以制定切合实际的销毁方案。如果要销毁离线存储在光盘上的电子档案，是比较容易做到的，即使不使用专门的数据删除技术，仅把光盘载体粉碎、腐蚀等也可实现。但对于存储在磁盘上的电子档案，由于用户通过计算机显示器看到的内容与计算机存储在磁盘上的 0 和 1 之间，已通过操作系统、中间件、应用程序等发生了多次变化和转换，如果要销毁电子档案，则需要结合相应载体存储的特点、计算机组成及工作原理等确定销毁方案。有的企业通过电子档案管理信息系统发送SQL 语句删除了数据库中该电子档案相关属性值，同时根据数据表中记录的电子档案存储位置在磁盘上删除电子档案数据。有的企业将磁盘中存储的电子档案删除进入系统回收站，再从回收站中删除即为"彻底"删除。但这些方案对电子档案销毁来说都不"彻底"，要想彻底销毁电子档案就要突破计算机的逻辑层，深入到物理层解决清除计算机存储数据的问题。

13.2.3 彻底销毁成本高

不论是磁盘还是光盘存储，要想将其记录的载体损毁或数据销毁，都需要通过一定的技术手段实现。如要将磁性载体进行物理消磁需要消磁机，要将光盘或磁性载体粉碎需要粉碎机，要焚毁还需要高温销毁炉等，即使是不损毁载体，仅仅想对数据进行彻底销毁，也必须采用一定的技术手段，或通过专门软件将磁盘上对数据的物理存储空间进行覆盖处理。这些技术和设备的投入都将给企业带来成本的投入。同时，不需销毁的电子档案的存储也是依托于这些存储载体的，如将存储载体销毁，再将其中不销毁电子档案进行转存，那么存储载体本身也是一笔投入。企业为了确保数据安全或快速、高效、可靠传输，大多采用了诸如磁盘 RAID 读写技术、NAS、SAN 等虚拟化存储体系结构等存储技术，甚至构建企业云，把网络中大量各种不同类型的存储通过应用软件集合起来协同工作，投入了大量的成本。为了电子档案销毁，而对这些设备进行物理损毁再重新购置，可以说是不现实的。

13.3 销 毁 方 法 分 析

作为计算机的外存储设备，当前应用最广泛还是以磁盘为代表的磁表面存储器和光盘存储器。针对这两种存储设备，梳理相关的计算机文件删除方法主要包括以下几种。

一是删除文件至回收站。其本质只是在操作系统的帮助下对计算机文件加上了特殊标记，资源管理器中对含有这种标记的文件不显示，当从回收站恢复时只需移除加在该文件上的标记。

二是仅删除文件控制块。这种方法是操作系统在"按名存取"的文件管理中，将文件目录包括文件名和存放文件物理地址的文件控制块删除，而无法检索出该文件，但在存储设备物理空间的"0"或"1"数据依然存在。通常这种删除操作是可逆的，只要用适当的工具或软件就可以把删除的文件再恢复回来。

三是磁盘格式化，分为高级格式化和低级格式化。这种操作方式是为操作系统创建一个全新的空索引，将整个盘标、分区记为"可用"。但高级格式化并没有真正将数据从磁盘上彻底删除，而是在数据所在扇区的开头部分写入一种特殊的删除标记，以告知操作系统这里可以写入新的数据，通过分区表修复工具或数据恢复软件，即可恢复部分甚至全部原始数据。低级格式化是将磁盘上的每一个扇区用"0"覆盖，这种方式能将磁盘上的数据彻底破坏，恢复的可能性几乎为零。

四是数据覆盖。上述低级格式化本质上也是一种数据覆盖方式，只是一次性需覆盖整块磁盘。而实际应用中，如只需对磁盘上的部分数据进行消除，那么可在磁盘的全部可寻址空间里，使用其他无用数据对该地址空间内的所有存储单元进行多次覆写，以消除原来存储的数据。覆写的次数越多，恢复的可能性就越小。

五是载体破坏。这是一种对存储数据的载体通过物理手段进行破坏的销毁方法，包括消磁、泡水、分解、焚毁、研磨等。使用了这些方法处理的存储载体都无法再次使用，造成较大浪费。另外像分解法磁盘时，要求分解后的有效残留面积不得大于 3mm× 3mm，销毁过程较费时、费力。

在计算机系统中，根据采用某种方法删除的文件是否能被恢复，可将文件删除简单分为逻辑删除和物理删除两种。因此，上述方法中的删除文件、删除文件控制块、高级格式化等方法属于逻辑删除，而低级格式化、数据覆写、载体破坏等方法属于物理删除。通过对计算机文件删除方法的梳理，结合企业电子档案存储现状，可对电子档案销毁方案进行设计。

13.4 电子档案销毁方案再设计

13.4.1 严格履行审批程序并明确销毁责任人

按照国家有关档案销毁的规定，对保管期限满确无保存价值的档案应登记造册，经企业负责人批准后进行销毁。电子档案作为档案的一种形式，必须按照规定履行销毁审批程序。如企业负责人"怕"销毁，则根据重要事项集体负责制，可由企业负责人及相关部门负责人共同签署销毁意见。销毁清册可由电子档案管理信息系统自动生成，销毁审批流程也可由电子档案管理信息系统发起，通过网络流转签批，批准后的销毁清册应由电子档案管理信息系统生成可离线保存的版式文件，按照永久保管的电子档案进行管理。电子档案管理信息系统不具备此项功能的，可通过打印纸质清册签批。

电子档案销毁工作应特别明确具体实施的责任人，普通电子档案的销毁应明确销毁实施人和验证人，一般可由档案人员担任。涉密数据的销毁还应明确数据恢复性测试责任人，负责在实施销毁工作后对应销毁电子档案不可复得的验证，一般由信息技术人员担任。上述人员在履行相关工作后均应对完成情况进行记录，证明电子档案销毁符合有关要求，并签字确认。

13.4.2 剥离需彻底销毁的电子档案并选择适当的销毁方法

对照销毁清册，将必须彻底销毁的电子档案与可不彻底销毁的相分离。如电子档案所记录的信息涉密或涉及敏感信息，以及一旦信息泄露可能带来其他不良后果的，必须彻底销毁。这样的电子档案，不论何种载体，都应采用数据覆写、载体破坏或二者结合的销毁方法，以确保其记录信息的完全消失。如需销毁的电子档案为非涉及上述内容的普通信息，且存储在成本较低的光盘、移动硬盘等离线存储设备中，也可采用载体破坏的方法，将其中的电子档案彻底销毁。

大多数情况是，企业产生的大量电子档案是不涉密、不涉及敏感信息，一旦信息泄露也不会带来什么不良后果的。对于这些数据，企业为安全、可靠地存储它们，一般购置了包含硬件架构、软件组件和容灾、备份等解决方案的存储系统组成存储阵列，还加之大量技术将其组网使用。有的企业为了进一步获得存储空间，将数据整合，还在服务器和存储资源之间应用了 NAS、SAN 等存储技术，成本开销远远超出传统磁盘驱动器的存储模式。由于这些存储技术的应用，使数据存在了哪块物理磁盘的什么位置变得难以确定，特别是以分布式架构建设虚拟化云平台的企业，云存储的数据到底在哪里更难知晓。因此，针对企业这些存储现状，平衡其代价和影响后，对采用这些方式存储的电子档案，与其费尽周折进行物理删除，不如退而求其次，采用除删除文件至回收站方式以外的逻辑删除也未尝不可，让存储在物理空间的"0"或"1"数据自生自灭。因为物理删除也只能用数据覆盖的方式，其存储空间用大量无用数据占据和用那些应销毁的电子档案数据占据并无区别，系统都可随时使用它们的存储空间来存储其他数据。逻辑删除的电子档案数据恢复的安全性可由企业其他信息安全管理和技术手段来保证，如企业防火墙、身份识别认证等。

以上销毁方法的应用范围应包括在线存储、异地容灾备份、近线存储、离线存储等设备中存储同一内容的电子档案。

13.4.3　针对不同销毁方法选择删除技术

在对不同记录信息的电子档案确定了不同的销毁方法后，还应有针对性地选择计算机数据删除技术。其中，逻辑删除电子档案可直接由操作系统帮助实现。对于建设了电子档案管理信息系统的企业，可将逻辑删除技术集成于电子档案管理信息系统中，通过电子档案管理信息系统用户接口操作销毁功能，触发电子档案管理信息系统发送 SQL 语句至数据库系统，删除数据库中相关属性值和电子档案在磁盘上的文件控制块，达到存储服务器上的资源管理器无法检索到该电子档案即可。

物理删除的，则需要更高的技术手段。例如：低级格式化是通过对硬盘扇区进行磁记录轨迹（磁道）的高强度磁化，以达到消除存储在磁盘扇区内数据的目的，一般需使用 Lformat、DM（hard disk management program）及硬盘厂商们推出的各种硬盘工具等工具软件来进行。由于计算机汇编语言能非常方便地直接操作硬件，使用汇编语言进行低级格式化要比 DM 等工具软件更为灵活。如果主板支持，还可以直接在 CMOS 对硬盘进行低级格式化，这种方法更加简单、方便。由于这些处理是针对整块物理磁盘进行的，企业如果需要销毁一块磁盘上所有的电子档案，以上技术可供选择。但这些技术在实施时可能对磁盘有一定的损耗，会影响磁盘的使用寿命，因此要谨慎处理。

数据覆盖一般是把无用数据写入之前存有需销毁电子档案的存储位置，以达到消除该电子档案的目的，这要求必须在存储介质能正常读写和其存储单元可被寻址的前提下，通过专门的软件来完成。例如使用安全软件自带的文件粉碎功能模块实现，还可以通过程序员编写程序脚本实现。此外，企业在建设电子档案管理信息系统时，还可将这些软件或功能模块通过接口集成到电子档案管理信息系统中，或通过编写程序代码建立电子档案管理信息系统的数据覆盖功能模块，便于企业直接应用电子档案管理信息系统销毁电子档案。

13.4.4　将监销改为可恢复性测试

对于有关销毁规定中的二人监销要求，笔者认为可商榷。因为如果是纸质档案的销毁，或是电子档案离线载体的物理销毁，则监销看到的销毁过程比较直观；如果是电子档案在线销毁，由于计算机系统将用户界面与底层存储设备相隔离，用户通过显示器看到的都是被操作系统和应用程序处理过了的逻辑的和虚拟的事物，则监销无太大意义。

销毁电子档案工作流程虽可取消二人监销的环节，无需再有人现场见证电子档案是否销毁，但必须加强对已销毁电子档案的恢复性测试工作，并将这一测试作为销毁电子档案的必备环节纳入企业电子档案销毁工作流程。采用物理删除方式销毁的电子档案，对企业来说，应该是一旦信息泄露即会产生不良影响的，所以一定要确保销毁后的电子档案不可复得。鉴于多层的计算机应用系统使用户与硬件设备之间形成的透明关系，对物理删除电子档案的可恢复性测试应至少绕过电子档案管理信息系统、数据库管理系统等，由企业信息技术人员直接登录电子档案的存储服务器进行操作。对可全部或部分恢复的电子档案，要进一步采取更高级技术手段进行处理，并再次测试，以此循环往复。

第14章 元 数 据

元数据是信息技术应用后出现的概念，并从国外引进。所谓"元数据"，一般解释为"关于数据的数据"（data about data），其基本功能为描述和定义数据。作为一名档案人员，在档案工作数字化转型和档案信息化建设蓬勃发展的浪潮中，必须了解并理解"元数据"，以帮助管理电子文件。本章虽从元数据的基本概念出发，但更立足于一名普通档案人员理解和应用的视角，力争用一种类比或比拟的方式诠释元数据，并以试点中对元数据的归档和管理为例，帮助读者快速理解和运用这一令人费解的概念。

因为人事档案❶伴随人的一生，被人们所熟知，所以通过寻找和比较，分析它的概念、构成、特点、类型、作用、与人的关系、管理流程等方面，发现与电子文件元数据有着共通之处，这可作为帮助理解元数据的类比对象。但本章以人事档案作类比，旨在帮助档案人员通过一个熟知的事物去理解另一个不太熟知的事物，不涉及二者之间的其他关联关系。

14.1 元 数 据 概 念

14.1.1 基本概念

元数据一般解释为"关于数据的数据"（data about data），最初用于数据库管理领域，指构成数据词典的元素，是为理解数据库的内容信息而存贮的"信息"，如图 14.1 所示。

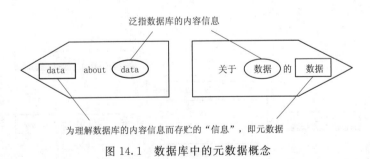

图 14.1 数据库中的元数据概念

---

❶ 本章用"人事档案"代指一个人一生中形成的与其有关的全部档案，范围远超出档案管理十大类中的人事档案范围。

在档案界，美国电子文件元数据研究专家戴维·比尔曼（David Bearman）在 20 世纪 90 年代初发表的电子文件管理论文中，首先使用了"元数据"这一术语。

当前，我国广泛使用的元数据定义是：元数据是描述电子文件背景、内容和结构及其管理过程的数据。

这个定义表明，文件元数据所描述的对象有两个：一是文件本身，包括文件所有的构成要素，即背景、内容和结构；二是文件的整个管理过程，即文件的整个生命周期过程，包括文件从产生到永久保存或销毁的全过程。

引入元数据概念以后，可将电子文件定义为用元数据封装的对象。也就是说，一个完整的电子文件是由文件内容信息和元数据共同构成的，如图 14.2 所示。

图 14.2　电子文件是用元数据封装的对象

14.1.2　概念理解

（1）电子文件中的元数据是对电子文件内容信息进行描述的概念，是对电子文件特征信息的准确表达。主要包括电子文件题名，主题等内容特征；文件类型，文件级别，格式等结构特征；责任者，索引目录，所依赖的软硬件等背景特征和所使用语言、文件是否齐全，对文件的引用等其他特征。这与传统档案工作中，对传统载体文件归档时的著录项有共同之处。《档案著录规则》（DA/T 18—2022）规定，"著录是指在编制档案目录时，对档案内容和形式特征的信息"。只是在电子文件管理环境中，电子文件元数据范围较之有了较大的拓展，其描述对象不仅限于文件的内容和形式特征，而且涵盖文件的所有构成要素（内容、背景、结构），以及文件在形成后所经历的整个管理过程。元数据与著录项的关系如图 14.3 所示。

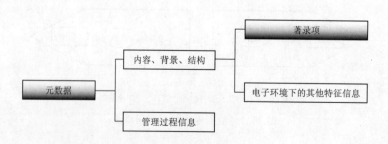

图 14.3　元数据比著录项的拓展

（2）与人事档案的类比。与人相伴的人事档案对一个人的经历、思想、业务实绩、个性特点等情况进行记录，是对一个人客观面貌的真实反映。主要包括履历材料，考察、考核、鉴定材料，学历学位材料，职业（任职）资格材料，党、团组织建设工作中形成的材料，表彰奖励、涉纪涉法材料等。

电子文件通过元数据对其特征进行描述，人通过人事档案对其特征进行记录。而组成人事档案的各种记录材料，大多也是通过描述多项与人有关的特征信息并进行确认形成的。这些信息项包括姓名、性别、出生年月、民族、政治面貌等。如要把它们按照元数据反映的特征进行类比的话，则不难对应为：电子文件题名类似于人的姓名，电子文件类型类似于人的性别、民族、政治面貌等反映人的各项类别特征的记录，电子文件责任者、所依赖的软硬件等背景特征类似于人的家庭关系、工作单位等特征记录。对于电子文件通过元数据描述的其他特征，如所使用语言、电子文件是否完整等，在人事档案材料中也可以相应地找到类似"掌握外语""健康情况"等记录。电子文件归档后，被赋予唯一的档号，正如人长大成年后，也拥有唯一的身份证号❶。当然，这种方法并不是提倡要将电子文件的元数据与人事档案材料中记录的内容去一一对应，而是在于它可以通过人事档案中的记录构成，去帮助理解电子文件元数据的内涵，以便档案人员更快更容易地弄清楚元数据到底是什么，是做什么用的，怎么用。

14.1.3 元数据元素及理解

一份电子文件往往由多个元数据共同描述，而每个元数据都是由元数据元素及其取值构成的。元数据元素，是指独立的元数据单元，用来描述电子文件及其管理过程某个特定的方面、特征、特征或者关系。在 IT 领域，元数据元素即数据库中的"属性"或俗称的"字段"；元数据值，是某个元数据的具体赋值，即"属性值"或"字段值"。而元数据格式就是一行"属性值"或"字段值"，即为数据库中的"元组"。对于传统的档案著录工作来说，如果元数据是著录信息，那么元数据元素就应该是著录项，而元数据值就是著录项目的值或数据，即著录内容。元数据格式就是著录条目的格式。

例如，某公司印发一份《关于召开某公司 2022 年度工作会议的通知》（公司发〔2022〕53 号）的电子文件，可以用题名、文号、拟稿人、签发人、签发时间、责任者等多个元数据元素来描述它。其中，"题名"这个元素的值是"关于召开公司 2022 年度工作会议的通知"，"文号"这个元素的值是"公司发〔2022〕53 号"，"责任者"这个元素的值是"某公司"。

这一内容对应到个人的人事档案中，不难理解，元数据元素即为人事档案的信息项，例如"姓名""性别""出生年月""民族""政治面貌"等；元素的值即为人事档案信息项中的信息，如"张三""男""1985 年 3 月""汉""中共党员"等。

---

❶ 当前有些地方，人出生后上户口时即拥有了身份证号，本书仅为了说明问题，对此不作讨论。

14.2 元数据作用

14.2.1 基本作用

元数据具有全面性。它的内容非常全面,对于文件背景和管理过程的描述尤为详细和复杂。其中,文件背景包括形成文件的职能活动、职能部门、工作人员、形成时间等行政背景,形成文件的法律依据等法律背景,文件的软硬件环境等技术背景,以及文件间的联系背景等;管理过程包括文件形成后,从捕获到处置或销毁的全过程,如捕获、移交、迁移、销毁文件的行动、人员、时间等。

元数据最基本的作用,就是元数据提供对电子文件的全面描述。这一作用也是其他作用得以发挥的基础。

14.2.2 支撑作用

全面描述电子文件内容、结构和背景的元数据,对电子文件管理起到全面的支撑作用。具体包括以下几点。

14.2.2.1 保障电子文件的真实性

元数据完整地记录了电子文件的形成过程、技术措施(如数字摘要、电子签名、时间戳等)和管理过程,根据这些记录可以确认其真实性。

14.2.2.2 保护电子文件的完整性

元数据在两个层次上保护电子文件的完整性:一是在单份文件的层次上,某些结构、背景方面的元数据与电子文件内容相对分散,保存这些元数据,并在元数据与文件之间建立有效的联系,维护电子文件的完整性;二是在文件集合的层次上,元数据记录了文件之间的有机联系,保证机构业务活动记录的完整性。

14.2.2.3 保证电子文件的可读性

元数据本身不直接解决可读性问题,但它记录了电子文件形成、捕获、移交、迁移后的技术环境,可为保证电子文件长期可读提供必要的信息。

14.2.2.4 维护电子文件的可理解性

元数据忠实地记录了电子文件从产生到销毁或永久保存的全过程,记录了电子文件和有关业务活动、管理部门以及其他文件之间的关联,记录了电子文件中有关代码、符号背景的语义,这些可帮助人们不仅了解到文件的主题信息,还可以掌握文件的来龙去脉,有助于用户跨时空去理解电子文件。

此外,元数据还有支持电子文件信息的组织和查询,可以为利用者提供全方位、多角度的检索入口,以及支持电子文件的安全管理、支持电子文件管理流程的集成与优化等。

14.2.3 作用理解

人的一生从新生儿到少年、青年、中年、老年,是通过各种人事档案来记录人的各种特征。特别是在人生节点给一个人带来变化时,还要将人事档案中的信息用权威机构的印章或代表人的签字固化下来，像身份证、毕业证、结婚证、工作证等，通过这些"证"上记录的信息以及发证机关的权威可信，可对一个人进行跟踪并追溯一生。以此，来保证一个人的"真实性"。

人生的第一份档案应当属"出生证明"，由人的出生地出具，明确地记录了一个人的姓名、性别、出生时间、出生地点等。随着人的不断成长，一份份记录人的各种特征信息的档案应运而生，如入学登记表、毕业生登记表、工作派遣证、干部履历表等，直至人生的最后一份档案"死亡证明"，这些档案合在一起，形成了对人一生的完整记录。

人事档案中经常记录了家庭关系，如夫妻、父子、母子关系，也记录证明人，如小学、初中、高中、大学期间证明人等。这些人与人事档案中的本人通过关系记录进行关联，可以建立线索，帮助了解人事档案中本人的家庭关系、社会关系等。

元数据和人事档案的作用具有一定的相似性。元数据就像人事档案记录人的信息一样记录着电子文件的信息。特别是在电子文件发生变化时，元数据也像人事档案真实地记录着人的变化一样，记录着电子文件的变化，并以此描述着电子文件的一生。

例如，工作中可能会发生这样的情况：某单位发文，拟稿人用办公自动化系统起草了一份 Word 格式文档，经审核、签发、排版编号后进行格式转换，生成一份 CEB 格式文档，然后加盖电子印章后发出，即形成一份电子公文。接下来，按照有关电子文件归档要求，办公自动化系统与电子档案管理信息系统做了接口，将该电子公文进行电子文件封装，通过接口传输给了电子档案管理信息系统。电子档案管理信息系统经检测接收后，解签电子印章并格式转换为 OFD 文档，将电子印章以图片形式插入，与 Word、CEB 格式文档一并保存。多年以后，Word、CEB 格式文档可能因格式或其他原因均不可用，只有 OFD 文档因符合长期保存要求可以提供利用，那么，又该如何保证这份 OFD 文档所记录的内容与印发的那份 CEB 格式文档，或者说与那份 Word 格式的定稿是一致的呢？这是在试点工作中遇到的实际问题。

实际上，这个问题就是，能通过一个什么办法，可以让在一个生命周期中发生变化的电子文件前后能够对应上。靠哈希验证？不行，因为转了格式。靠人工比对？也不行，那不靠谱。那么，先来看看人在一生中发生变化是如何对应上的？如图 14.4 所示。

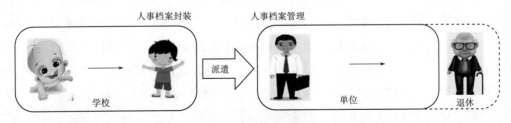

图 14.4　人的生命周期

一个人从一个刚出生的娃娃，到一位耄耋老人，单从外表上看，很难看出是一个人。那么，人事档案就发挥作用了。可以分别找来他的各阶段的各种证件、照片及信息记录，比如出生证、身份证、学生登记表、毕业生登记表、派遣证（就业报到证）、结婚证、工作证、退休证等，连在一起，基本就可以确认那个娃娃和那位耄耋老人是否为同一人。这是对一个人一生的追溯。

人的一生中，会多次发生归属场所的变化，新的场所又是怎么认识一个人的呢？比如，一个人在学生期间，他归属学校，学校里的老师、同学们对他都很熟悉。可毕业后，单位同事开始对他并不了解，这就需要依靠人事档案来解决。毕业时，学校发给每个人一张派遣证，并把个人学籍档案装起来，封口盖上章，递送给用人单位。用人单位接收时，检查档案袋完好并拆封，与拿着派遣证来报到的人进行比较，便可确认报到人的身份并了解他在学校期间的表现。接着，继续对他的档案进行管理，并增加他在单位新形成的档案，如干部登记表、入党登记表、奖惩记录等。

这样的管理方式同样适用于电子文件，见图 14.5。

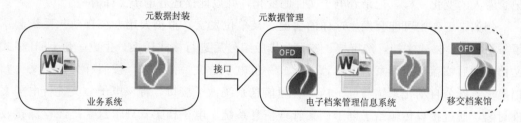

图 14.5　电子文件生命周期

电子文件从刚形成时的一个 Word 文档，转 CEB 文档，再转 OFD 文档，单从外表上看，也很难看出是一个内容的文档。那么，如人事档案一样，通过它的元数据，分别找来这份电子文件进行格式转换时的业务行为元数据记录，比如每次转换行为发生的时间、行为人、行为描述（即由什么转化成什么）、行为结果（即是否转换成功）等，将它们连在一起，基本可以像认定一个人那样，来认定一份电子文件。将多个业务行为集合起来，就可以实现对一件电子文件全生命周期的追溯。

电子文件生命周期中，也会多次发生归属场所的变化，新的场所如何对应一份电子文件呢？比如，形成时，电子文件归属业务系统；归档后，电子文件变为电子档案归属电子档案管理信息系统，长期保存的电子档案还会归属到长期保存系统；可能还会移交其他信息系统。每一个系统都对电子文件进行业务行为过程的元数据记录，并与电子文件实体元数据一并保存。当需要归档、移交时，像学校对人事档案进行封装和邮寄一样，前端系统也对电子文件元数据进行封装和传输。比如归档环节，业务系统将电子文件元数据打包封装为归档信息包，通过接口传输给电子档案管理信息系统，电子档案管理信息系统进行"四性"检测后接收，再解包进行数据存储，再继续对其在本系统中发生的业务行为进行记录。当需要移交时，再次进行打包、封装、传输……

14.3　电子文件与元数据的关系

电子文件和元数据的关系主要包括以下四种。

14.3.1　包含

即电子文件当中包含元数据，元数据是文件内容的组成部分。例如一份电子公文，题名、文号、责任者、成文时间等元数据都在公文内容中。

14.3.2　伴随

部分元数据是文件本身携带的属性信息，由操作系统或者应用软件自动记录，也可通过人工方式记录。例如一张数码照片，分辨率、宽度、高度、照相机制造商、照相机型号等元数据都伴随在数码照片的属性信息中，鼠标右键点击即可查看，如图 14.6 所示。

14.3.3　链接

在有专门系统管理电子文件及其元数据的情况下，链接是两者之间常见的一种关系，具体表现为：文件及其元数据相对独立保存，在通常情况下，文件保存在文件系统中，元数据保存在数据库中，通过指针、链接的方式来维护二者之间的关联。

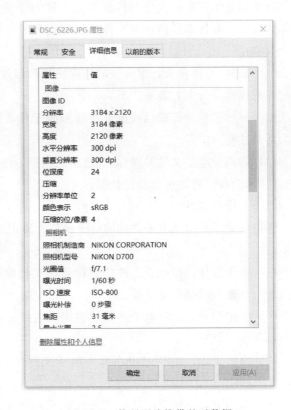

图 14.6　数码照片携带的元数据

14.3.4　打包

即采用一定的技术工具将文件和元数据物理地存放在一起，成为一个整体。比如通过专门的封装工具，将电子文件和元数据封装成一个计算机文件。如有的单位按照行业标准《基于 XML 的电子文件封装规范》（DA/T 48）规定的格式和要求进行封装，形成封装包。

14.4　制订元数据方案

元数据方案是一个单位开展元数据管理工作的基本依据。制定者必须在熟悉国家和行业有关元数据标准的前提下，结合本单位实际制定。

14.4.1　元数据元素构成

按照元数据功能分类，元数据方案中的元数据元素可由内容特征、背景信息、保护信息和固化信息四部分构成。

14.4.1.1　内容特征

内容特征是与电子文件内容相关的内部和外部特征信息的综合，如题名、责任者、发文编号、发文时间等。

14.4.1.2　背景信息

背景信息指在电子文件归档前形成文件的环境。主要包括：使文件得以形成的（文件形成者的）具体职能活动和文件的形成过程；法律和行政环境以及文件之间的历史联系。其中：

（1）法律/行政背景，指有关的法律法规和制度、规范工作流程的规章制度、行政管理过程的规范及分工方案等。

（2）来源信息，即归档前电子文件来源于什么职能活动，或者产生于哪一项具体的社会活动过程。

（3）归档前电子文件形成/处理过程元数据，即表达文件形成、登记、处理，即文书（包括技术文件）处理过程的元数据。

14.4.1.3　保护信息

保护信息用来描述电子文件的电子特征、鉴定信息、权限信息、维护和利用史志等。其中：

（1）电子特征，指电子文件作为计算机文档应具有的基本特征，如类型、格式、打开方式、计算机软硬件环境等。

（2）鉴定信息，指对电子文件的鉴定，包括对电子文件内容价值、真实性和技术状况的历次鉴定信息。

（3）维护史志，主要记录在整个电子文件生命周期中对电子文件所做的维护历史情况。

（4）利用史志，用于记录电子文件的利用历史情况，主要包括使用类型（如查看、复制、编辑、归档、编索引、分类、处理等）、使用时间、用户标识及使用影响等信息。

（5）权限信息，主要由文件权限和用户使用控制组成。其中用户使用控制包括身份认证、使用授权以及使用审计等功能。

14.4.1.4　固化信息

固化信息描述用以确认电子文件及其元数据信息完整性和可信性的信息，例如可以描述数字签名或计算机封包内容值。

14.4.2　参考依据

档案行业标准《文书类电子文件元数据方案》（DA/T 46—2009）中，将文书类电子文件元数据从概念层次上区分为文件实体元数据、机构人员实体元数据、业务实体元数据、实体关系元数据四个域，并给出了一个包含 88 个元数据元素的元数据方案。单位可按照此方案，结合本单位实际，按照 14.4.1 的元素构成制定本单位文书类电子文件元数据方案。

文件实体元数据描述了文书类电子文件元数据中文件实体元数据包含的元数据元素及其结构。见表 14.1。

表 14.1 **文件实体元数据**

编　号	元　数　据	编　号	元　数　据
M1	聚合层次		
M2	来源	M3	档案馆名称
		M4	档案馆代码
		M5	全宗名称
		M6	立档单位名称
M7	电子文件号		
M8	档号	M9	全宗号
		M10	目录号
		M11	年度
		M12	保管期限
		M13	机构或问题
		M14	类别号
		M15	室编案卷号
		M16	馆编案卷号
		M17	室编件号
		M18	馆编件号
		M19	文档序号
		M20	页号
M21	内容描述	M22	题名
		M23	并列题名
		M24	副题名
		M25	说明题名文字
		M26	主题词
		M27	关键词
		M28	人名
		M29	摘要
		M30	分类号
		M31	文件编号
		M32	责任者
		M33	日期
		M34	文种

续表

编　号	元　数　据	编　号	元　数　据
M21	内容描述	M35	紧急程度
		M36	主送
		M37	抄送
		M38	密级
		M39	保密期限
M40	形式特征	M41	文件组合类型
		M42	件数
		M43	页数
		M44	语种
		M45	稿本
M46	电子属性	M47	格式信息
		M48	计算机文件名
		M49	计算机文件大小
		M50	文档创建程序
		M51	信息系统描述
M52	数字化属性	M53	数字化对象形态
		M54	扫描分辨率
		M55	扫描色彩模式
		M56	图像压缩方案
M57	电子签名	M58	签名规则
		M59	签名时间
		M60	签名人
		M61	签名结果
		M62	证书
		M63	证书引证
		M64	签名算法标识
M65	存储位置	M66	当前位置
		M67	脱机载体编号
		M68	脱机载体存址
		M69	缩微号
M70	权限管理	M71	知识产权说明
		M72	授权对象
		M73	授权行为
		M74	控制标识
M75	附注		

机构人员实体元数据描述了文书类电子文件元数据中机构人员实体元数据包含的元数据元素及其结构。见表 14.2。

表 14.2 机构人员实体元数据

编　　号	元　数　据	编　　号	元　数　据
M76	机构人员类型	M78	组织机构代码
M77	机构人员名称	M79	个人职位

业务实体元数据描述了文书类电子文件元数据中业务实体元数据包含的元数据元素及其结构。见表 14.3。

表 14.3 业 务 实 体 元 数 据

编　　号	元　数　据	编　　号	元　数　据
M80	业务状态	M83	行为依据
M81	业务行为	M84	行为描述
M82	行为时间		

实体关系元数据描述了文书类电子文件元数据中实体关系元数据包含的元数据元素及其结构。见表 14.4。

表 14.4 实 体 关 系 元 数 据

编　　号	元　数　据	编　　号	元　数　据
M85	实体标识符	M87	关系
M86	关系类型	M88	关系描述

制定其他类（非文书类）电子文件元数据方案，也可以参照文书类电子文件元数据方案，结合实际业务需求制定。

14.5　元　数　据　管　理

元数据的管理和电子文件的管理一样，也需要经历、捕获、存储、维护、利用、处置等过程。对于附着在电子文件上的元数据，其管理过程与电子文件相比，区别之处就在于元数据的维护，元数据在电子文件管理过程中不断增加，这个过程是元数据特有的。

14.5.1　管理过程

元数据的主要管理过程可以分为捕获、存储、维护、利用、处置等几个阶段，如图 14.7 所示。

图 14.7　元数据的管理过程

137

14.5.1.1　元数据捕获

元数据有两种捕获方式，一是与电子文件捕获归档时同时捕获，二是在电子文件管理过程中通过移交、管理系统自动记录或者著录的方式捕获。元数据在电子文件整个生命周期内不断增加，其捕获也贯穿于整个生命周期。

14.5.1.2　元数据存储

元数据的存储涉及数据结构。从物理存储上看，元数据有两种存储方式：一是与电子文件一起存放。例如，版式文件中，电子文件本身的特征包含了元数据；二是在数据库中分别存放。在实际操作时可以采取两种方式中的一种或两种方式同时使用。

14.5.1.3　元数据维护

元数据的维护就是保持元数据之间的关系，以及元数据和其所描述的电子文件之间的稳定。在因迁移或其他保管方法而产生的各种电子文件变化过程中，元数据和电子文件之间的链接应得到正确持续的维护。

14.5.1.4　元数据利用

元数据的利用主要包括元数据控制授权，并记录元数据的利用过程。

14.5.1.5　元数据处置

元数据处置是与处置电子文件一同开展的。如果电子文件被销毁，应当将描述电子文件基本信息以及销毁过程的元数据保存下来；如果电子文件被移交，元数据应当与电子文件一起移交，同时将描述电子文件基本信息以及移交过程的元数据保存下来；如果电子文件被续存，元数据也应被续存，并增加描述续存过程的元数据。

此外，元数据的管理还要对元数据的管理过程进行监控，包括核查元数据元素值，检查元数据和文件、元数据之间的联系方式是否有效，审计元数据的不当利用行为等。

14.5.2　元数据捕获节点

元数据捕获决定着后面的存储、维护和利用，因此十分关键。其捕获节点应当在系统实施时进行规划。以下以文书类电子文件元数据捕获为例，说明元数据来源及捕获节点规划。

根据《文书类电子文件元数据方案》（DA/T 46）所定义的元数据项，元数据来源主要有办公自动化系统和电子档案管理信息系统。本着最便利和前端控制的原则，电子文件元数据捕获节点可作如下规划。

14.5.2.1　下列元数据在办公自动化系统生成或捕获

题名、并列题名、副题名、说明题名文字、文件编号、责任者、日期、文种、紧急程度、主送、抄送、密级、保密期限、件数、页数、语种；格式信息、计算机文件名、计算机文件大小、文档创建程序、信息系统描述、数字化对象形态、扫描分辨率、扫描色彩模式、图像压缩方案；电子签名数据（包括签名规则、签名时间、签名人、签名结果、证书、证书引证、签名算法标识）。

14.5.2.2　下列元数据在电子档案管理信息系统中生成或捕获

档案馆名称、档案馆代码、全宗名称、立档单位名称、全宗号、目录号、年度、保管期限、室编案卷号、馆编案卷号、室编件号、馆编件号、文档序号、页号、摘要、当前位置、脱机载体编号、脱机载体存址、缩微号。

14.5.2.3　下列元数据在办公自动化系统和电子档案管理信息系统其中一方形成或捕获

主题词、关键词、人名、机构或问题、类别号、分类号、知识产权说明、授权对象、授权行为、控制标识。

14.5.2.4　下列元数据在办公自动化系统和电子档案管理信息系统中均有形成

机构和人员元数据（包括机构人员类型、机构人员名称、组织机构代码、个人职位），业务实体元数据（包括业务状态、业务行为、行为时间、行为依据、行为描述），实体关系元数据（包括实体标识符、关系类型、关系、关系描述）。

其他类型电子文件和电子档案元数据的形成捕获节点可参照上述方法进行规划。

各种类型元数据在电子文件生命周期中的捕获节点如图 14.8 所示。

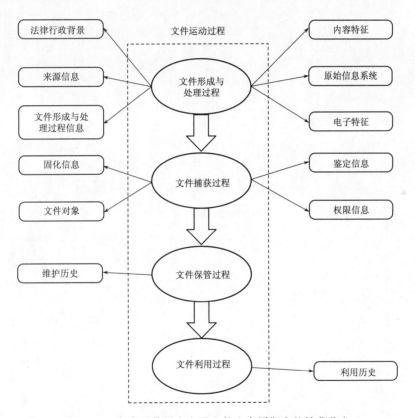

图 14.8　各类元数据在电子文件生命周期中的捕获节点

元数据根据元数据元素的强制性程度，有强制项和选择项之分。对于元数据标准中规定的必备项，在管理过程中必须产生，如来源、档号、年度、保管期限等。选择项分为条件选项和可选项，其中，"条件选"项是在满足特定环境和条件下的强制项，如全宗号、目录号、机构或问题等；"可选"项则可采用也可不采用，根据实际需要确定，如类别号、副题名、关键词、人名等。

14.6　试点工作实践

试点工作参照《文书类电子文件元数据方案》（DA/T 46）和《电子文件归档与电子档案管理规范》（GB/T 18894）对元数据管理的要求，结合试点企业办公自动化系统建设、外事管理系统建设和档案信息化工作实际，按照文件实体元数据、业务实体元数据、机构人员实体元数据、实体关系元数据四个域对电子文件元数据进行划分，并从电子档案管理信息系统建设需求的角度进行描述，有利于电子档案管理信息系统的规划、设计与开发及后期的电子档案元数据管理。

因办公自动化系统电子文件元数据方案较为常见，并有行业标准可供借鉴，因此，本书重点列出外事管理系统电子文件元数据方案，具体见附录 D。

第15章 电子全宗卷

全宗卷是档案室或档案馆在管理某一全宗过程中形成的、能够说明该全宗历史情况的各种文件材料所组成的专门案卷。从性质上说，全宗卷是档案部门在档案管理活动中形成的"档案"，是管理全宗的档案，是档案的档案；从作用上说，全宗卷是对全宗进行科学管理的重要工具和手段，通过全宗卷，可以了解该全宗管理过程的全部情况，了解该全宗内档案的内容、数量和利用等历史与发展变化状况，从而为该全宗的进一步科学管理提供必要的依据。

自从档案信息化蓬勃发展后，各种类型的电子档案管理信息系统如雨后春笋般建设，各单位应用信息系统实现对数字档案资源的管理，越来越少地通过纸质形式形成全宗卷。因此，国家档案局在《企业数字档案馆（室）建设指南》（档办发〔2017〕2号）中，特别提出了要对工作过程记录进行管理，类似于全宗卷管理，要求建设的电子档案管理信息系统在系统管理功能中，应具备详细记录类似全宗卷信息的功能，以记录数字档案馆（室）对档案资源的管理过程。

这种类似全宗卷信息的工作过程记录，等同于手工管理模式下，对全宗档案进行管理过程中形成的、能够说明该全宗历史情况的各种文件材料所组成的专门案卷。无非是在电子环境下，把全宗卷从纸质形式变为了电子形式，把它的保存从档案库房搬到了电子档案管理信息系统里。那么，在开展电子文件归档和电子档案管理、建设数字档案馆（室）等档案信息化工作时，就应当按照全宗卷范围，将有关档案管理过程记录形成电子全宗卷，在电子环境下加以管理。

15.1 电子全宗卷构成

15.1.1 有关规定

按照档案行业标准《全宗卷规范》（DA/T 12）的规定，全宗卷内容构成主要包括以下8大类。

（1）全宗（馆藏）介绍类：全宗指南（全宗介绍）、大事记等说明全宗背景和档案状况的文件材料。

（2）档案收集类：档案接收和征集工作的办法、标准，档案（资料）交接文据及相关目录，档案来源和档案历史转移过程说明材料等。

（3）档案整理类：文件材料分类、保管期限和归档范围的规定，档案整理工作方案、整理工作说明和小结等。

（4）档案鉴定类：档案保管期限鉴定、档案开放鉴定、档案分级鉴定、档案销毁鉴定、珍贵档案考证鉴定等鉴定工作的制度、组织、方案和标准，鉴定工作形成的报告、请示及批复，鉴定及销毁处置档案的目录（清册）等。

（5）档案保管类：档案保管工作制度，档案安全检查、档案破损情况调查与修复（抢救）、重点档案保护、珍贵档案仿真复制件制作等工作的记录和说明材料，档案保管状况分析和工作总结、报告等。

（6）档案统计类：档案基础统计台账，档案工作基本情况统计报表，档案工作统计分析材料等。

（7）档案利用类：档案利用制度，检索工具编制情况，档案开放与控制情况，档案编研与出版情况，档案展览与公布情况，珍贵档案介绍，档案利用效果典型事例等。

（8）新技术应用类：应用现代技术管理档案的情况记录、工作报告及说明材料，档案信息化和数字化工作情况，电子档案（文件）创建和应用环境（硬件和软件）及数据格式说明等。

15.1.2　电子全宗卷范围

电子全宗卷可认为是电子形式的全宗卷，包括通过业务系统或电子档案管理信息系统（含长期保存系统，本章下同）形成的，也包括由独立计算机形成的。那么按照电子全宗卷形成方式的不同梳理其范围，主要包括如下内容。

（1）由电子档案管理信息系统处理档案业务直接形成的电子全宗卷，可能有：档案（资料）交接文据及相关目录，鉴定及销毁处置档案的目录（清册）、档案基础统计台账、档案工作基本情况统计报表，档案利用登记表，档案利用审批表，档案利用效果登记表等。

（2）由业务系统通过接口归档至电子档案管理信息系统的电子全宗卷，可能有：档案接收和征集工作的办法、标准，文件材料分类、保管期限和归档范围的规定，档案鉴定工作的制度、组织、方案和标准，鉴定工作形成的报告、请示及批复，档案保管工作制度，档案保管状况分析和工作总结、报告，档案利用制度，档案保管状况分析和工作总结、报告等。

（3）通过其他方式归档至电子档案管理信息系统的电子全宗卷，可能有：全宗指南（全宗介绍）、大事记等说明全宗背景和档案状况的文件材料，档案来源和档案历史转移过程说明材料，档案整理工作方案、整理工作说明和小结，档案安全检查、档案破损情况调查与修复（抢救）、重点档案保护、珍贵档案仿真复制件制作等工作的记录和说明材料，档案工作统计分析材料，检索工具编制情况，档案开放与控制情况，档案编研与出版情况，档案展览与公布情况，珍贵档案介绍，应用现代技术管理档案的情况记录、工作报告及说明材料，档案信息化和数字化工作情况，电子档案（文件）创建和应用环境（硬件和软件）及数据格式说明等。

15.2 电子全宗卷设计

通过业务系统或其他方式归档的电子全宗卷，相较于由电子档案管理信息系统处理档案业务形成的电子全宗卷，更加容易按照《全宗卷规范》（DA/T 12）的要求进行管理。因为业务系统或其他方式归档的全宗卷档案常常以一个独立的计算机文件存在，其管理方式等同于一件普通的电子档案，归档后可能置于管理类电子档案库，也可能置于电子全宗卷库。而由电子档案管理信息系统形成的全宗卷，多属于格式化数据，以电子数据形式存储于数据库中。在开展档案信息化建设时，往往容易忽视对这些数据的管理，较多依赖于信息技术将这些数据与系统日志等同起来。这种通过日志记录所谓的"全宗卷信息"，必然会导致电子档案管理中类似全宗卷信息的缺失。

在电子档案管理信息系统建设时，不能因为这些记录是由电子档案管理信息系统自身形成而忽略归档，而应将电子档案管理信息系统视同于一个处理档案管理业务的"业务系统"，对由这些业务形成的记录与其他业务系统形成的记录同等对待。因此，需要在电子档案管理信息系统中，按照本书第 6 章 6.1 节、6.2 节的要求，对系统中属于电子全宗卷的电子文件进行识别和输出，并按照《全宗卷规范》（DA/T 12）对全宗卷的整理要求进行分类、编号、编目等，独立于其他类型的电子档案，建立全宗卷电子档案库，即电子全宗卷库。

15.3 电子全宗卷实现

试点项目按照电子档案管理信息系统、办公自动化系统和离线挂接三个电子全宗卷的来源，进行全宗卷数字档案资源建设。更多地关注于电子档案管理信息系统处理业务过程形成的电子文件，并归档为电子全宗卷的过程。

15.3.1 电子档案管理信息系统归档

试点项目中，根据电子全宗卷设计要求，全面梳理了电子全宗卷管理的关键环节，对档案收集类的档案交接文据及相关目录，档案鉴定类的档案保管期限鉴定、档案开放鉴定、档案销毁鉴定等鉴定处置档案的目录（清册），档案利用类的档案利用申请单及相关目录等，纳入电子全宗卷管理范围，实现全宗卷在电子档案管理信息系统中的自动归集。

（1）电子全宗卷自动化生成。在档案管理相关流程办理完毕后，电子档案管理信息系统自动触发全宗卷电子文件归档功能，收集单据信息、办理信息、审批信息等，根据预制模板输出全宗卷版式文件，按照全宗卷 8 大类分类标准分别进入预设类别，生成类别号，自动赋予"永久"保管期限并生成档号，实现全宗卷电子文件的自动归档。

（2）全宗卷电子档案全生命周期真实性保障。电子档案管理信息系统建立了相对独立的全宗卷电子档案管理数据库，并通过与区块链系统交互，实现全宗卷电子档案的上链存证、验证与追溯。

15.3.2 办公自动化系统归档

办公自动化系统通过接口归档至电子档案管理信息系统的电子文件中，有涉及全宗卷范围的，例如，文件归档管理办法、声像档案管理办法、实物档案管理办法、档案保管保密管理办法、电子文件归档和电子档案管理办法、档案利用管理办法、总部管理类文件材料归档范围和档案保管期限表等，从规章制度的角度看也属于管理类档案范畴，因此，可将其归入管理类档案，也可归入全宗卷。

15.3.3 手工挂接归档

试点项目中，通过单机计算机形成了大量应归档于全宗卷的电子文件，如档案信息化方面的制度规范、试点工作方案、报告、技术文档等，参见本书第 16 章 16.2 节、16.3 节。这些电子文件应当在经审查批准后通过手工挂接等方式进行归档，纳入电子全宗卷管理。

第16章 安全保密、制度规范建设与项目文档管理

在档案信息化项目中，安全保密、制度规范建设和项目文档管理工作是相对容易忽视的内容，特别是项目文档管理。往往一个档案信息化项目验收时，只有一个工作总结或报告，其他文档寥寥无几，这不但不符合档案管理的要求，对日后项目的运行维护也是非常不利的。安全保密建设多被纳入企业整体信息环境的安全保密体系，一般较少专门设计；制度标准建设常与企业档案基础工作制度标准混为一谈。本章特别将文档管理与安全保密、制度规范建设一并提出，希望在日后的档案信息化建设中引起关注。

16.1 安全保密建设

电子档案管理信息系统、区块链系统作为试点项目新建的两个系统（本章简称试点系统），在考虑企业信息系统安全性的前提下，将其纳入企业信息安全的整体环境管理。根据《信息系统安全等级保护定级指南》（GB/T 22240—2008）有关要求，从业务信息安全保护等级和系统服务安全保护等级多方面开展安全设计，遵照安全等级保护二级标准实施建设，大部分要求达到安全等级保护三级标准。

16.1.1 全面安全防护

16.1.1.1 整体安全防护

从边界安全、应用安全、数据安全、主机安全、网络安全、网络系统安全六个方面对纳入企业信息安全整体环境的信息系统提供全面的安全防护保障，遵循"分区分域、安全接入、动态感知、全面防护"的安全策略，并根据系统的不断完善加强对系统的防护，最大限度地保障系统的安全、可靠和稳定运行。

边界安全主要包括：信息内外网边界、信息内网横向域边界、信息内网纵向域边界等。

应用安全主要包括：身份认证、授权、输入输出验证、配置管理、会话管理、加密技术、参数操作、异常管理、日志及审计等。

数据安全主要包括：数据签名、动态密钥、数字水印、防篡改、数据备份等。

主机安全主要包括：身份认证、访问控制、病毒入侵防范、漏洞扫描、安全补丁、

安全审计、资源控制等。

网络安全主要包括：设备安全管理、设备链路冗余、设备安全加固等。

网络系统安全主要包括：网络传输、网络设备、网络服务、操作系统、数据库等几方面安全管理。

16.1.1.2　试点系统安全防护

针对试点系统的安全需求，从构成系统或系统所依托的网络设备、网络基础服务、网络传输、操作系统和数据库等方面进行了全方位的安全防护设计与实现。

网络设备防护：通过限定管理 IP 地址、制定登录超时及账号锁定策略、采用较为安全的 SSH 方式进行远程管理等措施进行设备安全管理。

网络基础服务防护：主要表现在加强域名系统（DNS）安全上，包括在不同的网络上运行分离的域名服务器来获取冗余、将外部和内部域名服务器分开（物理上分开或运行 BIND Views）并使用转发器（forwarders）、限制动态 DNS 更新、利用事务签名对区域传送和区域更新进行数字签名、删除运行在 DNS 服务器上的不必要服务等。

网络传输防护：采用非对称加密体制的加密机制，通过数字证书进行身份认证，实施入网访问控制、网络的权限控制和目录级安全控制的访问控制策略等。

操作系统防护：实施主机访问仅通过指定远程客户端连接主机或在主管部门审批及监护下进行操作、单一管理员账户（由不同管理员担任）、非法登录次数的限制、登录连接超时处理、禁止系统不必需的服务等主机访问控制措施；仅安装必须的系统组件和应用程序、操作系统补丁定期更新、进程监控、入侵行为检测等主机入侵防护措施；采取恶意代码实时检测与查杀、安装实时检测与查杀恶意代码的软件产品并及时更新、主机系统的安全审计等主机病毒防范措施；对中间件、系统软件设置自定义安装，只选取最需要的组件。

数据库防护：创建并分配数据库应用账号，一个应用对应一个账号，独立管理库表的 cURL❶ 权限；根（ROOT）用户仅系统管理员可用，提高密码复杂度；限制操作系统存取权限；定期更新厂家推出的安全性补丁等。

16.1.2　用户权限访问控制

采用 RBAC(role‐based access control，基于角色的访问控制) 模型进行用户权限管理，用户的权限通过角色继承。作为权限集合的角色，用来描述系统中的权限类型，提供角色的统一定义和管理。

将权限与角色相关联，用户通过成为适当角色的成员而得到这些角色的权限。用户

---

❶　cURL 是一个利用 URL（uniform resource locator，统一资源定位系统）语法在命令行下工作的文件传输工具。

依据它的责任和资格被指派相应的角色，并可以从一个角色被指派到另一个角色。角色可依新的需求和系统的合并而赋予新的权限，权限也可根据需要而从某角色中回收。支持单个用户及其属性新增，支持通过外部文件批量导入，支持通过外部系统集成方式创建。用户信息进行统一编码，保持编号唯一，登录名称唯一，用户的关键基本信息设置非空约束。

16.1.3 审计日志

建立系统运行日志，对系统的维护操作、用户登录及业务操作自动生成记录，具备日志查看、审计功能。

16.1.3.1 满足审计内容的要求

为满足日后数据审计和回溯的要求，系统对关键操作记录操作轨迹，内容包括用户名称、计算机 IP 地址、登录时间、操作日期、操作模块名称等。

16.1.3.2 满足审计时间覆盖的要求

系统中针对不同的事件，审计日志主要有：记录用户身份认证、登陆、注销动作的登陆/注销审计；记录管理对象修改轨迹的管理对象处理审计；记录用户信息修改轨迹的用户管理审计等。

16.1.3.3 满足审计日志统计、查询、分析及生成报表的要求

系统提供审计日志检索功能，可根据指定的查询条件检索过滤，并生成报表。

16.1.3.4 满足审计记录保护的要求

系统利用权限控制来约束可操作审计记录的人员；记录审计记录修改痕迹；系统备份包括审计记录。

16.1.4 保密管理

按照试点企业保密工作原则，项目实施"涉密不上网，上网不涉密"，其中"密"包括国家秘密、企业商密、个人敏感信息等。对于不涉及上述"密"的电子档案（即非密电子档案），电子档案管理信息系统在确保系统安全的前提下，通过设置角色并赋予权限对非密电子档案进行管理。

电子档案管理信息系统对设置的各角色赋予不同的数据权限和功能权限。其中，数据权限是将每个用户都对应到某个角色下，可查看赋权范围内的档案，非赋权范围内的档案需通过借阅、审批等流程登记、赋权后才能查看或借阅。功能权限设置了系统管理员、安全员、审计员三个角色，三员权限分立，同时将系统日志细分为系统日志（登录日志）、维护日志（系统设置）、数据日志（对数据的操作）、使用日志（查询、借阅利用日志），多维度记录系统登录、用户操作和档案使用情况。

安全与保密管理除上述内容外，还包括安全技术和设备管理、安全与保密管理制度、部门与人员的组织规则等。管理制度化极大地影响着整个网络的安全，严格的安全管理制度、明确的部门安全职责、合理的人员角色配置都可以在很大程度上降低其他层次的安全漏洞。因此，除技术措施外，还需要实施制定安全保密制度和规范、定期开展安全保密检查、对有关人员进行动态管理等管理措施，使管理与技术"双管齐下"，以最大限

度地确保信息安全❶。

16.2 制 度 规 范 建 设

按照档案信息化"制度先行"的工作原则，试点项目根据工作需要，结合企业实际制定了一系列与之相关的制度标准，需要在系统中实现的制度标准要经过审签程序后，方可实现。制度规范体系建设可分为总纲、管理制度、标准规范三个层次。

16.2.1 总纲

总纲，即要制定与之配套的档案信息化工作的总的纲领，是对整个项目涉及工作的宏观的、原则性的约定。按照工作范围的不同，制定的总纲也不同。例如，一个企业数字档案馆（室）建设项目，应当制定企业数字档案馆（室）建设管理制度；一个电子文件归档和电子档案管理项目，就应当制定电子文件归档和电子档案管理制度；一个传统载体档案数字化项目，就应当制定传统载体档案数字化制度；等等。

某企业集团在电子文件单套归档和电子档案单套管理试点项目中，依据国家有关制度标准并结合实际，制定了《某企业集团电子文件归档和电子档案管理办法》（具体见附录 E）作为总纲，对管理职责、电子文件归档、电子档案管理、系统与接口等方面作出规定，特别是"第二十条 企业内部形成的符合本办法规定的和从外部接收的来源可靠、程序规范、要素合规的电子文件，可仅以电子形式归档保存，不再打印输出纸质文件"的规定，为该企业集团实施电子文件单套归档和电子档案单套管理提供了基本制度依据。

16.2.2 管理制度

除总纲规定的内容外，档案信息化项目还应根据需要制定与之配套的管理制度。例如，电子档案利用制度、电子档案管理信息系统运行维护管理制度、数字档案馆（室）安全与保密管理制度等。其内容规定应当是对总纲制度在某一方面的具体细化。

例如，作为总纲的《某企业集团电子文件归档和电子档案管理办法》就电子档案利用仅作出一条规定：电子档案应根据利用者的工作岗位、职责等制定详细的利用权限和越权利用审批流程，并在档案系统中实现和确认。利用者应在权限允许范围内，或在线检索、浏览、下载电子档案及其元数据，并通过系统记录利用过程，或由档案部门提供离线利用。超出利用权限的，必须按照审批流程进行审批。试点项目在此基础上，进一步制定了《某企业集团电子档案利用管理办法》，对网络查阅、下载、传输和拷贝等利用方式，总部员工、子企业员工、外部人员利用电子档案权限等作出详细规定，同时提出

---

❶ 此"信息安全"采用 IT 领域的概念，强调信息（数据）本身的安全属性，包括秘密性、完整性、可用性三方面内容。它针对信息系统分为四个层次：设备安全、数据安全、内容安全和行为安全。而档案领域中"信息安全"与"实体安全"相对应，一般指档案记录内容所反映的信息不被未授权者知晓，这与 IT 领域"信息安全"三种属性之一的"秘密性"大致相符。因此，"信息安全"概念的外延在 IT 领域远大于档案领域。

了利用效果反馈、电子档案不得私自扩散等利用要求。

16.2.3　标准规范

在上述制度的基础上，档案信息化项目还应当参考国家相关标准规范，就项目涉及的实施方案、工作流程等方面作出更为具体的细化，形成基于电子档案收、管、存、用等方面的标准规范体系及实施要求。主要包括：

电子文件归档标准规范，用于规范已实施的各类信息系统产生的电子文件归档业务，内容包括各类信息系统产生的电子文件的归档管理责任、归档范围、归档流程等。

档案分类规范，即根据本企业档案的特点制定档案分类方案。

档案管理及业务流程规范，包括管理类、产品或业务类、科研类、基本建设类、设备仪器类、会计类、职工类等各类档案在电子档案管理信息系统中收集、整理、存储、保管和利用等的规范。

档案利用标准规范，包括企业档案利用赋权原则，权限设置与更改流程，档案利用审批流程，计算机辅助编研规范等，是在档案利用制度的基础上更进一步细化。

此外，传统载体档案数字化标准规范、安全与保密管理系列规范等也应根据项目工作范围和需要制定。

某企业集团在试点项目中，制定了包括《电子文件长期保存格式规范》《业务系统与电子档案管理信息系统接口标准》《办公自动化系统电子文件元数据方案》《外事管理系统电子文件元数据方案》《电子档案管理信息系统运行维护规范》等系列规范、标准，用于规范电子文件和电子档案管理。其中，《电子档案管理信息系统运行维护规范》见附录 F。

16.3　项 目 文 档 管 理

项目文档是在项目立项、启动、计划、实施、结尾等过程中形成的文字、图表等各种形式的信息记录。按照文档所反映的内容可分为两大类，即全局文档和局部文档；其中局部文档又可分技术文档、成果文档和管理文档。在项目实施推进的过程中，应注意对这些文档的形成、收集和归档，同建筑工程项目一样，按照建设项目档案管理的有关要求进行管理。

16.3.1　全局文档

全局文档是对整个项目进行全盘规划、总结的一类文件材料，主要包括项目建议书、可行性研究、整体工作方案、项目总结报告、项目整体汇报 PPT 等。

16.3.2　局部文档

局部文档是项目实施过程中就项目管理、技术实施或成果的某一方面形成的文件材料。一般项目按照方案或计划实施，可为两条主线：一是管理线，二是技术线。技术和管理同步推进，以得到最终的项目成果。因此，局部形成的文档也分为这三类：一是技术文档，二是管理文档，三是成果文档（即对项目成果进行描述和说明文档）。对于档案信息化项目，一般以档案管理软件的开发或升级为核心工作，其形成的局部文档包括但不限于以下内容。

需求调研阶段：《需求分析说明书》《项目计划书》《系统验收标准》等。

设计阶段：《总体设计说明书》《详细设计说明书》《数据库设计说明书》《技术规范》《接口数据规范》等。

开发阶段：《程序维护手册》《用户操作手册》《程序员开发手册》《系统维护手册》等。

测试阶段：《测试计划》《测试报告》等。

实施阶段：《实施方案》《培训计划》《实施报告》《验收报告》等。

运行阶段：《系统运行维护管理规定》《系统数据维护管理制度》等。

管理文档：《项目管理计划》《质量控制计划》《配置管理计划》《用户培训计划》《质量总结报告》《评审报告》《会议记录》《开发进度月报》等。

其他所有软件的安装、运行、使用、测试、诊断和维修的技术文件。

第17章 项目总结与启示

2022年4月15日，某企业集团电子文件单套归档和电子档案单套管理（以下简称单套制）试点项目顺利通过了国家档案局验收，其数字档案馆系统正式启用。单套制试点项目是在国家档案局、国务院办公厅电子政务办公室、国家电子文件管理部际联席会议办公室的组织指导下开展，以办公自动化系统、外事管理系统（本章统称业务系统）电子文件归档为试点内容，构建了满足单套制管理需要的基础设施、信息系统和安全保密的档案信息化工作环境，规范归档电子文件20余万件，应用区块链技术解决电子文件归档过程中真实性保障的业务痛点，尝试将基于计算机黑白名单的档案智能鉴定方法应用其中，形成了一套经验总结、技术方案、制度标准等文档材料，可为其他企业以单套制推动档案工作数字化转型提供借鉴和参考模型。该企业的试点验收，标志着我国首家企业获准实施单套制，开启了企业档案工作数字化转型和高质量发展的新篇章。

17.1 经 验 总 结

17.1.1 注重电子文件归档环节，系统梳理电子文件归档流程及步骤

文件归档是档案"收管存用"四大基础业务的第一项业务，也是至关重要的一个环节，这一环节做得好坏，直接影响着档案的"管存用"。传统载体文件归档往往由收集、整理、移交、检查和接收几个步骤组成。文件自业务部门形成后，一般由兼职档案员进行收集、整理，编制移交清单并在规定时间内移交至档案部门，再由档案部门人员进行检查、清点并办理交接手续后，整理上架进行保管。这一过程中，归档文件是看得见、摸得着的，它们从业务部门到档案部门经过的每一个步骤清晰明了，文件所处的状态一目了然。但自从传统载体文件变为了电子文件后，文件归档由上述方式变为了计算机网络传输，电子文件往往"所见非所得"，这就为电子文件归档带来了一定的困难。同时，电子文件与生俱来的信息与特定载体之间的易分离性、信息的易变性等特点，又使归档的电子文件在真实、完整、可用、安全等方面面临较大风险。因此，在电子文件归档过程中，要认真梳理电子文件归档操作流程，结合实际设计归档操作步骤以确保电子文件"四性"（真实性、完整性、可用性、安全性）显得尤为重要。

试点项目设计电子文件归档流程操作共计20步，其中捕获、封装、固化信息等计算机自动执行18步，人工抽查、交接确认等人工执行2步。首先，电子文件由业务系统进行捕获、封装、固化信息后通过接口推送至电子档案管理信息系统，电子档案管理信息

系统接口平台接收后进行"四性"检测预处理，对于检测通过的电子文件进行解析存储并返回处理结果，对于检测不通过的电子文件重新进行封装推送。其次，电子档案管理信息系统对成功接收的电子文件结合人工进行鉴定、整理、检查、交接、格式转换、再次封装、固化信息等，通过系统集成接口推送给长期保存系统，再进行"四性"检测、存储、备份等，最后由离线刻录系统刻成蓝光光盘进行离线保存。

这种流程设计是基于电子文件的特点、归档业务要求和企业实际，以数据安全、系统稳定为前提，考虑前端业务系统上线运行时间较久、集成功能较多、形成数据量大，如果再将鉴定、整理、格式转换等功能设计于业务系统，势必会为业务系统带来更重的运行负担而降低系统性能，可能还会因对业务系统进行大规模改造而带来运行风险。因此，试点项目将这些功能置于新开发的电子档案管理信息系统中，加强电子档案管理信息系统的可嵌套性、鲁棒性设计，尽量减少对成型业务系统的改造，减轻业务系统压力。而对于新建业务系统的，则可选择将这些功能设计实现于业务系统，使之按照国家有关规范具备完整的系统功能。

17.1.2　勇于探索"区块链＋"，推进区块链与档案业务融合应用

电子文件真实性是电子文件价值实现的基础和前提，保障真实性在电子文件归档过程中尤为重要。目前电子文件真实性保障在国内没有统一的做法，除了基本的管理手段外，主要靠数字摘要、电子签名等技术实现。试点项目同样遇到了电子文件真实性保障的业务痛点，可选择电子签名、区块链等技术路径来解决。经分析和对比各项技术的优劣，试点项目选择了应用区块链技术来保障电子文件归档过程中的真实性并提供全生命周期的管理过程追溯的技术方案，深入研究区块链在档案管理场景下的实施应用并进行方案完善，在区块链系统与电子档案管理信息系统结合的基础上，进一步向前端业务系统延伸，从源头确保电子文件真实性，并对其生命周期全过程进行管控。

区块链建设工作搭建了自主可控的区块链基础平台，选取 7 个节点搭建联盟链，对外提供 API 接口，许可新节点加入，并对节点进行管理。功能设计以电子档案存证、验证和追溯为业务需求，结合模块化设计特点，将业务功能以插件方式增加，保持区块链核心功能稳定。性能设计考虑区块链"三元"取舍，当高效性、去中心化和安全性不可同时取得最佳时，设计区块链系统确保安全性不退让，在高效性和去中心化之间寻求平衡。上链数据将区块链融合档案业务场景应用，梳理电子文件自形成至电子档案长期保存或销毁的业务处理全过程，对其中使电子文件及其关键元数据状态发生变化的行为进行记录，截至 2022 年 3 月月底，完成上链存证交易 368 万余条，区块高度达 98 万。

为便于用户应用区块链对电子文件真实性进行验证和全生命周期追溯，试点项目基于区块链开发了电子文件验真平台，支持用户通过电子文件哈希值、电子文件、批量电子文件等方式进行真实性验证，并提供对电子文件或电子档案的全生命周期管理过程追溯。为进一步扩大区块链系统应用，打破企业内部不同层级单位之间的壁垒，总部、成员企业均可作为节点通过标准 API 接入区块链平台，并许可外单位加入。同时挖掘档案业务在跨单位、跨系统应用区块链交互的场景需求，建立业务应用接入区块链平台的集

成和管理规范。

17.1.3　提升档案工作效率，大胆实践智能鉴定方法

在企业形成的各类档案中，管理类档案由于涉及内容多样，其鉴定最为复杂。梳理电子文件归档流程发现，应用信息技术手段，从业务系统捕获电子文件到向档案部门提交电子档案的各个步骤均可通过计算机自动实现，只有归档鉴定还需人工进行，严重影响了电子文件归档效率。为了解决这一问题，曾有文章《基于黑白名单的档案智能鉴定方法研究》发表于《档案学研究》2021年第3期，系统地介绍了一种综合档案鉴定要求和大数据建设思想的黑白名单鉴定方法，并辅以数据流图、伪代码、黑白名单等作以说明，提出该方法在电子档案管理信息系统中的实现方式和要求，为实现电子档案智能鉴定提供了解决路径。

试点项目将《基于黑白名单的档案智能鉴定方法研究》付诸实践，按照文中所述数据流图进行设计、编码和测试，结合黑白名单形成了一套适用于计算机的判定逻辑，实现电子文件归档环节的智能鉴定。对鉴定结果分类取样进行人工检查，计算该智能鉴定的正确率。对正确率较低的鉴定结果进行原因分析，不断调整数据流图及黑白名单，提升鉴定正确率，最终达到99.2%。

既然应用计算机实现智能鉴定，那么鉴定结果的正确率应达到99%以上。项目团队认为，能否达到这一指标，决定着这一智能鉴定方法是否可用。如果智能鉴定的正确率达到99%及以上，就相当于100%，另不到1%的错误可由到期鉴定来处理。如果智能鉴定的正确率不达99%，那就相当于0，因为相当数量的鉴定错误结果需要辅以人工鉴定来改正，这一过程则需要人工全部鉴定一遍，才能找出哪些结果出现错误。因此，在档案智能鉴定方法的应用中，鉴定结果的正确率应当备受关注，不能达到一定正确率的智能鉴定方法不可用。

17.1.4　强化全宗管理，建立电子全宗卷

电子文件归档中的"电子文件"一般多指业务系统中形成的电子文件，业务系统相对于电子档案管理信息系统来说，往往被理解为进行前端业务处理并与电子档案管理信息系统对接的信息系统，而电子档案管理信息系统作为对档案管理业务进行处理的"业务系统"往往被忽略。传统载体文件交接时，由业务部门编制移交清单并与档案部门办理交接手续，交接清单作为全宗卷进行管理。电子文件交接由线下搬到上线，通过系统完成这一过程，则也应按照全宗卷管理的要求，对交接过程形成的交接文据、交接清单等作为电子全宗卷进行管理。

试点项目强化全宗管理，在电子档案管理信息系统中建立电子全宗卷。根据《全宗卷规范》（DA/T 12—2012）梳理全宗管理的关键环节，明确电子全宗卷的构成，提取数据库中属于全宗卷范围的数据并进行版式化，形成电子档案管理信息系统归档电子文件，对该电子文件进行整理、存储、备份、上链存证等处理，形成电子全宗卷。

电子全宗卷的建立，将电子档案管理信息系统形成的电子文件也按照业务系统电子文件归档的要求进行归档和管理，保障了该电子文件或电子档案的安全和长期可用的同

时，还为解决电子档案利用防扩散和区块链验证技术矛盾问题提供了解决途径。

17.2 项 目 启 示

17.2.1　敢于尝试，大胆创新

既然是试点，就要敢于"试"，敢于不走别人走过的路，找出新方法，开拓新路径。面对解决电子文件真实性问题时选择应用区块链技术解决，一方面，该企业集团作为五家试点企业之一，要敢于尝试，不怕失败，秉承着"失败也是经验"的理念，大胆创新应用，企业自身倾向于选择应用区块链。另一方面，自从中共中央政治局第十八次集体学习，习近平总书记强调区块链重要作用后，"区块链＋"发展趋势明显，区块链在档案领域的应用也非常值得研究和探索。同时，区块链在与电子签名相比的自身优势上，在企业集团数字档案馆（室）建设实现互联互通上，在帮助实现档案数据在多单位、跨系统间协同流转上，在未来发展空间和价值释放上均具有明显优势。这些优势，使试点项目更加坚定地选择走区块链技术路线，致力于探索出一条应用区块链技术提供电子文件真实性保障，并与档案业务场景紧密结合的可行路径。

17.2.2　问题导向，各个击破

完成一个国家级试点项目，没有遇到过困难或问题是不现实的。特别是开拓创新的项目，遇到问题会更多，甚至可能因问题未解决，导致项目停滞不前。试点项目秉承着"办法总比问题多"的理念，遇到问题时，以问题为导向，通过文献检索、调研学习等方式，分组分头寻找突破口，再将各种线索汇集讨论，如未能解决，再分组分头寻找，直至问题被攻克。例如，遇到电子档案防扩散与区块链验证技术矛盾问题，项目组分头探索出将哈希值嵌入电子文件、哈希报文排除数字水印、电子档案哈希值重新上链等解决方案，经汇总讨论，项目组认为这些方法均不可行，最后采用了加强电子档案下载利用的权限控制，通过电子全宗卷对下载记录进行管理并上链存证的解决方案，才将此问题攻克。

17.2.3　项目运作，团队建设

试点项目作为一个解决电子文件单套归档和电子档案单套管理的信息化建设项目，理应以项目形式进行运作，将 PMBOK 项目管理理论应用其中，严格按照信息系统项目管理的各项要求开展。将项目从启动、计划，到实施、收尾分为若干阶段，项目监控贯穿全过程。每个阶段按照涉及的工作内容，对项目整体、范围、进度、质量等十大方面进行管控，及时跟踪、检查和调整。如定期召开项目沟通会议，对比项目基线、分析偏差，评估趋势、改进过程，识别风险、控制变更等。其中，团队建设最为关键，项目整体要积极争取领导的重视和参与，配置合理的人力资源，明确责任分工，制作 RACI 矩阵固化责任。项目团队不能让档案部门一家独大，必须要依托信息技术部门，适当引入外部专业人才。明确任命一个"精业务、通技术、懂管理"的项目实施带头人作为项目经理，在多部门参与下，能充分协调档案部门与信息化部门的沟通，将业务需求和技术

实现相融合。

17.2.4 钻研实践，循环往复

　　试点项目除了要求有一定的专业知识和技能外，还要有脚踏实地、潜心钻研的精神。这就要求项目组人员能够耐下心来，深入细致地研究业务、掌握技术，才能将二者结合起来，灵活运用。在运用过程中，要不断地检查、反思、调整，再检查……以此循环往复，特别是对一个新想法还要反复地实验、论证，直到成功才算完成一次钻研性的进步。智能鉴定在档案鉴定领域可以说是一次开拓，但它也不是第一次结果检验就达到了正确率99％以上的，而是从83.3％开始，通过一次一次分析鉴定出错的原因，不断对流程进行优化，对名单进行调整，再对优化和调整后的程序进行测试、实验，直至正确率达到了99.2％为止。

　　试点项目最终得到了国家档案局、国务院办公厅电子政务办公室、国家电子文件管理联席会议办公室及验收专家组的充分肯定，认为该项目不仅按照既定方案完成了试点任务，同时探索了区块链技术应用、档案智能鉴定、电子全宗卷等做法，提升了电子档案安全管理水平，提高了档案工作效率，亮点突出，成效显著。未来将进一步深化试点成果运用，拓展应用范围，发挥示范引领作用，为全国档案事业高质量发展继续提供经验、贡献力量。

第18章 成果推广应用

试点成果验收后，全方位总结试点项目业务、技术、管理经验，沉淀出可供推广的模式和方法，形成了总部、全集团、全企业的三层推广方案。一是扩大总部单套制应用范围，将更多业务系统电子文件进行单套归档管理；二是将试点项目成果由总部向所属企业推广，带动所属企业实现电子文件单套归档和电子档案单套管理；三是让试点项目经验从集团系统"走出去"，服务全国企业档案信息化项目建设，服务国家档案事业高质量创新发展，为实现碳达峰、碳中和的国家战略助力。

18.1 总部数字档案馆（室）建设

"十四五"期间，总部拟在试点项目基础上，尽快建立会计核算、科研业务系统与电子档案管理信息系统接口，推动实现总部重点业务领域电子文件单套归档管理工作，推进总部数字档案馆（室）建设，从而进一步节约企业成本，提升总部管理能力。

18.2 集团数字档案馆（室）建设

18.2.1 机遇与要求

2021年12月，为落实《"十四五"全国档案事业发展规划》，推进企业档案信息化建设，国家档案局印发《关于开展企业集团数字档案馆（室）建设试点工作的通知》（档办函〔2021〕304号），组织企业集团开展数字档案馆（室）建设试点工作。试点要求深入贯彻落实习近平总书记关于做好新时代档案工作的重要指批示精神，以《"十四五"全国档案事业发展规划》提出的企业档案信息化建设任务为目标，需求牵引、试点先行、分批推进，以点带面、以上率下，推动企业集团建设覆盖主要业务、贯通各级所属单位的企业集团数字档案馆（室），进一步提升传统载体档案数字化率，实现企业档案工作数字化转型到高质量发展，加快企业档案工作现代化步伐，为数字经济发展和网络强国建设贡献力量。

试点内容包括探索构建以企业总部为中心、所属单位为节点的企业集团数字档案馆（室）体系的步骤方法；探索数字经济条件下加快数字档案馆（室）建设的路径方法，业务系统电子文件归档新技术及加快企业档案资源数字转型新路径；验证有关标准规范的适用性，为完善档案信息化标准规范提供保障；形成可推广可复制的经验做法。

建设标准主要有：企业集团总部按照《企业数字档案馆（室）建设指南》建成数字档案馆（室），其中馆（室）藏传统载体档案数字化率达到90%，并于2025年6月底前通过国家档案局组织的验收；所属单位按照《企业数字档案馆（室）建设指南》建成数字档案馆（室），数量达到相应比例要求，并在企业集团总部试点工作验收前通过总部验收；总部与所属单位数字档案馆（室）实现互联互通。

针对企业集团数字档案馆（室）建设试点机会，某企业集团以刚刚完成的电子文件单套归档和电子档案单套管理试点成果为起点，再次对企业集团数字档案馆（室）建设工作进行规划。

18.2.2 情况调研

某企业集团（本章以下简称"公司"）成立于2011年9月，是在某设计集团公司、某施工集团公司和某能源公司所属企业的基础上组建而成的国有大型中央企业。公司自成立以来，信息化建设在国家网络强国战略思想的引领下，积极落实央企网信工作的各项要求，信息技术应用发展较快。总部通过建设8个平台级业务系统、34个业务应用系统，实现了216个业务流程、487项工作标准在线管控。统一构建的集中采购平台、工程招标平台及具有自主知识产权的项目管理信息系统已投入使用，办公自动化系统、党务管理系统、投资管理系统等业务系统也在多级成员企业中推广应用。除上述系统外，成员企业还根据自身主营业务需要，自主建设了招标采购管理系统、合同管理系统、科技创新管理系统、物资设备管理系统、水情测报信息系统、电力生产信息系统、设计品控系统、市场经营管理系统等400余个信息系统，并在线运行使用。

公司档案工作在国家档案局的领导和指引下，紧紧围绕改革发展中心任务，夯实基础，开拓创新，档案工作水平稳步提升，在国家档案局开展的中央企业档案工作综合检查中获得了"良好"等次和档案信息化建设"走在了央企前列"的高度评价：一是基础业务全面加强。档案资源总量迅速增长，档案管理机制持续完善，新增修订档案制度规范19项，覆盖主要档案类型和业务环节。完成了总部及子企业文件材料归档范围和保管期限表的编制和审批，做到应审尽审。建设项目档案评定验收、关闭企业档案处置等专项工作有序实施。二是创新活力有效激发。公司承担的国家档案科技项目《"一带一路"倡议下中央企业境外档案管理研究》通过结题验收，公司所属企业"三维四层"档案管理体系成为企业境外档案管理典型案例。公司实施10号令工作成果入选国家档案局培训教材，《"五位一体"实施10号令新方法》荣获全国经济科技档案工作创新二类案例。《基于档案前端控制的勘测设计产品PLM管理创新实践》《档案管理技术咨询服务输出研究》等多项成果荣获全国企业档案工作创新优秀案例。三是档案安全切实加强。推进公司各级各类档案库房达标建设，配备专业的设施设备，满足"九防"要求。建设体系化网络安全模式，通过"云坝"、跨域访问控制、安全资源池等技术手段，建立了信息安全纵深防护与主动防御相结合的网络信息安全体系。四是队伍建设梯级强化。组建公司档案专家团队，以"高精尖"人才队伍建设为导向，引领公司档案事业发展。面向一线档案人员，组织开展大规模、全覆盖的档案业务培训，持续提升档案人员专业素质水平。

公司总部档案信息化建设以单套制试点工作为契机,探索了将传统手工管理模式转变为应用计算机技术在线归档电子文件管理模式的最佳路径,实现了 20 余万件电子文件单套归档管理;通过区块链系统平台,为电子文件真实性和全生命周期过程信息可追溯提供保障;研发电子档案检测、智能鉴定、长期保存、全宗管理等功能模块并集成应用,取得了档案信息化领域多项创新突破。公司所属两家子企业先后完成了全国企业数字档案馆(室)建设试点、企业电子文件归档和电子档案管理试点任务。通过试点,在办公自动化系统、设计流程系统、工程项目管理系统电子文件在线归档,特别在三维模型归档、专题编研知识库等方面获得了突破性进展;在会计核算业务和勘测设计业务电子文件归档的元数据收集、电子签名、外部电子发票电子化归档管理等方面获得了技术创新。

除上述三个试点项目外,公司所属子企业档案信息化建设发展整体是不平衡的。大多数设计类企业与部分投资、施工类企业(以下统称一类企业)档案信息化水平较高,较早上线运行了电子档案管理信息系统,开发了办公自动化系统、主营业务系统与电子档案管理信息系统接口,具备电子文件在线收集、整理、归档和电子档案存储、检索、利用、统计等基本功能,积极开展了传统载体档案数字化工作,平均数字化率达 70% 以上,基本完成了企业数字档案馆(室)建设。有的子企业在此基础上还开展了基于企业知识利用服务为核心的大数据应用管理平台研究,引领水电设计企业由数字档案馆(室)向智慧档案馆(室)迈进。其他企业(以下统称二类企业)档案信息化建设尚处于起步阶段。有的无软件、无系统;有的应用单机版档案管理软件建立条目级数据库,辅助管理传统载体档案;有的有系统无接口,将业务系统电子文件打印输出纸质件进行归档,再扫描挂接至电子档案管理信息系统;有的系统功能不全,对电子文件归档和电子档案管理不规范、元数据不完整、保存格式不符合有关要求等。

18.2.3 建设工作需求

如今电子信息技术飞速发展,公司信息化建设大步前行,众多业务系统的上线应用,形成了大量电子文件。以传统手工管理为主的企业档案馆(室)受到了电子管理方式的挑战,电子文件归档率不容乐观。成员企业除应用数据库管理系统管理的关系型数据外,以计算机文件形式形成电子文件 15726.25 万件。其中,已归档 4381.66 万件,未归档 11344.59 万件,归档率 27.86%。未归档电子文件占比 72.14%,如此大比例电子文件不归档的现状与公司信息化整体发展水平相去甚远。大量电子文件在业务系统办理完毕后,不能作为电子档案归档或归档不规范,随着业务系统及其依赖的软硬件不断升级,必然导致宝贵的电子档案资源不断流失,不利于档案事业长远发展和数字经济的转型升级。

新修订的档案法明确各单位要加强档案信息化建设,积极推进电子档案管理信息系统建设,与业务系统相互衔接。"两办"印发的《"十四五"全国档案事业发展规划》,也要求"十四五"期间加速数字档案馆(室)建设,完成 50 家企业集团数字档案馆(室)建设试点。公司召开党委常委会,提出要在《"十四五"全国档案事业发展规划》的指引下,推动公司档案工作的数字化转型升级,加快建成集团型数字档案馆(室)。

为贯彻落实新修订的档案法、《"十四五"全国档案事业发展规划》和公司党委对档案工作转型升级的指示要求，公司亟须组织开展公司数字档案馆（室）建设，以满足新时期档案工作的需要。

18.2.4　建设模式分析与选择

18.2.4.1　建设模式分析

目前，企业集团数字档案馆（室）建设模式可分为以下几种：

一是统一建设模式，简称统建模式（图 18.1）。即由总部统一规划全集团数字档案馆（室）建设项目，制定建设方案，引进各种软件、硬件和网络设备，集中部署一套多全宗的电子档案管理信息系统平台，制定有关规章制度和标准，配置一定数量的专职人员并划拨专项经费对数字档案馆的建设和运行进行管理。各所属企业分级应用这一系统平台，在本企业数字档案全宗范围内，建设本企业数字档案资源，开展数字档案的收、管、存、用工作，并接受总部的监督管理。

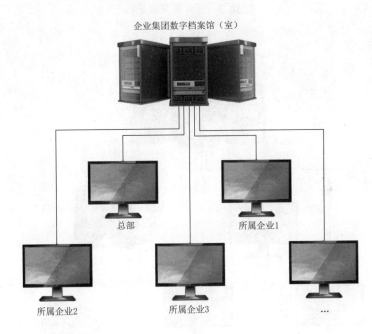

图 18.1　统建模式示意图

二是分散建设模式，简称分建模式（图 18.2）。即由总部对所属企业提出建设数字档案馆的任务和要求，制定工作目标、完成计划和考核标准，并指导所属企业开展各自的数字档案馆建设工作。各所属企业在总部的要求和指导下，各自规划本企业数字档案馆建设项目，制定建设方案，引进各种软硬件和网络设备，开发或购置电子档案管理信息系统，建设数字档案资源，制定有关制度标准，配置人员并划拨经费对数字档案馆进行建设和运维。建设完成后，接受总部对建设任务完成情况的考核或验收。

三是复合建设模式，简称复合模式（图 18.3）。它将"统建"与"分建"两种模式结合起来，即在一个中央企业内部，部分企业统建、部分企业分建。

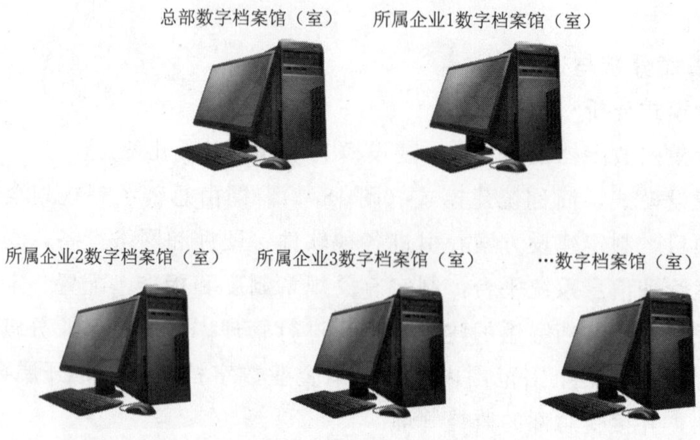

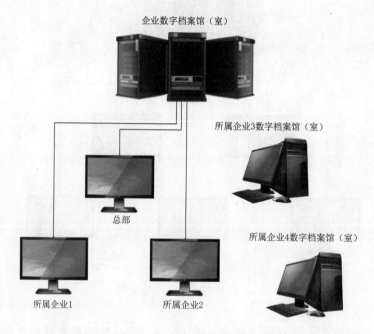

图 18.2 分建模式示意图

图 18.3 复合模式示意图

根据"统""分"的结合程度、结合方式等不同，可将"统"与"分"的范围大体分为以下几种：

按业务类型"统"，即在一个中央企业内部，根据所属企业的业务类型或所处业务板块不同，将同一业务类型或板块的企业数字档案馆统一建设，不同业务类型或板块的分散建设。

按发展阶段"统"，即在一个中央企业内部，根据所属企业数字档案馆建设程度和发展阶段的不同，将建设程度较好、发展阶段较高的企业数字档案馆分散建设，将未建或建设程度不好、发展阶段较低的统一建设。

按企业层级"统"，即在一个中央企业内部，根据企业所属的层级不同，将一定层级以上的企业数字档案馆统一建设，相应层级以下的分散建设。一般按照一个层级化企业内部档案工作的分级管理原则，由总部统一建设至子企业的较多。

按所属区域"统"，即在一个中央企业内部，根据所属企业处于不同的国家或地区，将一定区域范围内的企业数字档案馆统一建设，不同区域范围的分散建设。一般有境外企业的数字档案馆建设多采用这种模式。

不同范围的"统""分"还可以结合起来形成更多的建设模式，如将按业务类型"统"与按发展阶段"统"相结合，即在一个中央企业内部，根据所属企业的业务类型和数字档案馆发展阶段的不同，将同一业务类型企业、发展阶段较低的数字档案馆统一建设，不同业务类型企业、发展阶段较高的分散建设。

18.2.4.2　建设模式选择

经分析比较，复合模式因其在结合范围、结合方式、结合程度上的灵活性，使采用此种模式的企业通过分析自身特点，尽量规避统建或分建的缺陷，采用适当"统"的方式，使其兼具统建和分建二者优势。对于目前大多数行业性重组的企业集团来说，复合模式是一种较为适用的模式。重组型企业因其所属企业在重组前被监管力度的不同，使各企业数字档案馆建设工作的开展程度和发展水平差异较大。企业重组后，采用"统"与"分"的复合建设模式，既可以利用已有的软硬件条件，不造成资源浪费，也可以一定程度上实现对全集团数字档案资源的管控和共享利用。

公司以项目建设为主业，包括水电、火电、风电、光伏等电力项目建设和市政、交通、房地产等其他项目建设，此外，还具有资本运作、国内外市场开拓、科学研究与技术合作等功能。所属企业或项目部呈跨地区、跨行业分布，这种"多业态""跨行业"的态势使形成的企业档案种类繁多，内容丰富多样。由于公司是经行业性改革重组形成的，其所属企业之间档案工作发展极不均衡，档案管理水平差距较大。按照建筑业务板块划分，设计类企业与部分投资、施工类企业档案信息化基础较好，而其他企业档案信息化建设尚有差距。

因此，公司数字档案馆（室）建设选择采用复合建设模式，由公司总部做好顶层设计，制定《公司数字档案馆（室）建设工作方案》，明确建设目标、建设任务、建设路径、工作计划等，提出要通过建设企业数字档案馆（室），实现电子文件归档和电子档案管理，实现档案资源数字化和网络存储，实现档案信息资源有序整合和数据共享、实现档案工作规范化和转型升级的有关要求，为企业提高管理水平、增强核心竞争力提供有力支撑。

18.2.5　建设方案设计

18.2.5.1　建设目标

依据国家档案局《企业数字档案馆（室）建设指南》，大力推进公司数字档案馆

（室）建设全覆盖，实现总部与成员企业数字档案馆（室）互联互通，助力全国档案事业高质量发展。

总部目标为：深化总部数字档案馆（室）建设，进一步探索人工智能、区块链等新一代信息技术与企业档案工作深度融合，推动公司档案工作数字化转型和高质量发展，引领公司档案信息化建设达到全国领先水平。

一类企业（设计类企业与部分投资、施工类企业）目标为：对标《企业数字档案馆（室）指南》，完善本企业数字档案馆（室）建设，全部达到验收标准并与总部互联互通。推进档案科技创新，加快科技成果转化，实现企业档案管理现代化。

二类企业（其他企业）目标为：按照《企业数字档案馆（室）建设指南》要求开展本企业数字档案馆（室）建设，50％以上企业达到验收标准并与总部互联互通。

18.2.5.2 建设工作任务

为了达到上述目标，拟开展以下主要工作支撑目标实现。

1. 管理工作任务

总部与成员企业均成立数字档案馆（室）建设工作组织机构，明确职责分工；开展情况调研、收集有关资料，对建设工作进行整体规划和初步计划，制定工作方案与专项技术方案；开展方案论证评估；召开公司数字档案馆（室）建设工作启动会，对工作方案和有关技术要求进行培训；上级企业指导下级企业开展建设工作并进行监督、检查和成果验收；总部组织对成员企业数字档案馆（室）建设工作开展情况进行总结表彰等。

2. 总部工作任务

总部以推广应用单套制试点成果、完善制度标准体系、探索新技术在档案领域的应用为主要任务，具体包括：

一是单套制试点成果推广。将总部单套制试点成果由办公自动化系统、外事管理系统向会计核算系统、科技项目管理系统等多业务系统推广，由总部向成员企业推广，指导符合应用要求的成员企业快速建成数字档案馆（室）。

二是专题库建设。依托现有档案数字资源，建设荣誉档案、照片档案等基础档案专题库，针对反映公司发展沿革、资产产权等重要档案建立沿革资产专题库，针对日常利用较多的会议纪要、管理制度、人事聘免等档案分别建立会议、制度、人事专题库等。深度挖掘档案信息，建设多元化档案资源专题库，推动档案利用由档案服务到知识服务转变。

三是档案数字资源共享中心建设。研究解决各企业间分布式、异构系统间数据共享及高效利用等问题，建设公司档案数字资源共享中心平台。通过开放数据接口、电子档案信息包导入等方式实现档案数字资源整合，集成区块链系统平台保障电子档案真实性及溯源操作。提供电子档案分布式全文检索及可视化流程引擎，为利用者提供一站式档案利用服务体验。

四是区块链技术研究与创新应用。延展区块链长度，开放区块链接口标准，打破公司内部金字塔型组织结构，推动成员企业档案数据上链交易，鼓励外部单位接入。尝试在公司主营建设项目中应用区块链系统建立可信环境，推进建设单位、设计单位、施工单位、监理单位等多节点协同管理。研究提高区块链存证服务能力，拓展区块链应用领域，将区块链技术推向物资采购、产品流通、资金流转、信息共享等更多应用场景，探索用区块链技术缓解多个行业或业务痛点的可行路径。

五是制度规范体系优化完善。制定公司电子档案利用管理办法等管理制度，多业务系统元数据方案、接口标准、电子档案长期保存格式规范等，电子档案管理应用区块链技术规范，区块链数据上链规范、接口标准等，不断优化完善公司档案信息化制度规范体系。

3. 成员企业数字档案馆（室）建设任务

成员企业建设数字档案馆（室）以国家档案局《企业数字档案馆（室）建设指南》为主要依据，基础设施建设、电子档案管理信息系统建设、数字档案资源建设、制度规范建设、安全保密建设等均应符合《企业数字档案馆（室）建设指南》要求。在此基础上，结合公司实际对成员企业工作要求作以下补充说明和细化。

一是基础设施建设。充分利用公司现有信息化基础设施，以安全可控为前提对数字档案馆（室）建设所需要的基础软硬件环境进行优化配置，除硬件外，软件基础设施主要包括操作系统、数据库系统、中间件、OFD软件等，使之满足未来一定时期档案数字资源管理的需要。电子档案管理信息系统需配备专用服务器，制定科学的存储备份策略，依据该策略配置稳定且适当冗余的物理级专属存储设备，包括离线存储设备。

二是归档功能与接口建设。归档功能要以数据安全、系统稳定为前提，充分考虑系统上线运行时间、集成功能模块规模、形成待归档数据量等实际进行设计，将系统改造量最小化。确保电子文件在归档过程中的真实、完整、可用、安全，应用公司区块链系统实现电子文件真实性检测。

三是电子档案管理信息系统建设。电子档案管理信息系统除应具备收集、整理、存储、检索、利用、统计、鉴定、格式转换、审计、备份、系统管理等基本功能外，还应具备元数据管理、数据封装、电子档案检测、长期保存等功能，并与公司档案数字资源共享中心平台集成，实现资源共享。

四是区块链系统应用。业务系统、电子档案管理信息系统应分别与区块链系统集成，将新归档的电子文件按照公司有关规范上链管理，实现其真实性和全生命周期管理过程可追溯，满足单套制的必要条件，为电子档案与传统载体档案具有同等法律效力提供基本保障。

五是档案数字资源建设。电子文件归档和电子档案管理按照《公司电子文件归档和电子档案管理办法》执行。传统载体档案数字化率应达到存量档案可数字化范围的70%以上，其中一类企业数字化率应达到90%以上。专题库建设参照3.2.2结合本企业科研、建设项目等档案形成情况，建设至少3类8个专题库。如有企业涉及历史数据迁移，则应在迁移过程中确保历史数据真实、完整，过程可控。迁移活动应形成电子档案管理过程元数据记录并上传区块链。

六是制度规范建设。成员企业按照《企业数字档案馆（室）建设指南》要求进行制度规范建设时，应适当对制度规范进行规划，并进行相应的编制和修订，可对相关规定独立编制成一个制度或规范，也可将规定以章节或条款的方式修订在某项制度或规范中。除《企业数字档案馆（室）建设指南》规定外，规范还应包括元数据方案、电子档案检测方案、接口标准、长期保存格式规范等。公司印发的与数字档案馆（室）相关的制度规范，如《公司电子文件归档和电子档案管理办法》，成员企业可直接按其执行，也可结合本企业实际具体细化。

七是安全保密建设。成员企业电子档案管理信息系统应达到计算机信息系统安全保护二级及以上等级，并按规定进行登记管理。

八是文档编制与收集归档。成员企业应对数字档案馆（室）建设工作进行总结，形成《工作报告》《技术报告》等文件材料，与系统建设形成的《软件需求规格说明书》《系统测试报告与用例》《系统操作手册》《用户使用手册》等技术材料一并收集、整理和归档，为日后工作成果验收、推广应用、系统运维等事项做好准备。

4. 任务分解表

对照上述工作任务，以公司总部为企业层级第 1 级，子企业为第 2 级，……以此类推，形成任务分解表，见表 18.1。

18.2.5.3 建设路径

公司数字档案馆（室）建设以公司组织架构为基础，总部与成员企业分级实施。除总部和部分重组型子企业外，一律采用子企业一级部署模式，即有多级所属企业的子企业负责统一建设，将多级所属企业全部纳入子企业实施范围，以子企业为单位建成数字档案馆（室）。可选建设路径如下。

1. 与总部统建

基于总部数字档案馆（室）开设独立全宗，按照成员企业需求进行元数据、分类方案、数据字典、模板、报表、流程等系统配置，实施分级管理。主要涉及业务系统归档功能与接口开发、业务系统与区块链系统集成、可能涉及的档案历史数据迁移等工作。

此路径无需成员企业单独采购电子档案管理信息系统软硬件，可直接采用总部数字档案馆（室）建设标准、方案等，减少重复工作量，易于实现公司档案数字资源整合和系统运行维护，成本低、上线快。适用于位于企业层级少、数据量小的成员企业（无电子档案管理信息系统或电子档案管理信息系统需升级改造）。

2. 采用总部成果自建

采用总部单套制试点成果（公司标准版区块链电子档案管理信息系统）自行建设，参照总部数字档案馆（室）建设标准、方案等，结合成员企业主营业务、项目等特殊需求进行二次开发。主要涉及业务系统归档功能与接口开发、业务系统与区块链系统集成、针对特殊需求的制度标准建设、可能涉及的档案历史数据迁移等工作。

表18.1 公司数字档案馆（室）建设任务分解表

企业名称	企业层级	基础设施	电子档案管理信息系统	区块链	完成数字化率	归档电子文件	专题库	安全保密	制度规范	文档编制
总部	1	符合要求	符合要求	已集成	90%	办公自动化系统电子文件14.2万件，外事管理系统电子文件5.6万件	在建	符合要求	已建6个	完成
子企业1	2	符合要求	符合要求	在集成	50%	办公自动化系统27万件	在建	符合要求	在建	在建
子企业2	2	符合要求	需升级	待集成	65%	办公自动化系统电子文件14.1万件	待建	与系统同建	待建	完成
子企业3	2	符合要求	符合要求	待集成	92%	公文管理系统15.6万件；协同办公系统2.38万件	在建	与系统同建	待建	待建
子企业4	2	符合要求	在建	待集成	60%	公文管理系统1.6万件；协同办公系统5万件	待建	与系统同建	待建	待建
子企业5	2	符合要求	需升级	待集成	50%	综合办公系统1万件、生产管理系统13万件	待建	与系统同建	待建	待建
子企业6	2	符合要求	符合要求	待集成	97.9%	办公自动化系统电子文件2.6万件、设计流程电子文件410卷	已建5个	符合要求	已建24个	完成
子企业7	2	符合要求	符合要求	待集成	95%	财务共享中心电子文件3.8万件、工程项目管理系统电子文件3.9万件	已建3个	符合要求	已建14个	完成
子企业8	2	符合要求	符合要求	待集成	95%	产品管理系统电子文件5.2万件	已建3个	符合要求	已建16个	完成
...	...	...	...	...	...	...	...	...	...	...

此路径可在电子档案管理信息系统、区块链技术应用等方面可与总部保持一致，较易实现公司档案数字资源整合，一定程度上减少重复工作量，能够有效降低建设成本。适用于企业层级多、数据量大或其他独立性要求较高的成员企业（无电子档案管理信息系统或电子档案管理信息系统需升级改造）。

3. 按照总部要求自建

按照《企业数字档案馆（室）建设指南》和总部要求自行建设，涉及本方案（二）3. 提及的全部工作。

此路径保持已有电子档案管理信息系统应用特点与使用习惯，但不利于公司档案数字资源整合，系统改造和互联互通难度相对较大。适用于已有电子档案管理信息系统且使用效果较好的成员企业。

18.2.5.4　建设工作实施保障

1. 组织保障

建立分层分级、人员结构合理的建设工作领导小组和工作组，明确责任划分和人员构成。其中，领导小组主要负责重大事项决策、资源保障、方案报告审核、制度标准审批等；工作组具体负责建设工作推进实施，开展业务指导、检查和验收，确保各项工作达到预定目标。

成员企业根据工作需要成立数字档案馆（室）建设工作小组，纳入上述工作组。小组由公司党委或公司领导牵头负责，成员主要由档案部门、信息技术部门、相关业务部门人员组成。具体负责建设工作规划、计划、实施方案、制度标准的制定，建设工作实施推进、检查、总结等。

2. 资金保障

为做好本次建设工作，在前期总部档案信息化建设投入经费的基础上，预计总部再次产生的建设成本主要包括：增配基础设施成本、电子档案管理信息系统多全宗建设成本、业务系统归档功能开发成本、系统接口开发成本、总部与成员企业互联互通共享平台及接口开发成本、管理成本等。

成员企业数字档案馆（室）建设经费由成员企业根据实际需要自筹，建设成本主要包括：增配基础设施成本、电子档案管理信息系统建设成本、业务系统归档功能开发成本、接口开发成本、历史数据迁移成本、传统载体档案数字化成本、管理成本等。

3. 管理机制保障

一是公司数字档案馆（室）整体建设工作及成员企业数字档案馆（室）建设工作均以项目形式运作，明确项目经理并实行项目经理负责制，对项目进行工作任务分解，明确各项任务负责人并实行承包责任制，重点管控方案制定与审核、系统验证与测试、数据质量检查、制度标准制定等关键环节，保证方案优化可行、成果验收准确无误、制度标准适用可行。

二是项目经理作为建设工作沟通协调总负责人，做好与领导小组和工作组、配合部门、成员企业领导小组和工作组、第三方承建方、用户等各相关方的沟通交流，保障建设工作按计划有序推进。

三是各子企业要根据本方案细化本企业数字档案馆（室）建设方案，并报总部备案。具体工作实施前要根据本企业建设方案进一步制订专项工作计划，重点关注需求管理、质量保证、检查与验收等，确保各项工作能够责任到人、质量合格并定期检查。对工作成果影响较大的工作方案，应邀请相关专家进行评审，保障成果质量。子企业每半年形成一次工作进展情况报告报送总部。

四是公司总部负责指导子企业开展建设工作，定期组织召开会议检查工作进展情况，负责对子企业建设成果进行验收，帮助子企业建设成果转化和应用推广。各子企业指导所属企业开展建设工作，负责对其建设成果进行验收。子企业建设成果报总部验收前，应确保50％以上所属企业建设成果已通过验收。

18.2.5.5　进度计划

1. 总体工作进度安排

建设工作按照工作性质整体划分为启动与规划、实施与指导、验收、总结与表彰四个阶段。全部工作计划于2025年年底前完成。

启动与规划阶段（2022年10月至2023年3月）：总部与成员企业均成立数字档案馆（室）建设工作组织机构，明确职责分工；开展情况调研、收集有关资料，对建设工作进行整体规划和初步计划，制定工作方案与专项技术方案；开展方案论证评估；召开公司数字档案馆（室）建设工作启动会，对工作方案和有关技术要求进行培训。

实施与指导阶段（2023年4月至2025年6月）：总部按照本方案（二）2. 任务要求开展建设工作，成员企业按照本方案（二）3. 任务开展建设工作。总部定期组织召开建设工作推进会、检查会、培训会等，指导和帮助解决建设工作中的各类问题。成员企业定期向上级企业汇报建设工作开展情况，子企业按期形成报告报送总部。

验收阶段（2023年7月至2025年6月）：成员企业建设成果投入试运行，确保成果技术质量符合建设工作要求；系统和文档测试验收，成果审核确认；对建设工作经验进行总结，形成工作报告、技术报告、系统测试报告等。按照总部要求申报成果终验，总部组织验收。成员企业组织开展系统用户培训、系统运行维护及后评价、电子档案管理信息系统安全等级保护等工作。

总结与表彰阶段（2025年7—12月）：总部组织开展数字档案馆（室）建设工作总结与表彰，对在此项工作中表现突出的单位和个人给予表扬和奖励。

2. 验收工作安排

第一批验收企业应于2024年6月前完成建设工作并通过总部验收。

除第一批验收企业名单外的其他子企业作为第二批验收企业，应不晚于2025年6月通过总部验收，如有2024年6月前通过总部验收的，调整至第一批验收企业。

18.3　"区块链＋档案"标准建立

让试点经验从公司系统"走出去",服务全国企业单套制项目建设,最有借鉴意义的首数"区块链＋"在档案管理领域的创新应用与探索。近年来,国家档案局在组织制定修订档案行业标准项目立项申报工作中,多次提出以大数据、人工智能、区块链等新一代信息技术在档案工作中的应用为立项重点进行申报的要求。公司拟将试点工作中应用区块链技术管理电子档案的成功经验凝炼为《电子档案管理应用区块链规范》进行申报,以期以标准的形式向公司系统外提供参考借鉴的同时,助力我国档案行业标准体系建设更加完善。

18.3.1　建立标准的目的及必要性

一是深入贯彻党中央决策部署的需要。中共中央政治局 2019 年 10 月 24 日就区块链技术发展现状和趋势进行第十八次集体学习,会议上强调,区块链技术的集成应用在新的技术革新和产业变革中起着重要作用。要把区块链作为核心技术自主创新的重要突破口,明确主攻方向,加大投入力度,着力攻克一批关键核心技术,加快推动区块链技术和产业创新发展。国家档案局积极落实党中央的要求和指示,于 2020 年 6 月 19 日举办区块链技术视频专题讲座,邀请有关专家就"区块链技术发展趋势及在档案存证方面的应用"作了讲解。

2021 年 6 月,中共中央办公厅、国务院办公厅印发《"十四五"全国档案事业发展规划》,提出"加大重点科研任务攻关力度。重点开展新一代信息技术在档案管理中的应用。加大在电子档案凭证价值保障、结构化数据归档、档案内容信息深度开发、纸质档案去酸技术及其效果评估等技术方面的攻关力度,力争实现突破。"区块链技术作为新一代信息技术,将在保障电子档案凭证价值、提高电子档案管理效率、拓展档案应用场景、提升档案利用效果等方面带来巨大变化。可以预见,"十四五"期间,区块链技术在档案工作中将会迎来快速发展和广泛的应用。制定并出台电子档案管理应用区块链技术标准正是深入贯彻落实国家关于区块链发展、应用的政策,落实档案事业发展"十四五"规划任务的重要举措。

二是适用信息技术发展趋势的需要。作为新一代信息技术,近年来,区块链技术和产业在全球范围内快速发展,应用已延伸到数字金融、物联网、智能制造、供应链管理、数字资产交易等多个领域,展现出广阔的应用前景。随着区块链技术的不断成熟,区块链在防伪溯源、供应链管理、司法存证、政务数据共享、民生服务等场景中业已初露锋芒。中国各地政府已意识到区块链的应用前景和对于经济社会发展的重要意义,更多的应用场景正在加速落地。尤其是政务服务方面,区块链技术在数字身份、电子存证、电子票据、工商注册等多个应用场景落地。2020 年,区块链在北京政务服务领域已落地 140 个具体场景应用,平均减少材料 40%,让不少场景实现了"最多跑一次";在深圳,区块链电子证照应用平台,整合了居民身份证等24类常用电子证照和100多项高频政务服务事项。近两年,区块链产业在政策和资金的支持下,已经在各个领域广泛落地应用,比如身份认证、公证、投票、金融、电商、医疗、供应链管理、版权、政务、公益、能源和游戏等等,实现了跨越式发展,各个领域应用百花齐放,区块链技术逐渐走进日常生活。随着区块链技术的深入广泛应用,不仅越来越多的单位应用区块链技术管理电子档案,越来越多的电子文件基于区块链环境形成,基于区块链环境归档将是电子档案的主要来源。出台本标准正是针对当前信息技术"区块链＋"趋势而做出的抉择。

三是标准化适应档案工作发展趋势的需要。区块链作为新一代信息技术,与过往技术相比,在电子档案管理应用中具有较大的优势。基于区块链环境形成的电子文件在数据组织方式、存储格式、可信验证方式、关联方式等方面与传统的关系型数据、文档型电子文件存在较大的不同,给电子文件归档和电子档案管理带来了巨大变革。如电子档案的真实性管理可能变得更加容易,电子档案数据备份可能会有更好地解决方案,档案工作的证据保存目的可能退位于电子档案长期可读性管理,电子档案的分级存储技术将会有更大的用武之地,电子档案利用流程将带来较大变革,跨机构利用将会更加便利……应用区块链技术管理电子档案将是未来档案工作的大趋势,围绕着技术发展趋势而发展是标准工作一贯的方向。因此,研究并出台电子档案管理应用区块链技术的标准是标准工作适应档案工作发展趋势的需要。

四是固化前期研究成果及应用经验的需要。尽管区块链技术在电子档案管理中的应用时间不长,但国内已有不少企业通过开展电子文件归档和电子档案管理试点进行了尝试,并取得了较大的进展,形成了一批典型经验和做法。通过制定标准,非常有利于将这些典型经验和做法固化下来,形成文件化的成果,是对电子文件归档和电子档案管理试点成果的固化和深化应用推广。

18.3.2　国内外标准建立情况

目前,国内尚未出台专门针对电子档案管理应用区块链技术的档案行业标准。虽然工业和信息化部于2018年以中国区块链技术和产业发展论坛标准出台了《区块链 存证应用指南》,但该标准仅从存证角度提出要求,远不能满足电子档案管理的需要。因此,区块链在档案管理应用方面的标准尚处于空白,尤其是档案行业标准。

尽管国内尚未出台有关区块链的档案行业标准,但已有较深的理论研究和实践应用。国家档案局、中国人民大学及企业都在积极探索区块链技术在档案管理中的应用,发表了《电子档案管理应用区块链存储方式探析》《区块链技术在档案管理中应用路径研究》《区块链技术在大型企业集团电子文件管理中的应用》等文章,分别在路径层面、技术层面及应用层面对区块链技术在档案管理中的应用进行研究和实践,促进了电子档案真实性保证技术的发展。公司作为国家档案局、国务院电子政务办、国家电联办联合开展电子文件单套归档和电子档案单套管理试点单位,应用区块链技术保障电子档案真实性,将电子文件在文件办结起即进行元数据与电子文档哈希值上链存证,并将移交归档后的

"四性"检测、文件接收、档案整理、格式转换、鉴定、处置等关键管理环节形成元数据及新生成电子文档哈希值上链存证。开发了电子档案验真平台，提供单一、批量及哈希值验真等多种方式；开发了追溯接口，可实现对电子档案关键管理环节进行追溯等。

在国外，区块链技术同样应用于电子文件与电子档案真实性保障，美国国家档案与文件署 2019 年 2 月发布了《区块链白皮书》，该白皮书旨在帮助美国联邦文件管理人员更好地了解区块链技术，并考虑其所在机构的文件管理的意义。英国国家档案馆 2017 年 6 月发起 Archangel 区块链项目，旨在通过设计、开发和试用新的转型分布式账本技术（DLT）来确保数字档案的长期可持续性，促进数字档案的可访问性和确保内容的真实性。

18.3.3 拟订标准范围和主要技术内容

18.3.3.1 标准管理的对象和范围

标准拟对电子档案管理应用区块链技术进行规范，包括组成部分和管理过程，即对电子档案管理应用区块链技术中的上链信息、业务系统功能、电子档案管理信息系统功能、区块链平台、系统集成等提出要求。

标准可适用于全国所有机关、企业和事业单位及其他社会组织在电子档案管理中应用区块链技术工作。

18.3.3.2 规范的技术内容

标准除了适用范围、规范性引用文件外，主要包括的技术内容如下。

1. 术语、定义和缩略语

标准拟对对等网络、区块链、联盟链、交易、账本、节点、共识机制、智能合约、哈希函数、哈希值、电子文档等术语进行定义，对于通用性的、其他标准规范已明确定义的术语不再重复定义。

标准拟对 AES、API、BFT、ECC、PoW、RPC、SDK 等缩略语进行注明。

2. 通用要求

包括电子档案管理应用区块链存证要求、区块链系统设计要求、电子文件或电子档案真实性保障要求、公信力保障要求等。

3. 上链信息

明确电子档案的上链信息要求，包括电子档案上链信息组成、不同上链信息选择及其适用性对比、原电子文档和新生成电子文档上链要求、档案全生命周期上链环节和各环节上链信息建议、最晚上链环节建议、元数据上链内容和要求。

4. 系统集成要求

在电子档案管理中应用区块链技术主要涉及业务系统、电子档案管理信息系统和区块链系统，三者之间需要进行大量的信息交换。标准拟对业务系统、电子档案管理信息系统、区块链系统之间交互关系提出了要求。

5. 业务系统功能要求

明确电子文件归档时，业务系统与区块链系统进行交互的功能要求，明确业务系统与区块链系统初次交互后对电子文件状态记录的功能要求，说明电子文件归档环节真实性检测由业务系统完成部分功能的检测方法，说明电子文档哈希值获取方式、上链信息安全保障方法等。

6. 电子档案管理信息系统功能要求

明确电子档案管理信息系统在电子文件接收时与区块链系统进行交互的功能要求，明确电子档案管理信息系统对电子档案状态记录的功能要求，说明业务系统不具备上链条件的、电子档案管理信息系统形成电子文件或已保存电子档案的信息上链功能要求，说明电子文件归档环节、电子档案移交与接收环节真实性检测由电子档案管理信息系统完成部分功能的检测方法，说明电子档案管理信息系统对电子档案追溯功能要求，说明电子文档哈希值获取方式，上链信息安全保障方法等。

7. 区块链系统平台要求

明确区块链系统架构设计要求、链类型选择要求、节点设计要求、共识机制选择建议、上链数据检查和验证要求以及账本记录存储机制要求，明确区块链中的时序服务、智能合约、交易处理流程、区块构成与链的形成等要求，根据电子档案管理的需要提出哈希函数和加密算法要求，说明电子文件归档环节真实性检测、唯一标识生成和记录、引入公信机构的通信安全等要求。

8. 接口服务要求

明确以区块链系统为中心建立标准接口，说明接口的实现方式及其特点；明确标识获取、存证、验证、追溯等接口功能，分别说明接口传入参数和返回值；说明接口存证信息规则等。

9. 其他应用

介绍区块链的扩展应用，包括跨链技术、用户存证接口平台、用户验证接口平台等。

18.3.4 拟制标准文稿

标准文稿草稿见附录G。

附录 A 电子档案管理信息系统功能需求

0 总体要求

0.1 结构开放

可实现与其他系统的功能集成、数据共享与交换。

0.2 功能可扩展

可方便地进行功能扩展。

0.3 实现灵活

支持电子档案管理的业务模式、工作流程和数据结构的灵活定义和部署。

0.4 运行安全

支持采用数字加密、安全论证等技术手段保障电子档案安全。

1 收集功能

1.1 电子文件手工登记

（1）支持电子文件手工登记，可赋予唯一标识。

（2）支持所输入的元数据项在满足国家有关标准的前提下，可根据需要增减。

（3）支持元数据校验功能，可对元数据根据权限进行更改、删除、检索、全文挂接等操作。

1.2 在线接收

（1）支持与业务系统的集成，能够从业务系统接收电子文件及其元数据，并对所接收的电子文件赋予唯一标识。

（2）支持对接收的电子文件进行格式转换，生成符合有关标准的电子文件格式。

（3）支持电子文件与其元数据同步接收，并建立关联关系。

（4）支持不限制接收电子文件数量，并对电子文件的接收数量、不合格退回数量进行统计与查询。

（5）支持对重复接收或捕获的电子文件进行识别和标识。

（6）支持根据有关制度要求生成、发送电子档案交接清单。

（7）支持对已生成电子档案交接清单的审批、管理、查询。

（8）支持生成与交接清单对应的电子档案接收单，自动赋予责任人、时间以及相关信息，提供下载、打印等功能。

（9）支持从其他电子档案管理信息系统接收电子档案，接收要求符合《电子档案移交与接收办法》，并对所接收的电子档案赋予唯一标识。

1.3 电子文件和电子档案离线接收

（1）支持电子文件、电子档案和其他数字资源离线的批量导入。

（2）支持常见的 xls、dbf、mdb、xml、txt 等文件格式元数据文件及符合长期保存要求的文件格式全文文件的导入接收。

（3）支持元数据、目录数据与对应电子文件、电子档案的自动关联。

（4）支持数据接收导入过程中数据的校验，如是否唯一、是否可以为空、日期格式是否正确等。

（5）如部分数据导入失败，支持提供报告并标明失败数据。

（6）如数据导入中断（断电、断网、死机等），支持再次导入时断点续传。

（7）支持导入后形成符合《电子档案移交与接收办法》的交接凭据。

1.4 接收检测

（1）支持对接收的归档信息包进行解压、解密处理。

（2）支持对归档信息包进行真实性、完整性、可用性、安全性检测，具体见《四性检测方案》。

（3）支持检测后显示详细检测结果及问题说明，以件为单位出具"四性检测"报告。

（4）支持检测完成后以件为单位形成检测业务实体元数据并记录。

（5）支持对接收的电子档案原文进行格式转换，可按件转换和批量转换。

（6）支持授权用户在电子档案交接清单中生成、附着、验证数字签名（电子签章）。

1.5 传统载体档案数据采集

（1）支持传统载体文件目录著录和全文挂接，可按单个、批量文件上传挂接。

（2）可建立目录与其对应全文间的关联关系，保持关联关系稳定。

（3）其他要求同 1.1。

2 整理功能

2.1 分类

（1）支持按照设定的分类方案对归档电子文件进行分类，自动赋予分类代号。

（2）支持按年度、保管期限、机构等多种分类方案进行分类。

2.2 划定保管期限

（1）支持按照嵌入的电子档案保管期限表对归档电子文件自动划定保管期限。

（2）支持对已划定保管期限的电子档案进行人工调整。

（3）支持对嵌入的电子档案保管期限表进行更新调整。

2.3 组件

（1）支持对来自不同业务系统的归档电子文件按照形成规律或关联关系组成"件"，并保持其有机联系。

（2）支持对件内文档按照一定规则进行排序。

（3）支持组件后的撤销组件、重新组件、对组件情况的查询与统计。

2.4 组成保管单位

（1）支持对归档电子文件按照设定规则自动或在人工干预下组成卷或盒，并能按规则将卷（盒）内文件排序定位。

（2）支持在人工干预下调整归档电子文件所属卷（盒）并重新排序定位。

2.5 编号

支持根据档案编制规则形成档号，所形成档号唯一、简明、合理、稳定、可扩充。

2.6 编目

（1）提供规范的档案目录模板，支持套打出案卷封面、案卷目录、卷内目录、归档文件目录、全引目录、备考表、卷（盒）封面和脊背等，并支持导出 xls、doc 等通用格式。

（2）支持目录模板制作，用户可对模板中的字体、打印内容、排序方式等进行调整。

（3）支持打印预览功能，支持多模板批量生成和打印功能。

（4）支持根据模板对选定的归档电子文件或电子档案形成相应目录。

2.7 关联关系建立

（1）支持建立同一件归档文件不同载体间或文件间的关联关系。

（2）支持电子档案之间的关联关系在电子档案移动、修改、处置后的自动更新。

（3）支持维护三库（管理库、利用库、长期保存库）中电子档案数据差异的内容一致性。

3 保存功能

3.1 电子档案存储格式转换与信息组织

（1）支持电子档案格式转换，将存入系统的电子档案转换为 OFD 版式文件。

（2）格式转换支持批量转换、单个转换、人工定制转换。

（3）支持对格式转换过程中发生的问题或错误进行提示，并报告未转换成功的相关信息。

（4）提供对格式转换前后的电子档案进行真实、完整、可用的检测功能。

（5）支持在格式转换过程中添加可记录电子档案原始状态的信息。

（6）支持按照《电子文件移交与接收办法》和离线存储载体容量进行信息组织，将组织好的档案存至相应的离线存储载体上。

3.2 电子档案的存储和长期保存

（1）支持将格式转换后的电子档案批量或单个存储至存储载体。

（2）支持电子档案的集中存储、分布式存储、集中＋分布式存储，完全在线存储、部分在线存储＋部分离线存储。

（3）支持可选择的压缩加密存储。

（4）支持采用迁移、仿真、封装、检测等方式保障电子档案信息的长期保管。

（5）支持按照《版式电子文件长期保存格式需求》要求对进入长期保存库的电子档

案格式、元数据进行合规性检测，输出检测结果。

（6）支持电子档案按照设定策略，自动进入"三库"。

（7）支持对进入长期保存库的电子档案及其元数据进行长期保存阶段的"四性"检测，具体见《四性检测方案》。

（8）支持对进入长期保存库及其后形成的关键业务实体元数据进行记录。

3.3 档案整理

（1）依据电子档案保管和利用的业务要求分别建立数据库。

（2）可根据全宗、分类号、保管单位序号及其整理规则、件号、件内文档排列规则等将电子档案排列定位和呈现。

3.4 备份

（1）支持对电子档案及其元数据和目录数据库进行完全备份和增量备份。

（2）支持系统出现故障后对电子档案及其元数据和目录数据库进行自动恢复。

（3）具备备份、恢复策略的配置和维护功能。

（4）支持离线备份，可脱离系统备份电子档案及其元数据，可导出目录数据库为 XLS 格式，电子档案可按照预设方案存储于层级文件夹内，并与目录对应。

（5）支持光盘数据的刻录及检测。

（6）支持对备份数据、介质和信息进行登记、检测和管理。

（7）记录备份数据的文件数量、大小、备份位置等。

（8）支持使用备份数据进行恢复处理，记录备份恢复过程信息。

3.5 定期鉴定

（1）支持对电子档案鉴定与处置规则的定义、配置和管理，按照电子档案处置规则，建立和配置鉴定与处置条件、策略和流程。

（2）支持电子档案保管期限到期鉴定的自动提醒，可根据保管期限、归档日期、密级等属性自动列出到期档案。

（3）支持电子档案的密级定义、开放利用、价值评定等。

（4）档案管理员可对到期的电子档案进行保管期限或密级调整、利用开放等操作。

（5）支持发现异常情况时及时启动格式转换或文件迁移保护性措施。

（6）保存鉴定与处置的过程信息，如记录鉴定情况、责任人员、鉴定意见和时间等信息，可统计查询。

（7）支持鉴定操作信息记入电子档案元数据，可跟踪审查。

3.6 销毁管理

（1）支持对需销毁电子档案进行销毁申请、审批，可对审批流程进行定制。

（2）支持从在线存储设备、异地容灾备份系统中彻底销毁电子档案。

（3）支持对销毁电子档案编制销毁清册，记录文件名称、数量、销毁原因等信息。

（4）支持将已销毁电子档案的目录信息转为 OFD 格式，作为独立电子档案保存于全宗信息。

（5）在电子档案管理过程元数据中记录鉴定销毁活动。

3.7 移交

（1）支持电子档案到期移交提醒。

（2）支持电子档案移交的在线申请、审批等，可对审批流程进行定制。

（3）支持对符合移交要求的电子档案根据进馆要求或其他有关要求生成移交信息包。

（4）支持移交前对电子档案进行"四性"检测，具体见《"四性"检测方案》。

（5）支持电子档案移交后形成移交清册，并对移交电子档案进行移交时间及去向标识。

（6）将移交过程中产生的关键业务信息记录到档案元数据中。

3.8 介质管理

（1）支持对存放电子档案存储介质的统一管理，系统管理员可根据介质保管的实际需求为电子档案设置相应的存储介质。

（2）支持介质预警功能，当存储介质不稳定、存储空间达到设定阈值时，通知系统管理员。

4 统计功能

4.1 电子档案数量统计

（1）支持对电子档案数量和容量进行统计，可按照全宗、分类、文件格式、来源系统等设定规则进行统计。

（2）支持对一定时限内电子档案的接收、保存、利用等关键业务工作情况进行统计。

（3）支持统计结果以折线、饼状、柱状等多种形式显示、导出和打印。

（4）支持内置常用电子档案统计报表模版，并能够基于模版按照输入条件生成统计结果。

（5）支持报表制作工具，支持用户自定义统计报表，可定制打印报表维度、样式。

4.2 电子档案利用统计

（1）支持档案浏览、下载、打印等利用方式的统计，可对档案利用目的、对象、用户等进行分析。

（2）支持通过利用时间、利用人、利用对象等条件进行检索，可以折线、饼状、柱状等多种形式显示、导出和打印。

4.3 电子档案管理统计

（1）支持对电子档案著录、人工挂接、系统接口接收、条目删除、原文销毁等管理情况进行统计。

（2）可按照档案形成部门、归档人员、档案库类型进行统计。

（3）可以折线、饼状、柱状等多种形式显示、导出和打印。

5 利用功能

5.1 检索

（1）支持按档案分类检索档案，具备精确检索、模糊检索、高级组合检索、筛选检索、关联检索、深入二次检索等多种检索方式。

（2）支持电子档案全文检索。

（3）支持对电子档案目录、元数据检索的访问权限控制。

（4）支持检索结果作为借阅、编研、鉴定等相关功能的数据来源。

（5）支持用户自定义检索条件。

（6）支持对检索结果信息的收藏，以便复用。

5.2 浏览和借阅

（1）支持对常见格式的电子档案或其他数字资源进行浏览，可选择浏览电子档案元数据、原始文件、转换后的版式文件。

（2）支持常见格式多媒体电子档案或数字化档案信息的播放和呈现。

（3）支持对电子档案浏览的访问权限控制。

（4）支持电子档案浏览申请、审批、授权，审批流程可定制。

（5）支持授权范围内电子档案的在线浏览、下载、打印等。

（6）支持对下载的电子档案使用权限进行控制，可控制原文在线浏览、在线打印及下载浏览次数、时间，原文防拷贝、防扩散、防篡改。

（7）支持实体档案借阅预约、催还、归还功能。

（8）可异地办理档案证明服务。

5.3 编研

（1）支持用户根据实际需求设置编研专题，可自动将符合该专题条件的档案进行归集。

（2）支持按类别保管已有编研成果，并捕获作者、版本、文件大小、文件类型、页数等相关元数据。

（3）支持档案编研成果利用，授权用户可对其权限范围内的档案编研成果进行在线阅览、打印、下载等。

（4）支持对档案编研成果内容进行摘录，用户可对摘录部分进行复制利用。

5.4 开放利用设置

（1）支持对目录数据及全文设置开放利用标识。

（2）在电子档案管理过程元数据中记录开放利用处置的责任人、意见和时间等信息。

5.5 复制管理

（1）具有电子档案复制申请、审批功能，能够进行复制。

（2）支持对电子档案复制的访问权限控制。

（3）支持电子档案复制申请、审批、授权，审批流程可定制。

（4）支持授权范围内电子档案的下载、打印等。

（5）支持对下载的电子档案使用权限进行控制，可控制原文下载次数、时间，原文防扩散、防篡改。

5.6　利用登记和效果反馈

（1）具备电子档案利用登记功能，保存档案利用者的部门（单位）、姓名、电话、利用时间等信息。

（2）支持用户对利用档案产生的经济效益或社会效益进行反馈。

（3）将利用者、利用方式、档号、题名、利用时间等信息作为电子档案元数据保存。

（4）可记录用户使用电子档案的意见信息。

6　系统管理功能

6.1　日志管理

（1）支持日志记载功能，记录系统启动关闭信息、用户登录、访问、存取和利用电子档案的行为和信息及关键操作信息。

（2）关键操作至少包括电子档案接收、编目、关联关系建立、进入长期保存库及其后操作、到期鉴定、销毁、移交、备份及恢复等。

（3）每条记录至少应记录操作对象、用户、时间、计算机、操作类型等属性。

（4）支持对电子档案关键操作行为、档案管理操作行为和系统非授权访问等事项进行审计、跟踪，记录发现问题。

（5）支持日志自动生成，并按照系统运行日志、用户操作日志、电子档案数据处理日志等类别进行分类管理。

（6）支持用户行为的监控和预警，可通过内部快捷通信系统通知系统安全保密员。

（7）支持日志的查询、检索、统计，可通过可视化界面展示日志的检索和统计结果。

（8）支持自动生成日志审计报表，生成规则可定制。

（9）支持日志导出、删除、审批操作，审批流程可定制。

6.2　系统设置

（1）支持对电子档案流程化管理，可根据不同类别档案管理要求设置相应管理流程，可对流程进行跟踪和回溯。

（2）支持对档案目录结构进行定义和维护、锁定和解锁、导入和导出等处理，规定档案分类的等级层次及关联关系，可对分类体系进行逐级定义，可从外部系统自动导入分类体系。

（3）内置文书、科技、会计等常用门类的分类方案，支持对会计、业务类等专门档案分类体系的设置，不限制分类方案层级数目，支持分类方案根据用户需求进行增减。

（4）内置文书类、电子照片类等常见种类电子档案元数据方案。

（5）支持手工或批量导入归档元数据及其关联关系的设置维护，可定义元数据名称、类型，设置是否为空、是否唯一、字符串长度限制、缺省值、最大值、最小值、组合字段、关联关系等属性信息。

（6）支持年度、保管期限、密级、部门、分类号等代码表的设置维护。

（7）支持"四性"检测功能的设置维护，可进行检测规则、检测元数据项目等设置。

6.3 用户和组织管理

（1）支持用户和组织机构信息录入，可通过接口方式同步其他系统中的用户和组织机构信息。

（2）支持系统管理员、系统安全保密员和系统安全审计员分立的安全控制。

（3）支持用户信息绑定固定 IP 地址和 MAC 地址。

（4）支持用户和组织机构信息的管理，可对用户和组织机构信息进行查看、新增、修改、删除、启用、禁用、分组、分类等，支持删除、启用、禁用用户信息的批量操作。

（5）支持组织机构的多级管理功能，可设置组织机构的用户。

（6）可按照用户角色、岗位、单位等进行分组、分类管理。

（7）支持用户密码强度管理，可设置、调整用户密码强度策略，对于多次登录验证失败的用户账号信息支持用户锁定处理。

（8）具备用户身份安全认证服务功能，可对系统使用的组织及其用户进行身份认证，可对电子档案进行身份认证。

6.4 权限管理

（1）支持电子档案权限管理功能，保证授权用户在其权限范围内进行合法操作。

（2）支持权限的精细化控制，可为指定用户授权电子档案的访问和使用权限。

（3）支持根据职责和岗位的不同以功能和数据授权方式赋权。

（4）支持权限有效期设置，到期后自动取消权限。

6.5 工作过程记录管理

（1）具备详细记录类似全宗卷信息的功能，可记录电子档案管理全过程。

（2）支持按照全宗介绍、档案收集、整理、鉴定、保管、统计、利用、新技术应用等内容构成进行分类。

（3）支持将系统中属于全宗信息范围的工作流转为 OFD 格式归档于全宗信息。

（4）支持对全宗信息的电子档案进行分类、划定保管期限、组件、组成保管单位、编号、编目、建立关联关系等操作。

（5）支持全宗信息根据分类、形成时间及其整理规则等将电子档案排列定位和呈现。

（6）全宗信息保管于管理库和长期保存库，不提供对外利用。

7 传统载体档案辅助管理功能

7.1 传统载体档案信息采集

（1）具备传统载体档案目录著录和全文挂接功能。

（2）目录数据项可根据需要增减。

（3）目录数据采集时可进行校验。

7.2 档案存放位置管理

可根据档案存放位置进行排列定位。

附录B 接口功能需求

1. 接口技术实现

业务系统（办公自动化系统、外事管理系统）与电子档案管理信息系统接口采用Web Service 技术，具体如下图所示。

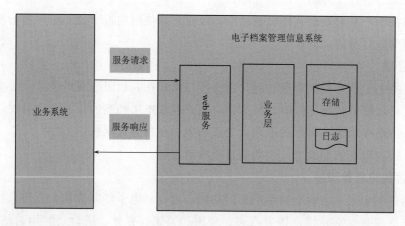

2. 业务系统接口功能

（1）归档前将待归档电子文件及其元数据以件为单位按规定格式封装成归档信息包。

（2）将封装好的归档信息包传输至指定位置，传输过程中归档信息包信息不丢失、不被非法更改。

（3）接收归档信息包接收方的反馈消息，包括归档成功消息与失败消息，以及失败故障代码。

（4）对归档成功的电子文件进行已归档标记，以防止重复归档，并能取消标记，在人工干预下重新归档。

（5）具有归档控制功能模块，记录归档电子文件类型、归档时间、归档状态，并能够实现按照归档电子文件类型、归档时间、归档状态组合查询。

3. 电子档案管理信息系统接口功能

（1）向业务系统发送归档信息包存储位置信息。

（2）接收业务系统传递来的数据包，并正确解析。

（3）将解析后的电子文件及其元数据存储在指定位置。

（4）对业务系统提交归档电子文件及其元数据的真实性、完整性、可用性、安全性进行检测，检测不合格的不予接收。

（5）向业务系统发送电子文件归档成功或失败消息，以及故障代码。

（6）在归档信息包接收、解析和数据存储等过程中，信息不丢失、不被非法更改。

（7）具有接收控制功能模块，记录归档电子文件类型、归档时间、归档状态，并能够实现按照归档电子文件类型、归档时间、归档状态组合查询。

附录 C 试点工作进度甘特图

工作阶段	工作任务	任务分解	4月	5月	6月	7月	8月	9月	10月	11月	12月
准备工作		工作启动	■								
		情况调研	■								
		编制总体方案	■								
		制订专项技术方案		■							
		实施准备		■							
信息系统建设		基础设施优化									
	办公自动化系统建设	归档功能需求分析			■						
		归档功能模块设计与实施				■					
		模块集成测试					■				
	外事审批系统建设	归档功能需求分析				■					
		归档功能模块设计与实施					■				
		模块集成测试					■				
	电子档案管理信息系统建设	招投标与合同签订		■							
		上线原型系统和二次开发需求分析			■						
		开发设计与审查			■	■					
		编码实施				■	■				
		集成测试					■				
		系统测试						■			
		其他系统集成优化					■				
信息技术支撑	"四性"检测系统开发	制订方案	■								
		系统设计			■						
		编码实施				■					
		集成测试					■				
		系统测试						■			
	标准接口	接口功能方案	■								
		接口数据方案		■							
		接口功能开发			■						
		接口测试				■					

182

续表

工作阶段	工作任务	任务分解	4月	5月	6月	7月	8月	9月	10月	11月	12月
信息技术支撑	元数据	办公自动化系统电子文件元数据	■								
		外事管理统电子文件元数据			■						
	安全保障				■	■	■	■	■	■	■
数字资源整合	数据迁移										
	数据整理										
制度标准建设	办公自动化系统电子文件归档范围和电子档案保管期限表	编制				■					
		审批						■			
	外事审批系统电子文件归档范围和电子档案保管期限表	编制				■					
		审批						■			
	办公自动化系统与电子档案管理信息系统接口标准	编制					■				
		审批						■			
	外事审批系统与电子档案管理信息系统接口标准	编制					■				
		审批						■			
	办公自动化系统电子文件元数据标准	编制					■				
		审批						■			
	外事审批系统电子文件元数据标准	编制					■				
		审批						■			
	电子文件归档和电子档案管理办法	编制						■			
		审批							■		

续表

工作阶段	工作任务	任务分解	4月	5月	6月	7月	8月	9月	10月	11月	12月
制度标准建设	电子文件长期保存格式规范	编制						■			
		审批							■		
	电子档案管理信息系统运行维护规范	编制							■		
		审批								■	
收尾工作	系统验收测试							■			
	测试报告	编制						■			
		审批								■	
	试点工作报告	编制								■	
		审批								■	
	技术报告	编制								■	
		审批								■	
	申报验收										■

附录 D 外事电子文件元数据方案

1. 适用范围

本方案规范某企业集团（以下简称"公司"）外事电子文件形成、收集、归档和电子档案保管、利用、处置等全过程（含电子档案）元数据设计、捕获、著录的一般要求，用于指导电子档案管理信息系统建设、电子文件"四性"检测和长期保存等工作。

本方案适用于公司外事管理系统直接形成的电子文件的管理。

2. 参考文件

本方案参考以下文件编制：

GB/T 18894《电子文件归档与电子档案管理规范》

DA/T 1《档案工作基本术语》

DA/T 46《文书类电子文件元数据方案》

DA/T 58《电子档案管理基本术语》

3. 编制规则与说明

本方案将电子文件元数据划分为文件实体元数据、机构人员实体元数据、业务实体元数据、实体关系元数据四个域，为便于业务系统和电子档案管理信息系统建设，从元数据管理和系统设计两个角度进行描述。

4. 文件实体元数据

序号	元数据英文标识	元数据中文名	数据类型	是否必选	元素类型	捕获方式	说　明
1	QZMC	全宗名称	字符	是	简单型	默认单位全宗名称	默认当前全宗名称/只读项
2	QZH	全宗号	字符	是	简单型	默认单位全宗号	默认当前全宗号/只读项
3	QYMC	企业名称	字符	是	简单型	系统捕获＋人工	数据字典
4	QYDM	企业代码	字符	是	简单型	系统捕获＋人工	数据字典
5	DH	档号	字符	是	简单型	系统捕获＋人工	
6	FLH	分类号	字符	是	简单型	系统捕获＋人工	
7	ND	年度	字符	是	复合型	系统捕获＋人工	
8	BGQX	保管期限	字符	是	简单型	系统捕获＋人工	数据字典
9	JH	件号	字符	是	简单型	系统捕获＋人工	流水号，5位补0
10	JGHWT	机构或问题	字符	是	简单型	系统捕获＋人工	
11	TM	题名	日期	是	简单型	系统捕获＋人工	

续表

序号	元数据英文标识	元数据中文名	数据类型	是否必选	元素类型	捕获方式	说　明
12	WH	文号	字符	是	简单型	系统捕获＋人工	
13	ZRZ	责任者	日期	是	简单型	系统捕获＋人工	
14	RWLB	任务类别	字符	是	简单型	系统捕获＋人工	
15	JB	经办	数值	是	简单型	系统捕获＋人工	
16	ZY	摘要	字符	是	简单型	系统捕获＋人工	
17	GB	国别	字符	是	简单型	系统捕获＋人工	数据字典
18	FWDD	访问地点	字符	是	简单型	系统捕获＋人工	
19	SLGMC	使领馆名称	字符	是	简单型	系统捕获＋人工	
20	RM	人名	字符	是	简单型	系统捕获＋人工	
21	TZBH	团组编号	字符	是	简单型	系统捕获＋人工	
22	FJSM	附件说明	字符	是	简单型	系统捕获＋人工	
23	XCRQ	形成日期	字符	是	简单型	系统捕获＋人工	
24	FS	份数	数值	是	简单型	系统捕获＋人工	数据字典
25	YS	页数	字符	是	简单型	人工	数据字典
26	MJ	密级	字符	是	简单型	系统捕获＋人工	数据字典
27	BMQX	保密期限	字符	是	简单型	系统捕获＋人工	数据字典
28	ZTLX	载体类型	字符	是	简单型	系统捕获＋人工	
29	KFKZ	开放控制	字符	是	简单型	系统捕获＋人工	
30	HJH	互见号	字符	是	简单型	系统捕获＋人工	
31	CFWZ	存放位置	字符	是	简单型	系统捕获＋人工	
32	HH	盒号	字符	是	简单型	系统捕获＋人工	
33	GDR	归档人	字符	是	复合型	系统捕获＋人工	
34	GDSJ	归档时间	字符	是	简单型	系统捕获＋人工	数据字典
35	BZ	备注	字符	是	简单型	系统捕获＋人工	
36	SCFS	生成方式	字符	是	简单型	系统捕获＋人工	数据字典
37	YWBS	业务标识	字符	是	简单型	系统捕获＋人工	
38	QZMC	全宗名称	字符	是	简单型	系统捕获＋人工	

5. 业务实体元数据

序号	业务过程	元数据项	数据类型	值属性	元素类型	备　注
1	业务行为❶	行为类型	字符型		简单型	包括修改、鉴定、处置、销毁、迁移、转换
2		行为责任者	字符型		简单型	处置人姓名

---

❶ 此处为标准业务处置元数据项，利用、数字摘要、迁移转换等为在标准项基础上有所增加或删改项。

续表

序号	业务过程	元 数 据 项	数据类型	值属性	元素类型	备　注
3	业务行为	行为时间	日期		简单型	处置时间
4		行为结果	字符型		简单型	处置结果
5		行为过程	字符型		简单型	过程记录
6	利用	利用者	字符型		简单型	利用人员姓名
7		利用时间	日期		简单型	利用时间
8		利用类型	字符型		简单型	电子、实体借阅
9		利用目的	字符型		简单型	编史修志、工作考察、学术研究、经济建设、宣传教育、其他
10		提供利用者	字符型		简单型	提供利用人员姓名
11		实体出入库记录	字符型		简单型	出入库记录
12	数字摘要	摘要算法	字符型		简单型	哈希算法数字摘要
13		计算时间	日期		简单型	时间
14		签名人	字符型		简单型	责任者
15		结果	字符型		简单型	计算值
16	迁移转换	原文类型	字符型	非空	简单型	数据字典
17		页数	数字		简单型	页数
18		文件版本号	字符型		简单型	文件版本
20		全文检索处理标志	字符型		简单型	索引标记
21		题名	字符型	非空	简单型	文件的题名
22		文件大小	数字	非空	简单型	大小字节
23		原文存储路径	字符型	非空	简单型	存储路径
24		文件名	字符型	非空	简单型	文件名称
25		文件扩展名	字符型	非空	简单型	扩展名 doc、txt、docx、pdf、xls、jpeg、mp3、mp4 等
26		是否压缩包文件	数字		简单型	是否压缩包
27		有效标志	数字		简单型	是否有效
28		备注	字符型		简单型	备注信息
29		在线转换状态	数字		简单型	转换状态
30		缩略图转换状态	数字		简单型	缩略图生成状态（图片有效）
31		流媒体转换状态	数字		简单型	多媒体格式转换
32		转换格式	数字		简单型	tiff、pdf、jpeg 长期保存格式
33		开始转换格式的时间	日期		简单型	时间戳
34	数字化	审核人	字符型		简单型	数字化结果审核人姓名
35		审核时间	日期		简单型	审核日期
36		数字化时间	日期	非空	简单型	著录纸质档案数字化每份文件的起止时间

187

续表

序号	业务过程	元 数 据 项	数据类型	值属性	元素类型	备　　注
37		数字化对象描述	字符型	非空	容器型	记录需要特别说明的案卷物理特征等信息
38		数字化授权信息	字符型		简单型	著录纸质档案数字化审批信息，包括《纸质档案数字化审批书》的编号、数字化对象等
39		色彩空间	字符型	非空	简单型	著录扫描图像所应用的色彩空间
40		扫描分辨率	数字	非空	简单型	著录扫描分辨率
41		扫描色彩模式	字符型	非空	简单型	著录扫描色彩模式
42		压缩方案	字符型		简单型	著录扫描图像的压缩算法
43		压缩率	字符型		简单型	著录扫描图像的压缩比率
44		存储格式	字符型	非空	简单型	著录扫描图像的存储格式
45	数字化	扫描设备类型	字符型	非空	简单型	著录纸质档案数字化所用扫描设备的类型
46		扫描设备制造商	字符型	非空	简单型	著录纸质档案数字化所用扫描设备的制造商
47		扫描设备型号	字符型	非空	简单型	著录纸质档案数字化所用扫描设备的型号
48		数字化软件名称	字符型	非空	简单型	著录纸质档案数字化所用软件的名称
49		数字化软件版本	字符型	非空	简单型	著录纸质档案数字化所用软件的版本
50		数字化软件生产商	字符型	非空	简单型	著录纸质档案数字化所用软件的生产商
51		阅读所需软硬件条件	字符型		简单型	著录纸质档案数字化成果阅读所需的软硬件条件
52		数字化成果移交接收信息	字符型		复合型	著录纸质档案数字化成果的移交接收信息，包括《纸质档案数字化成果交换单》的批次号、全宗号、内容描述等

6. 机构人员实体元数据

序号	元数据英文标识	元数据中文名	数据类型	值属性	元素类型	备　　注
1	USER_ID	用户 ID	字符型		简单型	用户 ID
2	USER_NAME	姓名	字符型		简单型	姓名
3	SEX	性别	数值型		简单型	性别：1＝男，2＝女
4	NATIONALITY	民族	数值型	非空	简单型	民族：1＝汉族，2＝满族，3＝回族，4＝壮族，5＝白族，6＝苗族，7＝羌族，8＝藏族，9＝其他

续表

序号	元数据英文标识	元数据中文名	数据类型	值属性	元素类型	备　　注
5	JOB _ ID	工号	字符型	非空	简单型	工号
6	NAME _ PINYIN	姓名拼音	字符型	非空	简单型	姓名拼音
7	LOGON _ NAME	登录名	字符型		简单型	登录名
8	LOGON _ PASSWORD	登录密码	字符型		简单型	登录密码
9	BIRTHDAY	出生日期	日期	非空	简单型	出生日期
10	EMAIL	电子邮箱	字符型	非空	简单型	电子邮箱
11	TELEPHONE	电话	字符型	非空	简单型	电话
12	ORG _ ID	组织机构 ID	字符型	非空	简单型	默认所在组织机构 ID
13	POSITION	职位	字符型	非空	简单型	职位
14	POLITICAL	政治面貌	数值型	非空	简单型	政治面貌：1＝群众，2＝共青团员，3＝共产党员，4＝其他
15	EDUCATION	文化程度	数值型	非空	简单型	文化程度：1＝小学，2＝初中，3＝高中，4＝大专，5＝本科，6＝研究生，7＝博士，8＝其他
16	TITLES	专业技术职称	字符型	非空	简单型	专业技术职称
17	ENTRY _ TIME	入职时间	日期	非空	简单型	入职时间
18	OFFJOB _ TIME	离职时间	日期	非空	简单型	离职时间
19	JOB _ STATUS	在离职状态	数值型	非空	简单型	在离职状态：1＝离职，2＝专职，3＝兼职
20	MEMO	备注	字符型	非空	简单型	备注
21	ORDER _ SEQ	排序	字符型		简单型	排序
22	PSWD _ UPDATED _ TIME	密码修改时间	字符型	非空	简单型	密码修改时间
23	CREATED _ TIME	信息注册时间	字符型	非空	简单型	信息注册时间
24	UPDATED _ TIME	信息修改时间	字符型	非空	简单型	信息修改时间
25	VALID _ FLAG	有效标记	数值型	非空	简单型	有效标记：1＝有效，－1＝删除进回收站，0＝回收站再删除
26	USER _ TYPE	用户类型	数值型		简单型	用户类型：0＝普通用户，1＝超级管理员
27	ID _ NO	身份证	字符型	非空	简单型	身份证
28	POSTS	岗位	字符型	非空	简单型	岗位（从数据词典中获取值）
29	ORG _ CODE	机构编码	字符型	非空	简单型	机构编码
30	ORG _ NAME	机构名称	字符型		简单型	机构名称
31	ORG _ PID	机构父 ID	字符型		简单型	机构父 ID
32	MANAGER _ ID	经理人 ID	字符型	非空	简单型	
33	ADMIN _ ID	管理人 ID	字符型	非空	简单型	

续表

序号	元数据英文标识	元数据中文名	数据类型	值属性	元素类型	备　注
34	ORG_TYPE	机构类型	数值型		简单型	机构类型：1＝公司，2＝部门，3＝科室
35	ORG_DESC	机构描述	字符型	非空	简单型	机构描述

7. 实体关系元数据

序号	元数据英文标识	元数据中文名	数据类型	值属性	元素类型	备　注
1	E_ID	实体标识符	字符型	非空	复合型	唯一标识编码
2	E_TYPE	关系类型	数值型	非空	简单型	件、卷、项目-案卷
3	E_R	关系	字符型	非空	简单型	
4	E_M	关系描述	字符型	非空	简单型	

附录 E　电子文件归档和电子档案管理办法

某企业集团电子文件归档和电子档案管理办法

第一章　总　　则

第一条　为规范某企业集团（以下简称公司）电子文件归档和电子档案管理，确保电子文件和电子档案的真实、完整、可用和安全，提高管理质量效率，促进信息共享，便于长期保存和利用，依据国家档案局《企业电子文件归档和电子档案管理指南》、《电子文件归档和电子档案管理规范》（GB/T 18894）和公司有关规定，制定本办法。

第二条　本办法适用于公司总部及直属派出机构、全资及控股子企业、受托管理企业（以下统称"子企业"）的电子文件归档和电子档案管理工作。

第三条　本办法所称的电子文件是指企业在履行其法定职责或处理事务过程中，通过计算机等电子设备形成、办理、传输和存储的数字格式的各种信息记录。

电子档案是指具有凭证、查考和保存价值并归档保存的电子文件及其相关信息的集合。

第四条　电子文件归档和电子档案管理以真实、完整、可用、安全为目标，遵循统一管理、全程管理、标准规范、便于利用、安全保密的原则。

第五条　各企业应将电子文件归档和电子档案管理工作纳入企业信息化建设和档案工作规划、计划，纳入有关部门和人员岗位职责，配备必要的人员、资金和设施设备，为电子文件归档和电子档案管理提供保障。

第二章　管　理　职　责

第六条　档案部门负责制定电子文件归档和电子档案管理制度，提出业务系统电子文件归档和电子档案管理信息系统建设功能需求，负责电子档案管理信息系统应用培训；负责电子档案接收、保管、利用、统计、检测、鉴定、处置等工作；负责对业务部门或所属企业电子文件归档和电子档案管理工作进行指导、监督和检查等。

第七条　信息技术部门负责依据标准建设业务系统电子文件归档功能模块，为电子文件归档和电子档案管理提供信息技术支持；负责电子档案管理信息系统运行维护等。

第八条　业务部门协助档案部门编制本部门形成电子文件归档范围和电子档案保管期限表；负责本部门形成的电子文件收集、整理并及时移交归档。

第九条　保密部门负责电子文件归档和电子档案管理全流程的安全保密管理。

第三章 电子文件归档

第十条 各企业应根据《企业文件材料归档范围和档案保管期限规定》（国家档案局令第 10 号）及其他有关要求编制本企业电子文件归档范围和电子档案保管期限表，重点对无相应纸质或无法输出纸质的电子文件的归档范围和保管期限进行界定。

各业务活动中形成的具有保存价值的各种结构化和非结构化电子数据均应纳入归档范围，包括办公自动化系统、电子邮件系统、支持本企业产品和业务的业务系统、财务和会计管理系统及其他职能活动业务系统形成或从外部接收的各种信息记录。

第十一条 各企业应参照《文书类电子文件元数据方案》（DA/T 46）、《照片类电子档案元数据方案》（DA/T 54）及其他有关标准制定本企业各类电子文件元数据方案。归档电子文件时，应按照方案将元数据与电子文件一并收集、归档。

第十二条 各企业应以在线自动、手动等方式对电子文件进行收集，并采取措施防止电子文件在传递过程中丢失、信息损失或非法篡改，保证电子文件真实和安全可控。

第十三条 业务部门应在规定时间内完成电子文件归档工作，并向档案部门移交。

电子文件的归档时间应与其他载体文件归档时间相协调，一般不超过电子文件形成后的第二年 6 月底。无其他载体的，电子文件宜在办理完毕后实时归档。

第十四条 电子文件应以通用格式形成、收集并归档，或在归档前转换为通用格式。以非通用格式归档的电子文件，归档格式应具备格式开放、不绑定软硬件、显示一致性、可转换、易于利用等性能。

版式电子文件宜按照《电子文件存储与交换格式 版式文件》（GB/T 33190）要求，采用 OFD 格式。

电子文件元数据归档格式应根据系统接口标准和元数据形成情况确定。

专用软件生成的电子文件原则上应转换为通用格式，无法实现转换的，应将专用软件及所需平台一并收集、归档。

第十五条 电子文件归档时，应对电子文件划分保管期限，并按照《电子文件归档和电子档案管理规范》（GB/T 18894）、《归档文件整理规则》（DA/T 22）、《科学技术档案案卷构成的一般要求》（GB/T 11822）等标准进行分类、组成保管单位（卷、盒等）、文件排序、编目、编制档号等。

第十六条 电子文件同时存在其他载体文件稿本时，应保证归档信息的一致性，并建立关联关系。

第十七条 电子文件归档移交时，交接双方应对电子文件的门类、形成年度、保管期限、件数及其元数据数量等进行清点、核实。

第十八条 电子文件归档交接时，应办理交接手续，并保证交接手续只可查询、不可修改。有条件的企业可通过业务系统或电子档案管理信息系统设定自动记录交接功能。采用离线方式交接的，交接过程应确保电子文件不被非法篡改。

第十九条 电子文件归档应按照《文书类电子档案检测一般要求》（DA/T 70）对电子文件真实性、完整性、可用性和安全性进行检测，检测合格率应达到 100%。

第二十条　企业内部形成的符合本办法规定的和从外部接收的来源可靠、程序规范、要素合规的电子文件，可仅以电子形式归档保存，不再打印输出纸质文件。

第二十一条　进行业务应用程序升级、下线，或其依赖的存储设备、操作系统、中间件等更新，或其他可能导致业务数据不当变化的操作时，应先将业务系统中属于归档范围的电子文件归档后再行处理。

第二十二条　已归档的电子文件可于原业务系统中保存三年后物理删除。

第四章　电子档案管理

第二十三条　电子档案的在线存储方式应在电子档案管理信息系统设计开发时进行规划，配置与其相适应的在线存储设备，并实施容错技术方案，定期扫描、诊断等，确保电子档案安全。

第二十四条　各企业应结合本企业信息化建设和电子档案管理实际，制定电子档案备份策略，实施电子档案及其元数据的在线和离线备份管理，以及电子档案管理信息系统及其配置数据、日志数据等在线备份管理。

电子档案的离线备份应脱离数据库管理系统及其应用程序，至少制作一套以独立文档（含元数据）为存储单元，并按照《电子档案移交与接收办法》（档发〔2012〕7 号）进行信息组织的备份数据。具有永久保存价值和其他重要保存价值的电子档案的离线备份数据应至少制作两套，并分别于不同建筑物和不同省（自治区、直辖市）、不同流域的地点保存。

离线存储载体管理按照《电子文件归档光盘技术要求和应用规范》（DA/T 38）和《磁性载体档案管理与保护规范》（DA/T 15）执行。

第二十五条　各企业应按照《文书类电子档案检测一般要求》（DA/T 70）定期对电子档案长期保存的真实性、完整性、可用性和安全性进行检测，检测时间间隔不得超过一年，对检测存在问题或风险的电子档案应及时采取补救措施。

第二十六条　电子档案应根据利用者的工作岗位、职责等制定详细的利用权限和越权利用审批流程，并在电子档案管理信息系统中实现和确认。

利用者应在权限允许范围内在线检索、浏览、下载电子档案及其元数据，并通过系统记录利用过程，或由档案部门提供离线利用。超出利用权限的，应按照审批流程进行审批。

第二十七条　电子档案的统计应按照《全国档案事业统计调查制度》要求，对门类、年度、保管期限、大小、格式、时长、销毁、移交等电子档案数量情况和利用门类、年度、保管期限、人次、目的、方式等利用情况进行统计。

第二十八条　各企业应对到期电子档案进行鉴定，并对经鉴定确无保存价值的电子档案进行销毁。

电子档案销毁应经过登记、编制销毁清册、审批等程序后，在至少二人的监督下通过物理删除的方式进行，并进行不可恢复性验证。

第二十九条　电子档案管理过程中应实施全方位的安全与保密措施，并纳入企业安全与保密管理体系，确保电子档案信息安全。

第五章　系 统 与 接 口

第三十条　业务系统建设应在档案部门的参与下进行规划设计，充分考虑电子文件归档的有关要求，选择适宜的电子文件格式、归档信息包格式和数据结构，对元数据捕获节点与内容进行规划并实现。

第三十一条　业务系统应具备归档接口，通过接口能够对待归档电子文件及其元数据进行真实性、完整性、可用性、安全性检测，按照指定格式封装成归档信息包并安全传输至指定位置，接收归档信息包接收方的反馈消息，对成功归档的电子文件进行标记等。

第三十二条　电子档案管理信息系统应按照先进、实用、安全、发展的原则建设，基本功能应符合《企业数字档案馆（室）建设指南》（档办发〔2017〕2号）和《电子档案管理信息系统基本功能规定》（档办发〔2017〕3号）要求。

第三十三条　电子档案管理信息系统接口应能够向业务系统发送归档信息包存储位置信息、接收归档信息包并正确解析后存储在指定位置、向业务系统发送电子文件归档成功与否的消息等。

第三十四条　各企业应结合业务系统建设、网络运行环境等实际，选择 Web Service、中间库或归档电子文件及其元数据的规范存储结构等方式进行接口开发。

第三十五条　电子档案管理信息系统测试应按照《计算机软件测试规范》（GB/T 15532）实施，形成的测试计划、测试用例、测试报告等文档应经审核、确认后归档保存。

第三十六条　电子档案管理信息系统的运行维护应符合《档案信息系统运行维护规范》（DA/T 56）要求。

第六章　附　　则

第三十七条　本办法由公司办公室负责解释。

第三十八条　本办法自印发之日起施行。

附录 F　电子档案管理信息系统运行维护规范

某企业集团电子档案管理信息系统运行维护规范（节选）

1　系统运维方案

1.1　运维流程

运维流程包括运维启动、运维计划、运维实施、运维验收四个阶段。其中，运维计划包括环境调研、设备健康检查、制订运维计划等；运维实施包括系统预防性检查维护、应急响应、故障处置与排除、补丁安装、生成维护文档等；运维验收包括运维总结、后评价等。

1.2　日常巡检

每天对设备的运行状态进行检查（Linux 下要检查 CRS 的状态）。如果有错误，需要及时处理并且将故障类型、处理过程、处理结果等信息汇总，形成报告并上报。

每天对存储设备的日志进行检查。如果有错误，需要及时处理并且将故障类型、处理过程、处理结果等信息汇总，形成报告并上报。

每天对网络健康状况进行一次检查，对日常工作进行登记。如有涉及配置修改事宜，进行登记。

如果有网络设备故障，需要及时处理并且将故障类型、处理过程、处理结果等信息汇总，形成报告并上报。

1.3　重点排故

对重点设备的维护工作，采取分工负责的措施；节假日期间，或有重要的会议及有关活动期间，专门安排值班，同时做好应急准备工作，必要时安排专人在现场值班，以确保系统正常运行。

维护人员应围绕系统功能、系统的各项技术指标及操作运行情况，逐点、逐台、逐项地进行检验和记录，并排除发现的故障。

2　应急事件响应方案

应急事件是指在计算机网络中，由于计算机、网络设备系统和安全设备系统的硬件、软件、数据因设备故障，或者偶然的、恶意的原因而遭到破坏、更改、泄漏，或者导致系统不能连续正常运行的事件。

2.1　应急事件分级

针对本项目特点，定义了严重故障、中度故障、轻度故障、普通故障的 4 级故障事件，分级标准如下。

严重故障事件：现有的系统停机，或遭到严重攻击行为或安全事件，对业务运作有重大影响，持续小于半小时的事件。持续时间超过半小时则升级到重大责任事故。

中度故障事件：现有系统的操作性能严重降低，或由于性能失常及安全事件严重影响业务运作，持续小于 1 小时的事件。持续时间超过 1 小时则升级到严重故障事件。

轻度故障事件：系统的操作性能受损，安全事件例如病毒在小范围内发作，但大部分业务运作仍可正常工作，持续小于 2 小时的事件。持续时间超过 2 小时则升级到中度故障事件。

普通故障事件：在网络、服务器、存储设备、安全设备、终端设备等的功能、安装或配置方面需要信息咨询或技术支持。本级故障事件对业务运作几乎无影响，或根本没有影响，持续小于 4 小时的事件。持续时间超过 4 小时则升级到轻度故障事件。

2.2 应急响应时间

各级故障事件的最晚响应时间为：严重故障事件 1 小时，中度故障事件 10 分钟，轻度故障事件 5 分钟，普通故障事件 1 分钟。

2.3 应急响应方案

（略）

3 应急事件处置

3.1 应用系统故障处理

常见故障现象	应急处理过程
网站页面不能正常显示	1. 检查服务器运行状态，判断服务器是硬件原因还是其他原因导致的故障。 a) 硬件故障：直接启用备机，然后记录服务器故障现象，将故障现象上报，并启用备件或进行设备维修。 b) 网络故障：按照网络故障应急处理。 c) 操作系统故障：立即启用备机，然后记录故障现象，将故障现象上报，再进行故障处理。 d) 应用中间件故障：记录故障现象，重启中间件，如果服务还是无法恢复，立即启用备机，将故障现象上报，再进行故障处理。 e) 数据库故障，记录故障现象，立即启用备机，并使用备机本地数据库，将故障现象上报，再进行故障处理。 f) 其他故障，记录故障现象，将故障现象上报。 2. 故障机故障排除后 a) 离线测试故障机已经修复。 b) 将备机离线。 c) 将维修好的故障机连接到网络中。 d) 测试系统是否运行正常。

3.2 主机系统故障处理

常见故障现象	应急处理过程
硬件故障	1. 记录服务器故障现象，将故障现象上报，并报备件库或主备机。 2. 故障排除后 a) 离线测试故障机已经修复。 b) 将维修好的故障机连接到网络中。 c) 启动服务器上的应用或数据库。 d) 检查数据的一致性。 e) 检查并测试本机应用和相关联应用是否正常。

常见故障现象	应 急 处 理 过 程
操作系统故障	1. 检查操作系统日志，记录故障现象，将故障现象上报，再进行故障处理。 a）分析系统日志。 b）病毒问题，按照防病毒应急方案进行处理。 c）网络问题，按照网络系统故障应急方案进行处理。 d）磁盘空间问题，清理磁盘空间。 e）其他问题，重启系统，看故障是否暂时解决。 2. 故障排除后 a）离线测试故障机已经修复。 b）将维修好的故障机连接到网络中。 c）启动服务器上的应用或数据库。 d）检查数据的一致性。 e）检查并测试本机应用和相关联应用是否正常。

3.3 存储系统故障处理

常见故障现象	应 急 处 理 过 程
盘阵硬盘故障	1. 记录故障现象，将故障现象上报，并报 MA 厂商进行设备维修。 2. 故障排除后 a）检查系统日志，看更换上的硬盘是否正常
盘阵控制 器故障	1. 记录故障现象，将故障现象上报，并报 MA 厂商进行设备维修。 2. 故障排除后 a）检查系统日志，看更换上的控制器是否正常。 b）检查数据的一致性。 c）如果出现数据损坏，重新规划配置盘阵，并从带库恢复数据。
光纤交换 机故障	1. 记录故障现象，将故障现象上报，并报厂商进行设备维修。 2. 故障排除后 a）检查系统日志，看设备是否正常。 b）检查端口状态是否正常。 c）检查 Zone 的划分是否有变化（如果是非光纤模块故障），如果出现配置信息丢失，重新配置光纤交换机（Zone 的划分）数据的一致性。

4 应急处置文档管理

对于整个应急事件响应处理的所有过程，都需要有详细的文档记录，部分文档需要经过主管领导或应急事件处理小组的签字和审批。

涉及的应急事件应急记录文档包括以下内容，可根据应急事件类型选择生成部分文档：

《应急事件通报》

《故障分析报告》

《故障解决建议书》

《故障解决报告》

《应急响应分析报告》

《应急响应系统恢复报告》

《应急响应系统取证报告》

所有文档记录标明具体日期和有关人员，并按照档案管理相关要求归档保存。

附录 G 电子档案管理应用区块链规范

1 范围

本文件确立了在电子档案管理中应用区块链进行电子档案存证、验证和追溯的一般方法，规定了上链信息、系统交互与功能要求、区块链系统及接口要求。

本文件适用于机关、团体、企业事业单位和其他组织（以下简称"单位"）应用区块链开展电子档案管理活动。

2 规范性引用文件

下列文件中的内容通过文中的规范性引用而构成本文件必不可少的条款。其中，注日期的引用文件，仅该日期对应的版本适用于本文件；不注日期的引用文件，其最新版本（包括所有的修改单）适用于本文件。

《信息技术 词汇 第18部分：分布式数据处理》（GB/T 5271.18）

《信息技术 软件工程术语》（GB/T 11457）

《电子文件归档与电子档案管理规范》（GB/T 18894）

《信息安全技术　公钥基础设施时间戳规范》（GB/T 20520）

《信息安全技术 术语》（GB/T 25069）

《电子文件管理系统通用功能要求》（GB/T 29194）

《电子档案管理系统通用功能要求》（GB/T 39784）

《全宗卷规范》（DA/T 12）

《纸质档案数字化规范》（DA/T 31）

《文书类电子文件元数据方案》（DA/T 46）

《基于XML的电子文件封装规范》（DA/T 48）

《电子档案管理基本术语》（DA/T 58）

《文书类电子档案检测一般要求》（DA/T 70）

《区块链 参考架构》（CBD—Forum—001—2017）

《区块链 数据格式规范》（CBD—Forum—002—2017）

3 术语、定义和缩略语

3.1 术语和定义

GB/T 25069、GB/T 20520、GB/T 5271.18、DA/T 46、DA/T 58 所确立的以及下列术语和定义适用于本文件。

3.1.1 对等网络 peer‐to‐peer network

一种仅包含对控制和操作能力等效的节点的计算机网络。

注：改写 GB/T 5271.18—2008，18.04.05

3.1.2 区块链 blockchain

一种在对等网络环境下，通过透明和可信规则，构建不可伪造、不可篡改和可追溯的块链式数据结构，实现和管理事务处理的模式。

3.1.3 联盟链 consortium blockchains

由多个互相已知身份的组织之间构建的区块链。

3.1.4 交易 transaction

从一个节点提交上链请求到达成共识并进行存储的过程。每个交易可能包含多次上链请求。

3.1.5 账本 ledger

区块链中分布式数据的存储机制，通过不同节点对账本的共同记录与维护，形成区块链系统中数据的公共管理、防篡改、可信任的机制。

3.1.6 节点 node

在区块链网络中，将其连接到一个或多个其他实体的实体。

3.1.7 共识机制 consensus mechanism

在区块链系统中实现不同信任主体节点之间建立信任、获取权益的数学算法，提供给分布式网络参识节点以用于确认交易动作引起的账本中的状态数据变化，并且能够达成最终一致性。

3.1.8 智能合约 smart contract

一套以数字形式定义的承诺，包括合约参与方可以在上面执行这些承诺的协议，它是一种用计算机语言取代法律语言去记录条款的合约。

3.1.9 哈希函数 hash function

是对不定长的输入产生定长输出的一种单向函数，具有错误检测能力。

3.1.10 哈希值 hash value

通过哈希函数运算生成的固定长度的字符串。

3.1.11 电子文档 electronic document

归档电子文件最小的文件单元，可以是一个独立的自然件，也可以是组合电子文件中的某一自然件或某一自然件的附件，一般以一个独立的计算机文件形成存在。

3.2 缩略语

下列缩略语适用于本文件。

AES：高级加密标准（advanced encryption standard）

API：应用编程接口（application programming interface）

BFT：拜占庭容错（byzantine fault tolerance）

CA：身份认证授权（certificate authority）

DDoS：分布式拒绝服务（distributed denial of service）

ECC：椭圆曲线加密（elliptic curve cryptography）

HTTP：超文本传输协议（hyper text transfer protocol）

MD：消息摘要（message digest）

PKI：公钥基础设施（public key infrastructure）

RPC：远程过程调用（remote procedure call）

SDK：软件开发工具包（software development kit）

SHA：安全哈希算法（secure 哈希 algorithm）

4　通用要求（略）

5　上链信息（略）

6　系统交互（略）

7　业务系统功能（略）

8　电子档案管理信息系统功能（略）

9　区块链系统（略）

10　接口服务

10.1　应以区块链系统为中心建立标准接口，为业务系统或电子档案管理信息系统接入区块链提供服务支撑。

10.2　可使用 SDK 方式提供接口服务；也可使用通用协议方式提供接口服务，如 HTTP 等。两种接口方式的特点有：

——SDK 方式：耦合性高，调用方需要安装相应的 SDK，开发语言限制在 SDK 支持的范围和版本内。

——通用协议方式：耦合性低，主流开发语言一般都提供对通用协议的支持。

10.3　接口功能

10.3.1　标识获取接口

标识获取接口用于生成区块链网络中唯一的字符串，作为一件电子文件或电子档案的唯一标识。标识获取接口接收业务系统或电子档案管理信息系统提交的获取标识请求，进行区块链网络中唯一标识的计算工作，将计算结果返回业务系统或电子档案管理信息系统。接口参数和返回值说明见表 3。

表 3　　　　标识获取接口参数和返回值说明

类型	参　数　名　称	类型	是否必录	备　　注
参数	无	无	—	无参接口函数
返回值	响应码	整形	是	
	响应消息	字符串	是	
	响应数据	字符串	是	获取成功，返回标识

10.3.2 存证接口

存证接口用于将存证信息提交区块链系统进行交易和存储。存证接口接收到业务系统或电子档案管理信息系统提交的存证信息与其模板标识后，调用区块链交易完成信息上链存储操作，并把区块链交易得到的存证结果返回业务系统或电子档案管理信息系统。接口参数和返回值说明参见表 4。

表 4 　　　　　　　　　　　存证接口参数和返回值说明

类型	参 数 名 称	类型	是否必录	备　　注
参数	存证信息	字符串	是	格式详细说明见 9.4
	存证数据模板标识	整形	是	可标识不同的模板用于解析存证数据
返回值	响应码	整形	是	
	响应消息	字符串	是	
	响应数据	字符串	是	返回存证结果

10.3.3 验证接口

验证接口根据哈希值获取其在区块链系统的存证信息进行验证。验证接口接收到业务系统或电子档案管理信息系统提交的哈希值后，到区块链系统获取该哈希值对应的存证信息，将获取结果返回业务系统或电子档案管理信息系统。接口参数和返回值说明参见表 5。

表 5 　　　　　　　　　　　验证接口参数和返回值说明

类型	参 数 名 称	类型	是否必录	备　　注
参数	哈希值	字符串	是	
返回值	响应码	整形	是	
	响应消息	字符串	是	
	响应数据	字符串	是	返回哈希值对应的存证信息

10.3.4 追溯接口

追溯接口根据电子文件或电子档案唯一标识获取其全部存证信息进行追溯。追溯接口接收到业务系统或电子档案管理信息系统提交的电子文件或电子档案唯一标识后，到区块链系统获取此标识的全部存证信息，将获取到的全部存证信息返回业务系统或电子档案管理信息系统。接口参数和返回值说明参见表 6。

表 6 　　　　　　　　　　　追溯接口参数和返回值说明

类型	参 数 名 称	类型	是否必录	备　　注
参数	唯一标识	字符串	是	
返回值	响应码	整形	是	
	响应消息	字符串	是	
	响应数据	字符串	是	返回唯一标识下全部存证信息

10.4 接口存证信息主要由基础信息和扩展信息（同 5.5 上链信息）构成。由于业务需求的变化可能导致存证信息的变化，存证信息格式需考虑支持格式模板定义。若基础信息发生变化，模板随之变更。存证信息说明参见表 7。

表 7　　　　　　　　　　　　　存 证 信 息 说 明

类　　型	基　础　信　息	扩　展　信　息
元数据	唯一标识、单位名称、来源系统	具体参照 5.5 给出的要求执行。
电子文档或哈希值	唯一标识、单位名称、来源系统	具体参照 5.5 给出的要求执行。

注：1. 唯一标识：电子文件或电子档案的唯一标识。
　　2. 单位名称：标识上链信息属于哪个单位。
　　3. 来源系统：标识上链信息来源于哪个系统。

11　其他应用

11.1　用户存证接口平台

可开发区块链系统用户存证接口平台，建立个人账户，通过浏览器等对个人计算机中有存证需要的电子文档进行上链存证。

11.2　用户验证接口平台

可开发区块链系统用户验证接口平台，通过浏览器等对电子文档真实性进行验证。验证时需考虑：

——能对一个电子文档进行验证，也能一次对多个电子文档进行批量验证；

——能对验证结果进行呈现；

——能出具验证结果凭证，提供下载、在线打印等；

——能展示受区块链保护的电子文档的管理过程；

——为防止 DDoS 等网络攻击，应添加验证码或其他验证方式，验证前要求输入正确的验证码或通过其他方式验证后，方可执行下一步操作。

11.3　跨链融合

可采用公证人模式等跨链技术，与其他联盟链进行跨链融合，实现链与链之间的信息交换、用户互联、与其他应用场景互通等。

参 考 文 献

［1］ 冯惠玲，刘越男. 电子文件管理教程［M］.2 版. 北京：中国人民大学出版社，2017.

［2］ 王英，蔡盈芳，黄磊. 电子文件管理［M］. 北京：清华大学出版社，2016.

［3］ 蔡盈芳. 企业数字档案馆建设理论与实践［M］. 北京：电子工业出版社，2018.

［4］ 王洋.《企业文件归档归档范围和档案保管期限规定》在企业集团的实施与应用［M］. 北京：中国水利水电出版社，2020.

［5］ 华为区块链技术开发团队. 区块链技术及应用［M］. 北京：清华大学出版社，2019.

［6］ 杨波. 现代密码学［M］.4 版. 北京：清华大学出版社，2017.

［7］ 张明德，刘伟.PKI/CA 与数字证书技术大全［M］. 北京：电子工业出版社，2015.

［8］ 李鑫.Hyperledger Fabric 技术内幕：架构设计与实现原理［M］. 北京：机械工业出版社，2019.

［9］ 秦航，杨强. 软件质量保证与测试［M］.2 版. 北京：清华大学出版社，2017.

［10］ Project Management Institute. 项目管理知识体系指南（PMBOK 指南）［M］.6 版. 北京：电子工业出版社，2018.

［11］ 全国计算机专业技术资格考试办公室. 信息系统项目管理师教程［M］. 北京：清华大学出版社，2005.

［12］ 蔡盈芳. 尝试，破冰，扩围，再出发：企业单轨制电子文件归档管理的回顾与展望［J］. 浙江档案，2019（5）：24 - 26.

［13］ 蔡盈芳. 电子文件归档中电子签名的处理研究［J］. 档案学研究，2019（2）：103 - 108.

［14］ 钱毅. 电子文件"单套制"管理相关概念的辨析与思考［J］. 档案学通讯，2017（4）：8 - 13.

［15］ 刘向阳. 企业电子档案销毁方案再设计［J］. 机电兵船档案，2022（3）：69 - 71.

［16］ 王洋. 基于优化共识的区块链在电子文件全生命周期真实性保障中的应用［J］. 档案学研究，2022（2）：89 - 96.

［17］ 王洋. 基于黑白名单的档案智能鉴定方法研究［J］. 档案学研究，2021（3）：121 - 126.

［18］ 王洋. 企业数字档案馆（室）建设问题与对策［J］. 北京档案，2022（2）：32 - 34.

［19］ 王洋. 中央企业数字档案馆建设模式研究［J］. 中国档案，2018（5）：65 - 67.

［20］ 骆建珍，杨安荣，马来娣. 电子档案"四性"检测要求及其实现方法［J］. 浙江档案，2017（12）：27 - 30.

［21］ 肖秋会，汤俊妹，许晓彤. 文件管理双轨制、双套制、单轨制、单套制辨析［J］. 中国档案，2021（4）：70 - 72.

［22］ 杜琳琳，袁嘉新. 电子档案长期保存技术策略研究［J］. 中国档案，2021（12）：67 - 69.

［23］ 王姝，徐华，王少康.OFD 版式文档应用研究［J］. 档案学研究，2019（12）：95 - 100.

［24］ 周枫，吕东伟，邓晶京，等. 电子档案 OFD 格式转换的若干要务［J］. 浙江档案，2019（11）：59.

［25］ 李熙利. 探究档案数字化建设的价值及问题［J］. 黑龙江档案，2021（5）：136 - 137.

［26］ 计算机软件测试文档编制规范：GB/T 9386—2008［S］. 北京：中国标准出版社，2008.

［27］ 计算机软件测试规范：GB/T 15532—2008［S］. 北京：中国标准出版社，2008.

［28］ 电子文件归档和电子档案管理规范：GB/T 18894—2016［S］.

［29］ 电子文件管理系统通用功能要求：GB/T 29194—2012［S］.

［30］ 档案工作基本术语：DA/T 1—2000［S］.

［31］ 全宗卷规范：DA/T 12—2012［S］.

［32］ 归档文件整理规则：DA/T 22—2015［S］.

［33］ 文书类电子文件元数据方案：DA/T 46—2009［S］.

［34］ 版式电子文件长期保存格式规范：DA/T 47—2009［S］.

［35］ 基于 XML 的电子文件封装规范：DA/T 48—2009［S］.

［36］ 文书类电子档案检测一般要求：DA/T 70—2018［S］.

［37］ 信息与文献—文件管理：ISO 15489—2016［S］.

后　记

本书源自一个国家级试点项目，也源自我所从事并热爱的企业档案工作。我在日常的档案业务指导工作中，经常被问到这样的问题：我们某项目的档案太多了，我让项目部数字化后交给我光盘归档可以吗？元数据是干嘛的？电子文件怎么盖归档章啊？电子档案到底能不能彻底销毁呀？我们应该建数字档案室还是建数字档案馆呢？……如此种种问题，不断引发我对它们的思考。由此，我借所在单位承担的一个国家级试点项目，试图努力将这些问题解释清楚，特别是向曾经提出这些问题的同事们作更加系统的说明。不知我那些可爱的同事们，是否通过阅读本书进一步有所收获呢？

试点项目属于档案信息化范畴，至少跨界"档案"和"计算机"两个专业。基于我对两个专业的学习背景及工作经历，近年来，多次参与了档案信息化项目的建设、评审、验收等工作。我觉得，要做好一个档案信息化项目实属不易，我还发现参与项目建设的档案人员和 IT 人员之间沟通不甚顺畅，双方对涉及的一些专业术语理解不一，这就为项目建设走弯路创设了更多的可能性。档案与计算机对同一术语概念的限定有些确是不同的，有时一个术语在档案和计算机中分别指的是两个事物，有时一个事物又分别用两个术语来表示。本书中特别对提及这样的术语概念就两个专业领域作了说明，以期为档案人员和 IT 人员均能提供参考和帮助。

本书的出版得益于国家档案局、国务院办公厅电子政务办公室、国家电子文件管理部际联席会议办公室给予可贵的试点机会和专业悉心的指导，得益于中国电力建设集团有限公司各级领导、同事和集团所属企业档案同仁们的大力支持！感谢中国人民大学信息资源管理学院刘越男院长、中国石油档案馆王强副馆长、航天档案馆李洪副馆长的指导和帮助！感谢中国电力建设集团有限公司党委李燕明副书记、办公室王成海主任和刘向阳副主任，财务金融部朱晨副主任、信息化管理部刘璇的关心、支持与帮助！感谢中国电建集团北京勘测设计研究院有限公司、北京华科软科技有限公司、北京量子伟业信息技术股份有限公司的支持！

本书的出版还要感谢中国水利水电出版社教育出版分社韩月平社长的大力支持！对于撰写过程中参考的大量文献，大多已在书后列出，也有因各种原因未能列出的，在此向作者一并表示感谢！最后，感谢我的家人在本书撰写过程中给予的默默支持与奉献！

王　洋

2022 年 6 月于北京